台北古蹟探源

卓克華　著

蘭臺出版社

這本書敬獻給

——周宗賢　教授

　　宗賢兄是我的學長，二十多年來在古蹟史的領域上，不斷鼓勵我、支持我、鞭策我、指導我，私心感謝不已。我在 2000 年12 月中風，從羅東聖母醫院轉回台北中興醫院療養復健，宗賢兄兩度前來探視慰問，臨別之時，尤殷殷相勸：「放慢腳步，拉長時間」，八字箴言，永銘在心，不敢或忘！

李序

　　老友克華先生與我相識十多年，也是常一起評鑑古蹟，一起開會而結下的緣。在言談間，他表現得極為熟識而有自信，對台灣古蹟及文史的興趣極高，且有獨到之見解，令我感到欽佩。1999年我受台北縣政府之委託，主持淡水理學堂大書院及馬偕墓兩古蹟之調查研究及修護計劃，特別商請克華先生相助，為這兩本報告書撰寫歷史沿革之研究，替報告書增輝許多。第二年他不幸意外中風，雖然身體行動略受影響，但仍不減學術研究熱誠，我們還是常在古蹟評鑑會議上碰頭，深深為他能漸趨康復而感到安慰。

　　克華先生受過嚴謹的歷史學訓練，由他以輕鬆的筆調，深入淺出地對台北縣的古蹟娓娓道來，我讀了這本《古蹟探源》文稿，為其內容的多樣與文字的生動描述所吸引，一口氣讀完它。事實上數年前在專欄連載時，我只有斷斷續續看過。這次，克服困難將它結集成書，令人對克華先生的學術涵養與性情中人氣質更加了解。

　　「古蹟」無所不在，時間上的「古」因人而異，也因地而異。「蹟」字則指可觸可摸之物質文化，高大的寺廟與低矮的草房，如果能鑑定出來代表某個時代之特色，則其價值無分軒輊。古蹟後總有一些故事，可能攸關國際事件，如淡水紅毛城。也可能事

關外國人，如馬偕墓。當然也可能只是匹夫小民的故事，無論如何，「故事」仍需要人來講。克華先生這本書就抓到了說書人的韻味，對台北縣的古蹟老街舊地名與晚近之發展，來龍去脈，述之甚詳。我是淡水忠寮人，特別對書中所述淡水燕樓祠堂、古厝及古街感到親切。克華先生頗為念舊，在五股的林熊祥墓側有一座福州式涼亭，出自台灣古蹟仙林衡道教授之設計，克華這本書亦語帶尊敬鄭重地介紹它。而面對近年都市急速發展，古蹟遭到破壞，令人有無力之感，克華亦擲筆長嘆。顯露出他對本土文化用真性情關心的胸懷。在書出版之際，希望我寫篇序，拜讀之餘，我樂於向讀者推荐。

2007 年 11 月李乾朗

林序：從那最初的起源開始說起

克華兄終於要出書了！而且邀我為序。

《古蹟探源》中收錄的文章是他多年應邀，在我主編的台北縣救國團刊物《青年世紀》（北縣青年）同名專欄中的文章，每期一篇，多年累積下來，數量可觀，但就是未見集結出版，今天終於有機會付梓，這不但是克華兄個人心願的完成，就我個人而言，既可以憶往，同時可以藉由本書之出版「溫故知新」──一溫當時主編及設計這個專欄的盛況，一溫我和克華兄認識之最初，這也是另一種「探源」。

人際交往說來奇妙，我和克華兄「認識」幾達二十五年，但真正見面只有二次。我自 72 年開始主編《青年世紀》，並偶而替救國團籌辦「文藝營」或「編輯研習營」，在一次籌辦「文藝營」中，克華兄應邀授課，並導覽林家花園，因而有幸認識，這也是我們見面的第一次，並因此開啟多年來的文緣，奇妙的是，後來大家都忙碌，雖然常在電話中邀稿、討論專欄內容及賡續問題，但卻是分淺緣慳，見面機會少之又少。後來我由新泰國中轉到板橋高中，再到武陵高中服務；而克華兄亦經歷人生許多起伏，身體抱恙，彼此中間有一段好長時間很少聯絡，一直到最近此書要出版，克華兄素念舊情，囑我作序，並得知克華兄身體硬朗，教職穩定，桃李遍布，真乃三幸同存，故敢不揣淺陋為本書

之出版簡單說幾句慶賀的話，並回憶這一段特殊的邀稿過程及認識「佳話」。

近來社會開放，民智日盛，選舉造勢不斷，「愛台灣」及「本土」成為朝野攻防的重點，甚至超過政見，這絕非人民之福，既模糊選舉主軸，更是對真正「本土」的褻瀆。個人以為，要瞭解真正的「本土」，要真正的「愛台灣」，不如從「古蹟探源」開始，探索古蹟的起源及其時代背景，並瞭解古蹟對家鄉人民的意義或影響力，進而能欣賞古蹟之美，培養尊重及愛護古蹟的態度，不只介紹其年代、流派與物件的裝飾意義，更進一步體會古蹟與社會之對應關係或是古蹟所代表的文化意義，換言之，保存古蹟，品味古蹟之美，需兼顧社會文化價值性、物件藝術性、時間性，能如此才表示一個地方真正尊重歷史，重視古蹟，也才是真正愛台灣。

克華兄大作以淡水河為經，以古蹟本身的實體之美、建造的歷史溯源，及古蹟對當地庶民文化的影響與對應為緯，穿插各地軼聞妙事，並旁及地名來源、老街風華，蒐羅耙梳詳贍，內容淺顯易懂，是一本值得也是適合所有「愛台灣」的人閱讀，以另一種方式瞭解台灣之美，表達真正「愛台灣」情操的書。

本書文章在《青年世紀》發表時採由淡水河口溯流而上的撰寫方式，有「追本溯源」，不忘所從來之意，希望青年學子在追求文明及科技迷眩同時，亦能不忘本，知道自己歷史淵源，瞭解生活周遭蘊涵的文化資產，進而培養愛鄉土與自己安身立命所在的「文物」及「文化」的情操。

遺憾的是本書光只台北縣一地，內容就已如此浩繁，無法再容納其他縣市古蹟，個人相信以克華兄之學養，將來更應該續及

　　他縣，將全省古蹟「探源」殆盡，如此不但對古蹟維護及介紹可以竟其全功，亦可以在「愛台灣」議題不斷延燒之今日，提供較中庸及正確的思考方向，而避免口水大戰。

　　　古蹟雖久而彌新，同樣的，本書的出版雖延宕多時，但「好酒沉甕底」，祝福克華兄一切如意，也願本書之出版，能喚起大家對古蹟維護的重視及欣賞古蹟之美。

林繼生

（序者為武陵高中校長）

目　次

序論：台北縣歷史發展概述

一、地理背景

　　台北縣為台灣最北的縣份，涵括台北市、基隆市，西南與桃園縣為鄰，東南與宜蘭縣為界，西北瀕台灣海峽，北臨東海，縣域四極為：極東是貢寮鄉田寮洋之萊萊，極西為林口鄉小南灣之下福村，極南為烏來鄉樓蘭山，極北則是石門鄉富貴角。

　　台北縣的地形以台北盆地為中心，其四周環繞山地，大略有東南部的雪山山脈（從三貂角起至台北、桃園、宜蘭三縣等縣界之樓蘭山止），依次有西北方與雪山並行的加里山脈（起自東北角的鼻頭角，經新店至三峽），再北為大屯火山彙、林口台地，及介於大屯、林口、加里之間的台北盆地。

　　北縣水系除一些散流外，幾乎一律匯入淡水河及其三大支流：大漢溪、新店溪、基隆河。大漢溪最長，發於桃園縣復興鄉山地，在三峽、鶯歌間流入台北盆地，往北經樹林、新莊，到板橋江子翠與新店溪會合，成為淡水河。新店溪上源有南勢溪與北勢溪，兩溪在龜山會合後稱為新店溪，繼續北流，在新店溪流入

台北盆地,至景美有景美溪匯入,北流至關渡,又與基隆河相會。
基隆河發源於台北縣平溪鄉、上游多河階,有急流有瀑布、而三
貂嶺、侯硐一帶,兩岸多懸谷,至汐止進入台北盆地,向西流到
關渡與淡水河會合,經淡水出海。因此清代時的淡水河水系是北
台最重要的交通要道。

二、先史時期

北台歷史,是由不同族群共同創造發展的。

在台灣,人類活動根據發現的化石與考古遺址,最早的可追
溯到三萬年前的「左鎮人」與一萬五千年前的「長濱文化」,這
些皆屬於舊石器時代時期,其生活方式為採集、捕魚與狩獵。到
了新石器時代,距今約七千到五千年前的「大坌坑文化」(以台
北縣八里鄉大坌坑遺址為代表),是目前所知最早的新石器文
化,發現的陶器質地粗且含砂,陶面的紋飾以繩紋為主,又稱「繩
紋陶文化」。在遺址地發現種稻痕跡,恐怕是目前所知台灣農業
最早起源地。另外「十三行文化」(以北縣八里鄉十三行遺址為
代表)、距今約一千五百年,更是鐵器使用的開始,北縣政府也
在遺址設置博物館以為保存展示。總之,大體而言,新石器時代
的台灣住民,應是南島民族,南島民族來自何處,學者看法不盡
相同,而他們來台灣的先後,以及分布遷移的歷史,還不清楚,
在清代,根據他們有無繳納餉稅,區分為「熟番與生番」,到了
日治時期,則分成平埔族與高山族。

三、早期的平埔族

　　清領時期在漢人大量移居北台之前，平埔族的凱達格蘭族已在此棲息生活。除此，新店溪上游南勢溪一帶，在清代中期，也有泰雅族自南投縣向北幾經遷徙而來，不過移徙並不順利，到清末，主要分布在今烏來鄉，過著狩獵粗耕的生活。

　　根據傳說，最早凱達格蘭族住在叫「沙那塞」地方，後來因為傳染病，舉族遷移避難，在今北縣貢寮上陸，以此為基地，逐漸向外發展，部分向東沿著海岸前進宜蘭平原，部分往西遷到基隆。往西者，繼續西進，沿海岸經萬里、金山、三芝、淡水，再沿淡水河北岸進入台北盆地，形成北投社，有的轉向東，於士林形成麻少翁社。

　　另一支，自基隆南方，沿基隆河南下，進入台北盆地，部分定居在汐止，形成峰仔峙社；部分在松山形成錫口社。再由此分成三支：一支沿基隆河西遷，形成里族社與塔悠社；一支在大稻埕形成圭母卒社，在大龍峒形成大浪泵社，於新莊形成武勝灣社；第三支南下形成富里社，續分兩小支，一在板橋形成擺接社，一支在新店溪西岸形成秀朗社，這些部落社名，頗多成為地名沿用至今。

　　大體而言，凱達格蘭族過著漁獵粗耕生活，狩獵是男人負責，種植由女人經營，無日曆，觀察大自然日月星辰運轉，及植物開花結果的變化來決定作息。在粗耕的農業型態下，土地的開墾有限，土地的開拓運用，是在清代漢人大量入墾台北後的事情。

四、西班牙與荷蘭的短期經營

十六世紀中葉以後，隨著歐洲人的海上強權擴張，台灣成為多國爭奪的目標。

明天啟六年（1926）五月，西班牙人佔了社寮島（今和平島）及基隆港沿岸一帶，並在島上港岸建築城砦及教堂。崇禎五年（1632）三月，續溯淡水河進入台北盆地，翌年探查三貂地方。西班牙人佔領台灣北部，一方面傳播天主教，一方面從事貿易活動。他們採用以物易物方式，用毛氈、瑪瑙珠，冰糖、手釧鈴交換平埔族的硫礦、鹿皮、藤條等土產。大體而言，西班牙人對台北的開發並無特別的影響。

另一方面，天啟四年（1624），荷蘭人佔據台灣南部，北上相爭，經數度戰爭，崇禎十五年（1642）西班牙敗退離開，結束十六年的盤據。荷蘭人奪據後，將分布在北縣境內的平埔族劃入北部評議會區，以統治之。荷蘭所在意的是貿易活動，透過贌社制度，從漢人社商手中獲取大量鹿皮，轉售日本、歐洲，獲利豐厚，不過荷人也鼓勵漢人種植甘蔗，獎勵移民開墾，對南台灣土地的開墾，起著一定的貢獻。

五、明鄭與清領時期

永曆十五年（1661），鄭成功打敗荷人，光復台灣，設一府三縣，時北縣屬於天興縣，不久天興縣升為天興州，本縣仍屬之。鄭氏三代以台灣為反清復明的基地，頗有建置，同時推展軍屯，對南台的拓墾影響很大。但是北台一帶僅有零星的開墾，並且是流放犯人的地方。

　　清康熙二十二年（1683），清聖祖派施琅攻取台灣，翌年收台入版圖，設台灣府，下轄三縣，北縣屬諸羅縣域。雍正元年（1723）新設彰、淡二縣，淡水縣域，包括大甲溪以北至基隆，本縣乃屬之。光緒元年（1875）設台北府，轄三縣一廳，本縣分屬淡水縣與基隆廳。光緒十三年（1887）台灣建省，本縣轄屬仍不變。至光緒二十年（1894），淡水縣海山堡分設南雅廳，本縣分屬基隆、南雅二廳。

　　清朝統治之初，北台仍是一片蠻荒，可概見郁永河的《裨海記遊》記載。然而實際上，康雍年間閩粤人民已大量偷渡入台，湧入台北盆地墾荒，至乾隆年間已擴及盆地邊緣，並循基隆河深入暖暖；溯新店溪至公館、景美，更順支流雙溪至深坑；大漢溪方面也已深入大溪一地。墾殖的迅速，令人嘆為觀止。嘉慶道光年間，雙溪、石碇、坪林尾、新店、三角湧、木柵等地，陸續墾成創立聚落，建立村莊形成街肆。期間新店之屈尺、大漢溪之阿姆坪等地，因泰雅族全力抵抗，進展較不易，但也在咸豐、同治年間，先後告成。因此才有光緒元年沈葆禎奏請添設台北府之舉。

　　在這一波波墾殖活動中，很不幸地，在咸豐年間漢人之間發生慘烈的分類械鬥，這與移民的籍貫有相當的關聯，更與利益資源爭奪有關。總的說來，民系的分佈，我們可以發現淡水河下游的兩岸以同安人居多，基隆河與新店溪間以安溪人居多，大漢溪與新店溪間以及北海岸以漳州人居多，這反映了同鄉同土民眾成群結伍共同開拓大台北的普遍性。

　　土地的開拓又與圳陂的修築有關。台灣北部，以淡水河之南、大漢溪之西的平原開墾較早，這個區域即今日的三重、新莊、蘆洲、泰山、樹林、鶯歌等地，區內最大的水圳是永安陂圳，是

張必榮捐地、張沛世出錢，共同修築的，故又稱張厝圳，此外還有劉厝圳由劉和林與佃戶共同興築。大漢溪與新店溪間的土城、板橋、中和、永和、新店、安坑等地，以大安圳、永豐圳（皆由林成祖召佃修築）最為重要。基隆河、新店溪間的台北平原、與景美這一帶，則以霧裡薛圳、瑠公圳為主。也因這兩條圳溝的完成，促成台北平原水田化與農業興盛，以後艋舺的興起，取代新莊，成為北台最重要的港市，即是此因。總之，北台的開拓以適合種植的盆地平原，成為較早的開墾地區，又以台北市北投區關渡一帶最早。以後溯河而上，先由淡水河兩岸，依次往大漢溪、新店溪、基隆河兩岸前進，海岸地帶相對地顯得較晚較慢。

隨著土地的開墾，人群日多，村莊也陸續建立，乾隆中葉的台灣志書，已登記有近十處的村莊名稱。村莊大都築有村廟保佑村民，以海上女神媽祖信仰為例，關渡的靈山宮、淡水的福佑宮、八里的天后宮、新莊的慈佑宮等等，都是有名的古廟。

咸豐十年（1860）台灣開港通商，大批的洋商洋行進來，漸次改變了北台的產業結構，尤其在丘陵山地大量栽種茶樹，出口茶葉，形成一些新興市鎮，其中茶葉製造及輸入市中心的大稻埕，更後來居上取代了艋舺的地位。而淡水港也成全台最大的輸出港口，兩地設立了眾多的洋行、洋樓與領事館、教堂，充滿了異國風味的街市。

六、日治時期

甲午戰敗，清廷割台，日人統治。日治初期分全台為三縣一廳，本縣域隸屬台北縣基隆、淡水二支廳，此後行政區域調整變

更頻仍，茲不贅，大正 15 年修正官制，成為五州三廳，至光復前，今台北縣域包括一市、六郡、十街、十八庄，如下：

> 一市：台北市。
>
> 七星郡：汐止街、士林街、北投街、內湖庄。
>
> 淡水郡：淡水街、八里庄、三芝庄、石門庄。
>
> 基隆郡：瑞芳街、萬里庄、金山庄、七堵庄、貢寮庄、雙溪庄、平溪庄。
>
> 文山郡：新店街、深坑庄、石碇庄、坪林庄及蕃地。
>
> 海山郡：板橋街、鶯歌街、三峽街、中和庄、土城庄及蕃地。
>
> 新莊郡：新莊街、鷺洲庄、五股庄、林口庄。

日治時期五十年雖不免歧視台人為二等國民，但不容否認對台灣的基礎建設，貢獻良多，諸如水電郵政、道路交通、教育普及、衛生疾病的防治等等皆是。也在此一時期，興建眾多官方建築、公共建築及日式屋舍，簡單地說，引進了大量和式建築、洋式建築、和洋混合風格的建築，加上台灣本土的閩南式、粵東式建築，一時異采繽紛，大放光芒。惜隨著光復後台灣的繁華及現代化影響，傳統建築及日治建築大量被拆毀改建成現代化西式建築。

日治時期台北縣仍保持傳統農業本色，但也出現了農產加工業、新式輕工業，日後且形成地方特色的產業，諸如板橋的紡織、染織、化學、製紙、釀酒、鑄鉛、瓶罐等工業；樹林的煤礦、釀酒、水泥、造紙、紡織、磚瓦、製茶、碾米等；鶯歌以採煤和製陶業聞名；三峽以製茶、鋸木最為發達；等等皆是，餘不贅。

七、光復後

台灣光復後，於民國 34 年十一二月，暫依日治時期五州三廳，僅將州廳改稱縣、各州屬的市改為省轄市，郡改為區，劃全台為八縣九省轄市，時台北縣統有九區十鄉鎮。38 年，將淡水區原轄的士林、北投二鎮劃歸草山管理局（後改稱陽明山管理局）。39 年八月，再劃全台為十六縣、五省轄市，九月將原本屬北縣轄域的宜蘭、羅東、蘇澳三區，分出為宜蘭縣。57 年七月，北縣所屬的南港、景美二鎮；內湖、木柵二鄉及士林、北投二鎮劃入台北市，嗣後至今，諸鄉鎮市變動不大，只是若干鄉鎮升格為市。

光復以來，北縣的煤礦業日趨消歇，卻因工廠大量建設，南部人口不斷北上求職，與台北市、高雄市、桃園縣，同成為台灣重要的工業地區，化學工業、重工業、輕工業的大工廠到處林立，目前人口數約三百八十萬，行政區轄有十市、四鎮、十五鄉。如板橋市、三重市、新莊市，除了紡織工業、食品工業外，其他輕工業也很發達。與台北市接壤的北縣各鄉鎮，日後都發展成台北市的衛星城市及新住宅區，原有稻田相繼填平，變成住宅區和商業區，改變傳統形貌。也因發展過速，昔日名產，如新店、三峽的香魚；金山、野柳的蛤蜊、三重的桶柑，逐漸消失，幾乎只有汐止出產的文山包種茶仍膾炙人口。鄉土藝術，則以新莊小西園的布袋戲碩果僅存。

台北縣有山有水，風光明媚，各地名勝眾多，遊人如織，近十年來在本土意識的鼓吹下，重視歷史、傳統，名勝配合古蹟，北縣府以「一鄉鎮一特色」的理念，結合各鄉鎮市的文化特色，農漁特產及民俗節慶；從烏來櫻花季、平溪天燈節、土城桐花節、

貢寮海洋音樂祭、石門國際風箏節、坪林茶鄉生態節，到新莊宗教藝術節，依時序推出台北縣「文化曆」的系列活動。文化資產結合地方產業，促成深度觀光旅遊休閒活動的大興，傳統文物也有幸保留下來，整個台北縣正是方興未艾，走向新世紀的嶄新面貌。

淡水鎮

戌台夕陽話淡水

　　淡水鎮是台北縣一個重要市鎮，位於台北市西北的淡水河口，這兒負山面水，市街是沿河而建，具有水鄉情調，夙昔就有「東方威尼斯」的稱呼。

　　淡水古名滬尾，明萬曆元年（1573）、中國沿海東南各省即有商人到淡水與番人貿易的記載。天啟六年（1626）西班牙人佔領了三貂角、基隆和平島，並於崇禎二年（1629）在滬尾臨近河的一個山坡上修築壁壘，取名「聖多明哥城」（San Domingo）——也就是今日的紅毛城。從此西班牙人以淡水作為據點，積極地經營北台灣，發展貿易。那時竊據台灣南部的荷蘭人得知這消息，決定趕走西班牙人，經過幾次戰爭。終於在崇禎十五年打敗西班牙人，迫使他們退出。

　　明永曆十五年（1661）鄭成功率軍復台，荷人潰敗離台，但仍然盤據北台，直到鄭經時才放棄而撤離。康熙二十二年（1683年）清廷佔有台灣，以後鑑於北部的重要，設立淡水廳，加強防務。康熙中葉時，清廷派遣水師駐紮在淡水對岸的八里坌（今八

里鄉），而來台灣北部的移民，也相繼來到八里坌，聚成村落，許多商船也停泊於此，一時之間，八里坌熱鬧繁榮，雍正九年（1731）八里坌正式開港，十年，允許移民攜家帶眷渡台，八里坌不但愈加繁華，對岸的淡水也慢慢興旺起來。道光初年八里坌港開始淤塞，嘉慶元年又發生大水，沖毀八里坌港口和街道，居民紛紛遷徙到對岸的淡水，八里坌從此一蹶不振，淡水取代了八里坌，成為北部的要港。

咸豐十年（1860）淡水正式對外開港，貿易大增，英國領事館遂由台南搬遷到淡水，並要求以紅毛城作為官署。自此各國洋商紛來，大設洋行，輸出樟腦、茶糖及硫磺，輸入鴉片、洋布，淡水成為一個重要國際貿易港。

清光緒二十一年，甲午戰敗締結馬關條約，台灣割讓給日本，再度改寫了淡水歷史。日本人知道淡水貿易的重要，不斷地加強淡水的開發建設，設電信局、郵局、拓馬路、建鐵路，更增加運輸航線。可惜淡水河日漸淤積，商船停泊日益艱難，淡水貿易便由基隆取而代之，淡水港的貿易額從當年的 63%，下跌到0.9%，整個淡水開始沒落，成為一個寂寞的漁港。

淡水的一頁滄桑史，不只是三百年來台灣繁榮與苦難的縮影，它歷經了異族——西班牙人、荷蘭人、日本人的統治，它也歷經了外商——法人、英人、德人、美人、日人、俄人的經濟侵略，它也是我們漢人胼手胝足的開發代表，因此淡水留下了太多的古蹟，值得我們細細去尋覓品賞。讀者朋友們，星期假日前往淡水遊玩時，除了騎協力車徜徉在山光水色間，別忘了順帶去看看淡水的一些古蹟，去認識這個曾經叱咤一時的古鎮，去領略一下中國式的傳統生活。

蛤蟆穴——鄞山寺

　　你曾經到過鄞山寺吧？對那古意盎然的紅磚烏瓦和蒼勁有力的龍柱，一定印象深刻，但是你知不知道，這座道光年間興建的中國古廟，曾經具有多種功能，也是現今保存最完整的古蹟之一。

　　鄞山寺在道光三年（1823）由汀州人張鳴岡捐建，供奉定光古佛，是汀州人的會館。

　　定光古佛也稱定公古佛，簡稱定公佛。相傳是宋代高僧，俗家姓鄭，名自巖，泉州同安人。11歲便出家受戒，再至長汀獅子巖繼續潛修，乾德二年（964）才隱居於汀州府武平縣的南巖，躡衣趺坐，蟒蛇、猛獸均不敢傷害他，蟠伏在側，南巖一帶百姓，視為神明，特地為之建庵居住，從此在南巖居住達50年之久，終於在大中祥符八年（1015）圓寂，享年82歲，逝後屢有神蹟顯應，所以汀州人多信奉古佛。

　　會館是清代民間社會組織之一，在雜姓聚落中代替宗族祠堂，使剛抵台灣的同鄉有暫時安頓棲息之所，亦有仲裁同鄉爭

執，及聚會聯誼功能。

相傳鄞山寺坐東朝西，背後有山，形勢絕佳，為「蛤蟆穴」風水寶地。廣場前的半月形水池象徵蛤蟆的嘴，廟後的兩口井代表蛤蟆眼睛。據說鄞山寺每次敲鐘擊鼓，正對廟門前不遠的草厝尾（今公明街末端），便會發生火災。經地理師勘察，發現草厝尾是個蚊子穴，而蛤蟆吃蚊子，所以草厝尾被鄞山寺吃定。當地居民央請地理師破解，結果地理師在草厝尾街上立上一根長竹竿，點上燈火，引誘蛤蟆上釣。據說被釣竿釣到眼睛，破了蛤蟆穴的風水，此後廟後的左井變成渾濁，鄞山寺香火日漸衰微，草厝尾也獲得平靜。這是百年前流傳的故事。但故事仍未結束，百年來的左井井水一直是渾濁的，至民國 72 年夏季某天，濁井開始澄清，似乎象徵鄞山寺又將興旺，公明街又將倒霉，欲知後事如何，靜待今後的發展了。

今天的鄞山寺仍保持道光年間原有的模樣，建材大多來自大陸的烏磚、青石，構造上分前後兩殿，兩側有護龍及過水廊，是當年供人居住的廂房。廟門前有一對龍柱，蒼勁有力。廟內石碑、石柱，在在訴說著一段段歷盡滄桑的古老傳奇，正廳上懸有道光四年立的「足發彼岸」、「大德普濟」兩古匾，與張鳴岡立的古聯「捍患禦災功昭宋代，庇民護國法顯皇廟。」另有光緒甲午年立的「分彼東寧」匾，及光緒十九年的「鄞山寺石碑記」，是一所保存古蹟、古匾很完整的古廟。讀者朋友們有空，不妨挑個人少聲小的午後，坐在廟門，望著廟樑上的古匾「坐鎮海門」，再探頭看看廟外的四周，遙想當年，不覺興起一股思古幽情。

另外在鄞山寺不遠地方，今仁愛街上，有一座相傳是淡水現存最古老的土地廟——福德正神祠。鄞山寺一帶山頭本來是「夜

總會」——墳山所在，所以建廟鎮壓，現在墳地早已搬遷，住宅人口愈多，廟宇也重新修建成水泥磁磚的現代建築，佇足廟前，竟不知從何發思古之幽情，唉！擲筆一嘆。

淡水古街難重建

　　淡水的街道，最遲在嘉慶元年時，已經形成了。最先是福佑宮重建時，廟左已有一條斜坡街道，即今之重建街，係對淡北諸聚落（如興化店、林仔街及忠寮里等）的聯絡道路。到了嘉慶末年，向北延長至「牛灶口」、「城仔口」（今重建街北段），「牛灶口」就是販牛的墟集，而「城仔口」，即今天的北淡水，俗稱「崎仔頂」。重建街另外分支一條，在右側向東南山坡下來，稱為「米市仔」，就是今天清水街南段，因為經營以米商為多，故稱「米市仔」。道光年間，米市仔向南繼續發展，咸豐八年（1858）建龍山寺後，形成「後街」及「布埔頭」。「後街」是攤販集中的地方，俗稱「攤販街」；「布埔頭」就是布街。從以上發展經過，可知淡水古市街的功能，主要在供應生活物質，及一些簡單的手工業，可以說是一個消費性、服務性的市街聚落。現在的淡水街，仍可以看出這種特色。

　　在咸豐初年，沿著河岸的地方逐漸淤淡，出現新生地，不少民房在此興建，形成一條街道——大街，俗稱「下街」。隨著淡

水港的繁榮，在大街、重建街、清水街之間，又出現串連的一條
聯絡道路，即「蚵螃街」，今三民街，是昔時淡水聞名的風化區。
在咸豐十年開港以前，淡水街道的發展，已有了雛形，重建街、
清水街、大街，這些主要街道，和幾座重要廟宇，以及各街市的
船頭行將整個淡水聚落貫連起來。

　　天津條約簽定後，淡水開港，外國洋行紛紛遷入淡水營商，
英國人也在淡水建立了「租界」，這塊「租界」，包括大街的西
段，從三民街口一直到紅毛城的一段，這一帶通稱為「新店」。
大街西段背後的山丘，俗稱「埔頂」，是傳教士居留地，即現在
的「真理街」。大體上，淡水市街的結構與功能，在日據前夕，
已經完成了。綜言之，淡水街道係以碼頭為中心，向北區發展；
重建街是聯外交通的產業道路，米市仔則自上而下，為通往東邊
山區小坪頂的主要道路。

　　重建街是淡水最古老的街道，約在乾隆七年的時候興起。順
著福佑宮旁的舊街上去，就可以看到沿山蓋起的街道、店鋪，一
間間斜瓦紅磚的古屋，隨著山坡地形排比成為階梯狀，是當年淡
水最熱鬧的中心，販賣日用百貨，也是北淡水的腹地——北新莊
和興化店的交易場所，供應兩地的民生用品。

　　重建街的街屋屬於商店住宅型（住商合一），門面狹窄，堂
奧勤深，長達 50 公尺。一般店鋪前段做為營業用，門板可以拆
卸當平台擺放貨物販賣；店鋪上方有半閣樓，平常用來堆貨或夥
計臥睡之處，後面則為店主家居之用。由於房屋造型又深又長，
為求採光通風，都有天井間隔；屋舍的建材，多是由福州運來的
烏磚，花崗石砌蓋而成，頗有一番古樸幽雅之趣。但是近年古厝
日漸拆除翻造新屋，舊日的古街日漸消失，尤以近年拓寬馬路，

攔腰一截，破壞整個風貌，不禁令人惋嘆！

清水街是由布街、攤販街、米市街串連而成的一條商店，大約是在嘉慶道光年間興起，比重建街晚，但和重建街一樣，是淡水碩果僅存的老街，清水街依山而立，屋宇老舊，又因屋宇建在山坡上，其背面與平地至少相差兩層樓，故每一戶都須自備石階上下，遠遠望去；構成一幅紅磚與石塊組合，呈現一種令人遐思的圖像。

清水街與重建街特徵大致相似，唯一不同的是，清水街有「亭仔腳」，而重建街無。清水街前段的布街，和中段的攤販街已失去原有風貌，只有殘存後段的米市街。由清水祖師廟的台階起，即是所謂的「米市仔」，在這條短短的街道中，就有五、六間廟宇，成為一奇特景觀。清代台灣街衢的建築，為防禦上的需要，多採用丁字型交叉，在丁字路口交會處，為怕犯沖，往往興建廟宇或泰山石敢當，請神明坐鎮避邪，因此米市仔除了祖師廟外，還有土地公廟，文昌祠，聖靈宮，興建宮等等寺廟。文昌祠位清水街 206 號，建於嘉慶十七年，奉主管文學、科名的文昌帝君，兼為私塾，為昔日淡水振文社所在地，日據時期因設立公學校而停辦，從此殿宇乏人照料而沒落，今日已淪為平民家居，無復當年的模樣。聖靈宮，相傳是同治四年興建，供奉玄天上帝，是屠宰業的守護神。興建宮，在米市街的盡頭，供奉朱、劉、池三府王爺，相傳是咸豐四年建的，近年整個翻建，已失去參觀價值。在米市街前端原有一座蕭王爺廟；因興建祖師廟被拆除，廟內神像法器移到偏殿，介紹祖師廟再談吧。

重建街與清水街正逐漸消失中，讀者朋友們有興趣，趁早前往參觀，說不定你就是最後一位歷史古街的見證人。

福佑宮前千帆競

　　如果你經常路過淡水中正路，對於路側的福佑宮應當不陌生，可是你曾停下腳步瀏覽一下廟門前那對石雕的嘉慶石獅嗎？那可是唐山師父渡海來台灣雕刻的藝術精品，堪稱無價之寶。

　　福佑宮在淡水最熱鬧市街中心，傳聞乾隆末年即已開創，嘉慶元年重修，連雅堂《台灣通史》記載：「福佑宮在縣轄滬尾街。乾隆間建，祀天上聖母，光緒十二年，巡撫劉銘傳奏請賜匾，御書「翼天昭知」四字，懸於廟中，今猶存。」劉銘傳會奏請朝廷賜匾，是因為相傳在光緒十一年清法戰爭時，媽祖顯靈退敵，賜匾以為嘉許。除了「翼天昭知」匾外，廟內還存有許多嘉慶、道光年間的古匾、古柱。另外當時廟公為叩謝皇帝賜匾，曾刻有「皇帝萬歲萬萬歲」的一座木雕品，要呈獻皇上，其後不成，無法上達，此物據說仍留在廟內。

　　福佑宮內正殿中央主祀天上聖母，左側附祀觀音佛祖，右側附祀水仙尊王。前方兩尊神像，以手指耳者為順風耳，一手高舉望遠者為千里眼，均是媽祖的侍從神，另又附祀十八羅漢及兩尊

神祇、城隍爺、土地公等。

天上聖母，或稱媽祖、媽祖婆，即閩南語「祖母」之謂，顯示了民間對天上聖母的親切稱呼。媽祖是航海者的守護神，更是漁民、船戶的精神堡壘，相傳媽祖生於宋初，係福建省興化府莆田縣湄州嶼人，姓林，名默娘。在世期間焚香禮佛誦經，又因偶然因緣，習得一身法術，經常驅邪化厄，救苦救難，28 歲那年神化昇天。此後沿海居民常於海難中，見有紅衣朱衫女神，飛騰海上救護世人，靈異昭著，歷朝歷代累有加封，其中康熙五十九年封為「護國庇民妙靈昭應仁慈天后」；道光十九年封為「護國庇民妙靈昭應弘仁普濟天上聖母」，此為「天后」與「天上聖母」稱呼的由來。本省媽祖，因奉祀神像來源有異，有不同的稱謂：由湄州媽祖廟分身來者稱「湄州媽」、由同安縣分身來者稱「銀同媽」、由泉州分身來稱「溫陵媽」，此外又有「班鳩媽」、「太平媽」、「船頭媽」等稱呼，也由於神像著色不同，另有「紅面媽祖」、「烏面媽祖」、「金面媽祖」之分。

福佑宮前的魚市場原址，本來是屬於廟前的廣場，緊臨著碼頭，日據的時候才在廣場上興建零售市場。據說就在市場的後面，正對廟門近岸的地方，有一塊石頭很像一顆印符，說是媽祖所掌的符印，假如在海水剛淹沒有這顆印石的剎那祈禱抽籤，特別靈驗，信不信由你！福佑宮前碼頭附近，本有一座建於嘉慶六年的「望高樓」燈塔，是淡水泉廈郊行會所設，現早已不存，如今只能縱騁想像，想像當年淡水漲潮，中流放楫，千帆競放，直到廟前的景象了。

雖然隨著淡水港的沒落，帆船雲集的盛況不再，但由於交通方便，加上自昔淡水泉州人信奉媽祖極度虔誠，以福佑宮為信仰

中心，組會互助，每逢農曆三月二十三日媽祖誕辰時，大事慶祝相沿成習，今天的福佑仍為全鎮的信仰中心，香火猶盛。

此外，在同一條中正路上的東邊，淡水火車站北方不遠處，有一座晉德宮，供奉黃府三將軍（又稱助順將軍）。該神是泉州惠安縣瑠石地方黃姓居民所奉的祖神，即是明末抗清而死的黃道周（黃石齋），或稱「老石將軍」，陽稱「助順將軍」。只是避去滿清官方注目的掩飾。晉德宮原是黃姓裔孫所祀的祠堂，卻不料成為公廟，不是姓黃的也在拜。

由於拜的是「黃府三將軍」，也是為了欺瞞清人耳目，演變到後來，反而「黃府三將軍」是誰，民間傳說紛紜，有謂是封神榜的黃飛虎，有說是鄭成功的三部將，如：劉國軒，何祐，李茂，或劉國軒、甘輝、萬禮、或鄭太子、甘輝、萬禮等，真是荒唐可笑。

晉德宮在台灣僅有三座：艋舺、宜蘭、淡水、據說關渡原有三將軍廟，已拆。淡水晉德宮創建年代已不可考，現廟內有神案，上刻「道光辛丑荔月吉立」，下款「晉水裔孫賜源敬奉」，辛丑年是道光二十一年（1841），可知至遲道光二十一年該廟就已存在，距今也有一百四十餘年了，可惜近年翻修，廟牆全貼上磁磚，失去原來古樸風格，淪為一般俗尚的廟宇了。

龍山寺旁老人茶

　　龍山寺在今天淡水中山路巷內，毗鄰清水街，位在人聲雜沓熱鬧的市場中，一走進大門，似乎一切喧囂都在大門外了。中國人的鄉土觀念濃重，所以泉州的惠安、晉江、武榮三縣移民到達台灣後，仿造故鄉泉州府安海的龍山寺，集資興建，今天在台灣的台南、鹿港、艋舺、淡水等泉州人住居地方，都建有龍山寺供奉觀音佛祖。

　　觀音佛祖之稱，觀音是法號，原稱「觀世音」，唐朝時候，避唐世宗李「世」民的名諱才省稱的。「觀世音」之原稱，據「法華經」謂：「苦惱累生，一心稱名，菩薩即時觀其音聲，皆得解脫，以是名觀世音」，世人感念祂茲悲無邊，尊稱「大慈大悲救苦救難觀世音菩薩」。但是淡水的龍山寺佛道不分，寺內奉祀的可能是民間的「觀音媽」，台灣民間將觀音菩薩分成兩類：屬於佛教的稱「觀音佛祖」，神像外塗上金箔，不加任何服飾，信徒祭拜時，以素菜、鮮花為祭品。屬於道教的，稱「觀音媽」，神像外披上件綢緞斗蓬，祭品須以豬頭、雞鴨、魚肉等葷菜為供奉。

　　龍山寺建於何時已不詳，連雅堂《台灣通史》記載：「龍山寺在縣轄滬尾街乾隆間建，規模頗大，光緒十二年，巡撫劉銘奏請賜匾，御書『慈航普渡』四字懸於寺中，今存」。但另一說法是建於道光二年（1822），至今也有一百六十多年了，也有說建於咸豐年間，何者為是，已難以確定了。龍山寺歷經修建，建材仍保有原貌，門前的龍柱，雕刻生動渾厚，兩旁的石獅尤為有趣，素有「河東獅吼」的謔稱，因為位在右門旁的母獅居然是開口的。

　　石獅多置於寺廟中門兩側，其作用是成為門柱的柱礎，墊高並承擔門柱的壓力，可防止門柱搖動，並避免受潮腐蝕，兼可作門臼以穩定門軸。中國不產獅子，漢代時由西域傳入，當時稱為「狻猊」。最初的造型是長翼的獅子，厚實有威，至唐代變為體短粗壯，明清以降，合犬、獅圖像而治，似獅似犬，饒富趣味。本省廟宇石獅有漳州，潮州之分，置放規矩是左牡右牝，雄獅往往腳踏繡球，名之謂「獅滾繡球」，雌獅則撫弄幼獅，或滾或翻，或伏或仰，名為「太獅少獅」。仔細瞧瞧牠的神態，平滑的禿額，短蹋的朝天鼻，大又圓的金魚眼，捲曲有勁的鬃毛，交織著趣味與力感，實在可愛生動。

　　由外面步入寺門，可以發現寺內的石刻、木雕古樸悠久，廳上仍有咸豐八年重修時所立的「安平寶筏」古匾，以及花岡石柱的對聯。寺內正殿中央主奉觀音菩薩，右祀註生娘娘，左祀天上聖母，兩側壁上安放各種姿態的十八羅漢，東壁是戲獅、力風、進菓、伏虎、開心、梁武、長眉、鳥巢、進書等九羅漢與福德正神；西壁則是目蓮、布袋、獻鈸、降龍、獻燈、慧善、進番、進花、達摩等九羅漢及山神。另外，龍山寺尚有咸豐和光緒年間所立的石碑，嵌在廟牆，不注意很容易忽略。昔年的龍山寺，佔地

有四、五百坪之大，前有廣場，後有花園是淡水第一大廟，為武榮人洪姓所捐。可是後來廣場和花園被改建成市場和店舖，交通擁塞，以致逐漸沒落。

　　龍山寺前殿有一洪姓人家經營老人茶，猶憶讀高中、大學時，常邀三五好友遊罷淡水，且在龍山寺憩腳，泡一壺熱騰騰的烏龍茶，來上一碟花生，瓜子，清脆的嗑上幾聲，淡淡的品啜幾口，海濶天空，儘情笑談，頗有古今多少事，盡付笑談中的氣概；累了，靜靜地望著門外的市囂人群，別有一番悠閒．但是近年來因為龍山寺的翻修，龍山寺旁老人茶，幾番至此不聞香，徒留惘然空追憶，但願！但願！早日再聞茶香，早日再聞茶香。

清水巖祖師廟

黑面祖師公、白目眉，無人把你請，自己來，

一個面是笑孩孩，笑到一個嘴仔離西西，

到底笑啥事，舉椅頭仔看目眉，椅頭仔踏無好，

跌落來，跌一個有嘴無下顎，真屬害，大聲小聲哀，

無講無人知。

聽過這首童謠吧?!童謠內的「黑面祖師公」正是清水祖師，在淡水清水街的後段（即昔日米市仔街的前端），正有一座清水巖祖師廟，依山傍海，與觀音山隔著淡水河遙遙相望風景秀麗，是淡水目前香火最興旺的廟宇。

清水祖師據說是宋代人，生於福建永春縣小姑鄉，姓陳名應，字普足，幼年出家於大雲院，後拜明公禪師為師，力參三年得悟，從此以利物濟世為職志。他曾在高太山築麻章庵，故亦稱麻章上人。宋神宗時，清溪地方大旱，鄉人延請祖師祈雨，果然立獲甘霖，廣濟眾生，眾人敦留祖師駐錫，在蓬萊山之側，開闢草萊，構築庵舍數椽奉居，因附近有石泉清冽，遂改名「清水巖」。

　　清水祖師俗稱祖師公，有黑面、金面、紅面之別，又有顯應祖師、三代祖師、蓬萊祖師、普庵祖師之分。淡水祖師廟供奉的是黑面的蓬萊祖師，係清水巖以沈香木雕造祖師佛像六尊中之一尊，可能是在咸豐年間，由清溪清水巖和尚，恭奉祖師佛像渡台至淡水港，先是安奉在淡水東興街（今草原里中正路）濟生號商行翁種玉家，以後移奉艋舺祖師廟，不料祖師佛力靈顯，為指醒蒼生災厄，屢以落鼻示警，信者均避災化夷，因此香火日漸鼎盛。特別是光緒十年清法之戰，法軍攻打淡水，仗著落鼻祖師的神威，清軍拒退法軍，於是淡水與艋舺居民互爭落鼻祖師，這場官司從清代打到日據時期，打了五十餘年，最後才協議半年供奉淡水，半年供奉在艋舺，輪流供奉。今日在淡水祖師廟的正殿仍懸有光緒帝御賜的「功資拯濟」匾額一面，證明其事。祖師天上有知，知道民間為爭奪他打官司，打了五十多年，恐怕真的是，「黑面祖師公，白目眉，笑孩孩，跌落來」——樂歪了。

　　淡水祖師廟原建於何時何地已不知曉，今廟為民國 21 年新建，廟貌巍巍，四周風景絕佳。走進正殿，可以發現大大小小數十尊祖師，每尊鼻翼均塗有黃泥，表示都曾落過鼻，可見信仰之盛，才需製作如此多的分身供各地信徒借神回家供奉。

　　清水巖廟埕上，原有王爺廟一座，供奉蕭府王爺，建祖師廟時，淡水信徒將其地權買下，經卜筶同意，乃將王爺廟拆除，及清水巖落成，乃將王爺神像供奉於左側偏殿。蕭府王爺，簡稱蕭仔爺，本為高僅兩寸餘的木雕神像，是本省目前寺廟中所供奉的最小神像，但神像於民國 64 年被竊，現所見者為後來雕刻安置。據說蕭仔爺神本是乾隆年間一位挑挽苦力隨身攜帶供奉的守護神，有一次渡海來台，船行至途中遇到暴風雨，苦力將神像請出，

焚香禱告，祈求風平浪靜，行船平安，果真靈驗如禱。當船抵淡水，同船眾人請求苦力將神像獻出，建廟奉祀。此後廟中常有工人船夫群眾，或休息或歇腳或聯誼或聊天，倒頗似工人會館。

　　祖師廟的西廡供奉的是專管戲樂曲的西秦王爺（即唐玄宗、唐明皇），北管的福路派皆祭祀。清時台灣無專設的娛樂場所，所以大廟的兩廡多有由子弟組成的業餘劇團，一般百姓的交誼娛樂就在此進行，如遇神誕則演出戲劇、藝陣慶賀。

　　祖師廟原屬佛教寺廟，但因中國民間通俗信仰的混淆及三教調和，已分不清究竟是佛教或道教了。走進祖師廟，可以看見供桌上有葷有素，中間供奉的佛教的清水祖師，有和尚唸經祈禳超薦；兩廡供奉的是道教的蕭府王爺及西秦王爺，偶而可見道士、司公在一旁作法，替人驅鬼收驚。乍睹之下，不倫不類，令人啼笑皆非，可是繼而深思，這豈不顯示出中華文化的那種兼容並蓄，納多為一的包容性，想想之下，不禁莞爾一笑──可愛的中國老百姓！讀者朋友們，你們以為如何呢？

和義軒的子弟戲

淡水祖師廟的西廡供奉西秦王爺（唐玄宗）為戲劇的守護神，原是在淡水的「淡水軒」所祀神像，因房屋倒潰，會員四散，將神像寄祀在清水巖祖師廟，久之，成為清水祖師的陪祀神。也由於西秦王爺既淪為祖師廟陪祀神之一，祖師廟的一般香客亦對此神燒香禮拜，甚且誤為三百六十尊王爺之一，其信徒亦不限定於戲班和票友。

在本省各地，北管的戲班、票友，大多供奉西秦王爺或田都元師。台北縣淡水鎮現存北管三結社，屬於南談（亂彈）的系統，除上述的淡水軒外，尚有和義軒、南北軒。

和義軒位於清水街127號，創於民前3年，門外街道即昔日的米市，古色蒼茫，屋內中央供奉西秦王爺神像；旁祀七爺、八爺，為福州派硬身雕刻，創軒時，由福州運來，至今已有七十餘年歷史；神桌下祀一虎爺神像，小巧可愛，為西秦王爺的座騎，兼為廟的守廟神。龕上懸一橫匾，橫書「武英殿」。和義軒會員，號稱一百七十多人，全屬男性。除在六月二十三日神誕日熱鬧表

演外，日常協助各廟祭典、喪葬之演奏。現房屋兼營茶館，一般鎮民及遊客均可出入遊觀休憩。

南北軒在公明街 21 號，創於民初，屋內中央亦是供奉西秦王爺，神龕上橫匾也是題為「武英殿」。會員有百數十人，活動情形與和義軒大體相同。和義軒，南北軒，平日與台灣各地的同好聯繫密切，是以廟宇皆懸有各地同好結社所贈的匾額多種，繽紛簇籬。

台灣民間音樂由華南移入，每值祭典或娛樂場面均有禮樂伴奏，其中較著名的有十三音、北管樂、南管樂、大鼓陣和慶弔樂。

南管又名弦管，是福建閩南地區至今仍保留的傳統音樂之一，清時由泉州傳入本省。南管樂調悠長清雅，內容可分為「指」、「譜」、「曲」，宋元以後的南戲，均為此種形式，有些學者推溯其淵源至周代，但一般咸信保有許多唐宋音樂特色。南管風格清麗雅靜，不用鑼鼓，進行速度緩和悠揚，最常見的是小型的「上四管」，只是單人站在中間吟唱，四人在旁伴奏。目前台灣南管社團已式微，較知名的有鹿港的雅正齋、聚英社，台北市的閩南樂府、中華弦管研究團，及台南的南聲社。

北管不如南管單純，樂器除南管使用的管弦之外，另加上大鑼大鼓和嗩吶等，聽起來熱鬧喧嘩。北管又可分為二類，一為福路（祿），較西皮早，所以有「新路、舊路」之名。福路派使用的主要樂器是提絃（殼仔絃），是以椰子殼所製成的絲絃，音調低沈渾厚，崇祀西秦王爺為其特色。一為西皮，以西皮與皮簧為主要唱腔，和今日所見的平劇源出一系，樂器均為京胡（台灣俗稱弔奎絃、吊規子，即桂竹製成的胡琴），語音激昂高亢，供奉田都元師，與福路派有異。清時兩派均傳自閩南的漳泉，但因西

皮與福路在地方上不同的廟宇結社，傳藝的樂師互爭子弟、觀眾，加上樂曲、樂器和崇奉的祖師爺不同，不免形成不同的派系及勢力，常因種種原因發生衝突，每於迎神賽會時，明爭暗鬥不已，福路派的絕不唱西皮，西皮派的絕不唱福路，嚴重的甚至雙方拼館械鬥，關於這事，基隆人蔡慶年有文記道：「基隆西、福子弟，自來不相和睦，彼此設譬譏諷，互相瑕疵，每屆賽會之期，增華鬥勝，一唱百合，小則爭風構怨，大則奉棒交攻。人命殺傷，時有所聞。蓋地方風氣之不同，故習慣因之趨異，此為基津百年來特有之澆風陋習。」

　　其實不只基隆一地如此，有清一代，先後在同治四年、十三年，及光緒年間，均發生過大規模的衝突械鬥，由羅東蔓延到花蓮、蘭陽（宜蘭）、瑞芳、基隆、頂雙溪，台北各地；日據時期，在北部基隆一帶，西福之爭更日增無已，到最後，非由官方出面鎮壓不得收場。近年以來，因北管音樂日漸式微而不復見西皮福路之爭，目前北管社團較活躍的有：台北靈安社、彰化黎春園、宜蘭總蘭社等。

　　北管音樂不論西皮或福路，均使用大型嗩吶吹奏。其熱鬧粗獷特色易為眾人接受；在日常婚喪節慶場合均可使用，所以不若南管之衰微日甚。北管音樂除了宗教與婚喪應用，對昔年多數無法受教的人而言，學習北管除了可以粗淺的認識字書外；也是極少娛樂的農村生活的一項重要娛樂，所以學習北管者均自稱「子弟」，即所謂的「子弟戲」。子弟戲，實由農村子弟所組成，非以營利為目的，為業餘性質，以排演地方劇為能事，每逢祭神或廟會，則往往應邀演出，組織遍及全省各地，淡水一地就有上述的和義軒，南北軒、淡水軒。

　　讀者朋友們，可別忘了農曆六月二十三日前後，前往淡水聆賞一齣齣熱鬧的野台戲──子弟戲。

外商環聚的古洋樓

在今天淡水三民街到淡江中學一帶是昔日外商雲集的地區，除了偶有中國商人來往進出外，一般老百姓很少敢在此走動，可以說是洋人的勢力範圍。在這些外籍人士中，又以英籍的猶太人最多，其次是德國人，他們的職業，除了擔任中國海關稅務總署的官員或傳教士外，大多是洋行的經理。因為財勢雄厚，他們所居住的洋樓，建築得美侖美奐，使得這一帶的景象，依山帶水，一座座花園洋房，居高臨下面臨淡水河，風景絕佳，我們可以從馬偕的《台灣遙寄》的描寫，想像當時的風光綺艷：「駛入淡水河口，……我向北面眺望，復轉望南面，又遙望內陸，但見眼前一片濃綠的山丘。」「從船上可觀賞淡水的全景，由東面是一排排大山造成的宏偉山脈，戴著碧綠的草木，山麓間處處可見茶園，再下方是點綴著樹木的稻田，田外無牆垣，亦無整齊的區劃，但稻田從山上至海邊，像樓梯般一塊一塊的斜至下面。」「船徐行駛進經過低矮的白色建築物之前——那是中國海關及其歐洲官員的住宅。山在邊裡突然高升至二百呎，上面有一座被風

雨吹黑了的高大堅固的紅色建築物，是荷蘭人的古城堡，現在是英國領事館，高掛著大英帝國的國旗。稍低一點，有英國領事館的漂亮公館及美麗花園。在我們對面的山頂上，從海上就可以望見兩座優雅精巧的紅色建築物，其式樣在中國的其他通商港埠所見的都不同，有林蔭環繞著、那就是加拿大長老會的佈道團所設立的牛津書院及女學校。與它們相近處，有兩座傳教士所住的白色房屋，幾乎為樹木所隱蔽，都是平房，有別墅式的瓦屋頂及白色牆壁。再遠些，還有兩座同樣的平房，其中一座，在後面一點是海關的秘書所住的，另一座和佈道團的房屋並列，是中國海關的稅務司所在。……淡水鎮就在那裡開始，背山面河地伸展著。」

馬偕所描述的是依水路方向（從紅毛城開始由西向東），文字樸實，描繪情景歷歷在目，只可惜目前存在的僅有如下的幾所：

在淡江中學到淡水國中的前方，有兩幢單層半圓拱廊的白色洋房，一幢曾是馬偕傳教士居家，一幢則是淡水總稅務司公署的秘書所住，設備之豪華，名聞遐邇，地處風景絕佳的山丘上，素有「小白宮」的稱。日據時期，其屋頂損壞，經整修成日本的央頂黑瓦，是目前現存台灣近代建築初期的典範。此等洋樓建築其形式以英德之磚造傳統為主，特徵是磚造拱圈及回坡式屋頂的大量使用，混著中西風格，有點像電影中常見到的英國殖民地的莊園大宅，前後有寬廣的庭園，主屋為挑高的二層磚拱建築，四周有廻廊，多粉以白牆，富有熱帶情調，平面為方形，樓上辦公，樓下作為倉庫。

另外在小白宮附近有兩幢紅磚洋樓，是供男女傳教士作為宿舍。因為全部都是紅磚砌建，所以又名為「紅樓」，分別落成於1906年（女宿舍）、1909年（男宿舍），是由吳威廉牧師（William

Gauld）設計的磚拱兩層洋樓，且有很高景觀價值，現為淡水工商
學校教務處及校長室，維護情形良好。

中國人所建的洋樓則有「白樓」和「黃樓」。白樓位於今三
民街 4 巷 3 號，是棟兩層樓的洋房，門口有「壽天祿」字樣，外
觀為白色洋灰，故稱白樓。白樓為何人所建，傳說紛紜，約有四
種；一說為荷蘭人所建，一說為馬偕傳教士所建，或說是英籍猶
太人產業，最有可能的說法是：白樓是板橋林本源家族所建，約
建於同治二年（1863），作為糖買賣的辦事處，後來因為辦事處
轉至台南，租給猶太商行，此後幾經演變，此屋主權現屬於本地
陳姓人士，其內部已成雜亂的大雜院。白樓外形類似歐式洋房，
以磚石重結構為主，木架屋頂為輔，建材使用本島的紅磚及石
材，裝飾風格混有濃厚民間風味，尤以密簷式線腳更引人注目，
但屋內房間卻是純中國式的設計。屋外的排水溝蓋居然有一塊署
名「嚴清華」的墓碑。

白樓居高臨下，淡水河、觀音山盡入眼簾，景色絕佳，因年
久失修，顏色污濁，美人遲暮之感，油然而生。白樓不遠處有一
棟米黃色兩層樓的文藝復興式洋樓，俗名「黃樓」，黃樓是日據
後所建，在樓房的庭園右前方有淡水警報施放架，又有人謔稱為
「警報樓」。

淡水歷經西班牙、荷蘭、日本等異族統治，尤其咸豐八年，
淡水對外開港後，外人雜湊而來，洋商紛紛設行於此，除了紅毛
城、英國領事館外，各式洋樓如雨後春筍的大量興建，二十世紀
初年，中正路一帶又逐漸興起牌樓厝的屋宇。光復後，又出現 2
層加磚造，乃至近年的 5 層、7 層的公寓住宅。這些不同年代，
不同型式，不同材料的建築，構成了淡水都市景觀的趣味，只是

當你穿梭在大街小巷中，抬頭一望這些屋宇的天空線，不免有零亂雜碎之感，似乎也象徵了近年台灣社會的脫序現象。

馬偕傳教妙事多

　　清咸豐年間，因為第一次英法聯軍，清廷被迫訂城下之盟，簽天津條約，開放台灣、淡水為通商口岸，從此天主教、基督教得以正式傳入台灣。

　　基督教長老會來台傳教，約始於同治初年，以大甲溪為界分南北兩區。南區以台南市為中心，其傳教經費由蘇格蘭教會供給；北區以淡水為中心，傳教經費由加拿大教會負責。每當教會有全省性的重大事件發生時，則召開南北會議協調，此風至今猶存。

　　台灣北區長老教會的開拓者是馬偕叡理博士（George Leslie Mackay），他一生在台傳教施醫，業績至偉。偕叡理牧師於西元1844 年生於加拿大安大略省（Ontario）的牛津郡（Oxford）左拉村（Zorrd），曾擔任國民小學教員，1870 年四月畢業於美國普林斯頓神學院，同年十一月又前往英國愛丁堡神學院深造。1871年（同治十年）九月被加拿大多倫多長老會中會封立為牧師，唧命到中國傳教，十月啟程，十二月抵達台灣打狗（今高雄）。翌

年三月由南搭船北上到達淡水，從此確定淡水為傳教基地，四月
設立淡水為第一所教會，開始作禮拜。當時馬偕在他的日記寫
著：「我一路蒙耶穌引導，從左拉村的老家到這裏來，住在這屋
裏，好像我的箱篋上貼著字條『中國──台灣──淡水』似地直
徑。」從此馬偕與淡水結下不解之緣，不但於 1878 年五月與五
股人張聰明女士結婚，完成終身大事，成為台灣女婿。甚至 1901
年六月蒙主歸召，也是死在淡水，今天馬偕墓園位於淡江中學
內，其旁並有親屬、信徒之墓，現由淡江中學管理，並不對外開
放。

當年馬偕至淡水傳教時，時教風未開，百姓又有排外意識痛
恨外國洋人，馬偕忍辱負重，漸次展開傳教，發生了一連串糗事。

馬偕初到淡水，先以很高價格粗到一間陰濕不通風的小房子
居住。定居以後，開始到處走動，一面認識本地民眾的生活習俗，
一面找到山丘上放牧的小孩，天天和他們在一起學習閩南語。5
個月後，開始運用閩南語傳教講道。可是居民一直對外國人及外
國宗教懷有敵意和存疑，傳起教來艱辛備嘗，經常碰到傳單和書
籍被污毀丟棄，走在路上被人用石頭扔擲，甚且居住的房子也被
拆毀。

奇蹟發生了，1873 年（同治十二年）的一天，馬偕率同一二
信徒到竹塹（今新竹）傳教，當他離開時，有十二名兵勇奉命監
視他，剛巧其中有一名士兵因齲齒牙疼不已，馬偕知道了，找來
一片硬木，削尖了用力拔出那顆齲齒，醫好士兵的痛苦。從此馬
偕會拔牙治疼的行徑傳開了，馬偕便利用拔牙傳教，並自創了一
句宣傳口號：「挽嘴齒，不免錢」，此後只要有人牙痛，便會自
動找上門請求馬偕治療。據馬偕所寫的《台灣遙寄》說：他在台

灣親自替人拔了二萬一千顆以上的牙齒，馬偕的傳道工作居然就這樣展開了。

馬偕拔牙傳道術是這樣的：馬偕牧師一行於每次巡迴鄉村時，先置一張桌子在空地或寺廟的石階上，接著唱一兩首聖詩，或傳一些聖道，這之後才開始為患者拔牙，事後再作說教傳道，俾作精神安慰。那時，一般普通的牙病患者，都站立著等待他的醫治，也由於患者太多了，馬偕購自美國的拔牙工具如 Lance, Key, Hook, Pvnch 等均很少派上用場，連椅子也用不著。馬偕師徒數人，每每在一小時中拔出成百的病牙，這紀錄也夠瞧了，而利用拔牙傳教誰也想不到，這恐怕是空前絕後的妙事了。

馬偕借行醫傳教，也不見得順利。最初馬偕開設診所，無人問津，附近住居民常常謠傳，說馬偕開診所目的只是在抽人血剖人心，尤其舉證鑿鑿，說常看見馬偕在喝瓶裝的人血，其實天曉得，馬偕喝的是紅葡萄酒。有一天可怪了，居然門庭若市，每個人進來看病，不管三七二十一，都指定要一瓶藥水，馬偕因為應接不暇，喜在心頭，也未予追問，到了晚間，僕人才告訴他，那些民眾一出門就把藥水倒掉，攜走空瓶了，因為當時玻璃瓶是珍貴的東西。

馬偕雖遭遇到這麼多的挫折，但是他一一克服了，他是來台灣傳教的外國人中，最成功的一位牧師，譬如在傳教五年內，在艋舺、錫口（今松山）、大稻埕、和尚洲（今蘆洲）、新莊、五股坑、三重埔、枋橋（今板橋）、三角湧（今三峽）、大浪泵（今大龍峒）等地建立了教堂。1880 年回國渡假，加拿大京斯頓大學有感於他宣教的偉蹟，特頒神學博士學位予他，且得故鄉牛津郡人士捐助，回台灣創立「牛津學堂」訓練傳教師人才。1883 年至

1888 年，在宜蘭花蓮建立廿八所教會，迨 1892 年（光緒十八年）台北地區共建教堂 56 所。諸如以上的豐功偉蹟，馬偕宣教的成功是可知了，至今在淡水，我們還可以看到他當時傳教工作所遺留的足跡，我們留待下一篇再介紹。

馬偕傳教遺跡多

　　清咸豐年間，台灣與外國通商貿易，西方的天主教與基督教因而傳入台灣。同治十一年，加拿大基督長老教會傳士馬偕叡理博士來淡水傳教，為台灣北部基督教傳教之始，此後在今淡水、蘆洲、八里、艋舺等地設立教堂，留下不少傳教遺跡，至今猶存。

　　馬偕精通醫術，常藉為病人義診之便傳教，頗得當地人士敬重。後來病人日增，馬偕認為有興建醫院的必要，四處奔波募款，恰好有位美藉婦女為紀念她逝去的丈夫馬偕船長，同時欽佩馬偕傳教士的辛勞，就捐贈三千美元興建醫館，於光緒六年（1880）落成，命名為滬尾馬偕醫館，成為台灣北部最早的基督教醫院。馬偕醫館位在今天淡水馬路上，房子外觀、門窗為洋式風格，卻又混合中國風味，看來無甚華麗，但在中法戰役滬尾之戰，救過不少受傷的清軍及民眾，事後還得劉銘傳賜匾褒揚。另外在其側的淡水基督長老教會教堂，屬哥德式造型，尖塔高聳，將重量和伸引力集中在石柱及拱壁上，是其建築特色，多年來一直是畫家趨之若鶩的寫生目標。該教堂是為了紀念馬偕傳教士在台傳教六

十週年而建，於 1932 年（民國 21 年）改建，今天屋頂的塔飾已較簡化。

　　馬偕在淡水傳教最有名的遺跡首推理學堂大書院。該書院又稱牛津學堂（Oxford College），地址是淡水真理街 32 號位置，於淡水工商管理專科學校內（今改制為真理大學），作為該校的「校牧室」。馬偕為了培育本地人從事傳教工作，訓練傳道士，光緒六年返回加拿大故鄉募集資金以建學校。果然順利得故鄉牛津郡民之助募得 6,215 元美金，次年重返淡水擇定現址興建校舍，於光緒八年（1882）七月落成，故命名「牛津學堂」以紀念故鄉善心人士，為外人在台灣施行新式教育的開始。光緒二十七年，馬偕棄世，乃更名為淡水神學院，民國 3 年神學院遷台北，就原址開辦淡水中學，後與淡水女中合併，民國 36 年更名為淡江中學，民國 54 年創設淡水工商管理專科學校於此，也是歷經一番滄桑。

　　牛津學堂坐北朝南，東西長 76 呎，南北長 116 呎。據載所有建材的磚瓦皆由廈門運來，以糯米加水蒸煮，混合石灰與糖汁搗成的三合土作為黏合劑使用。據聞建造時，中國匠人看不懂馬偕的設計圖，馬偕便以蕃薯挖成模型供參考，成為一件趣談。

　　牛津學堂平面配置富有中國傳統色彩，四合院的造型，中間正堂為三開間，兩側各有護龍，妙的是它是基督教的校舍，在屋脊立有小佛塔的飾物，取代十字架，據說是為減緩淡水居民排外意識，爭取民心而設計。更妙的是它的第二進與護龍是分開的，中間以花牆聯結，左右各開一耳門，使得第二進有單獨出入的門戶，可惜數年前因年久損壞整個拆毀。

　　牛津學堂這種揉合中西建築形式，也說明了馬偕傳教的困

窘，一座洋教的教堂矗立在台灣的土地上，如何在建築形式以化解民眾對基督教的排斥，成為一大困難。當年馬偕在北台建了許多教堂，真是煞費苦心，其形式皆為中西混合式，並有塔狀的鐘樓，磚石結構，石灰由珊瑚燒製，外面除磚柱、石柱外，粉刷白灰。其中以新店、艋舺規模最大。台灣有一首民謠描述這些教堂特色：

　　雞籠一間，自己一款，與別間無同。

　　和尚州、八里坌，兩雙生，相同攏無分。

　　新店、大龍峒、錫口、艋舺，四間有尖塔，這些尖塔，塔身有節，共有六級，形成窰簷式，每級裝飾不同，各有象徵意義，如第一層為「大門」，象徵出國傳教；第二層「海浪」浮雕，表示遠渡重洋；第三層彫有「兩個半球」，影射東西兩方，從西方到東方傳道；第四層開有兩個「尖拱門」，象徵台灣南北兩教會；五層雕有「燈台」，意味教會前途之光明與耐心；六層之「尖塔」，象徵與天國相通，與哥德式教堂精神相仿。

　　馬偕死後埋在淡水，其墓園即在淡江中學。走訪淡江中學，可以欣賞幾幢特殊建築，最引人注目的是羅虔益牧師（K. W. Dowie）所設計的八角塔及體育館。羅牧師是加拿大人，曾在淡水中學教授幾何學，深諳數學及建築學，1925 年完成八角塔，其本身雖屬拜占庭風格，但兩翼教室卻像台灣三合院式的農舍，屋頂高度依次降低，同時細部裝飾也採用本地風格，但護龍前端又有兩座八角形的衛塔，而八角塔為磚砌建築，底部為方形，至上部則變成八角形，強烈突顯東西混雜風格。體育館完成於 1923 年，進口處模仿閩南式建築之馬背與院門（亦稱門樓），可稱為

改良式的馬背門罩，令台灣人有親切之感。其他尚有淡水女中校舍，是一座兩層樓的四合院，中間有庭院落成於 1916 年，其東南角的婦學堂（Women's　School），近似歐式住宅，亦是兩層樓，落成於 1901 年。這兩棟建築與淡水工商專科學校內的男、女傳教士宿舍，及紅毛城旁的英國領事館，均是著名的吳威廉牧師（William Gauld）所設計，這幾棟磚拱洋樓，施工精細，裝飾方面，尤以磚工出色，以磚砌出非常豐富的線腳及圓拱，值得細細品味。

紅毛城畔恨事多

　　紅毛城位於淡水河口北岸圭柔山頂（中正路 28 巷 1 號），
觀音山聳立於前，大屯山綿延於後，西臨台灣海峽，下瞰淡水河，
佔地三千七百餘坪，全區盤據淡水河北部崙背的最前緣，地理位
置重要，為扼守淡水河口之軍事要地。紅毛城原名聖多明哥城
（San Domingo），本為西班牙人所建，後為荷蘭人所據，當時
人稱呼荷蘭人為紅毛，因稱此城為紅毛城，英人租領時則稱「舊
荷蘭堡」。

　　明天啟六年（1626），西班牙人自菲律賓攻台灣，入據台灣
北部之雞籠（今基隆），至崇禎二年（1629）後侵略淡水，遂在
該地築聖多明哥城，和建在雞籠的聖薩爾瓦多城（San Salvador）
互為犄角，作為西人傳教化民之所，一般言，崇禎二年被視為紅
毛城最早建築紀錄，距今也有三百五十餘年，事實上紅毛城歷經
滄桑，一再易手，一再焚毀，一再修建，其中恨事一籮筐，且聽
我細細道來：

　　依據西班牙人的記載，早在他們築城之前，原基址已有漢人

或平埔番人所建築的防禦工事，西人入據淡水後才將其中一個工事改建為聖道明城砦，因此早在 1629 多年前淡水砲台埔已有防禦工事。

最原始的紅毛城，使用建材為粘土、蘆葦、竹子和木材，極其簡陋。不久因西人橫征暴歛，引起淡水附近土番不滿，崇禎九年（1636）某一夜晚突襲，殺掉砦內西人，焚毀城砦。次年紅毛城重建，改用石塊與石灰，城砦高達 20 呎（約 6 公尺）。崇禎十五年（1642）荷蘭人趕走西班牙人，荷人所接收的城砦已殘損，只好於崇禎十七年（清順治元年）再度重修，這次使用的材料有石塊、石灰與磚瓦，結構更為加強。但至永曆十五年（1661）鄭成功收復台灣，荷人自動撤離淡水，可是又被附近土著百宰海人（Basayers）攻擊淡水的城砦及住宅區，破壞其中一部份，荷人臨走也自動破壞，放火燒了堡壘，爆破大砲，紅毛城再受鉅大創傷。

明鄭於 1661 年接收台灣，由於距離遙遠，對於北部的雞籠、淡水並不重視，因此仍有若干荷人往來兩地，至 1668 年才完全撤走。到了永曆三十七年（清康熙二十二年，1683 年）三月，聽說清軍有攻台計劃，命令右武衞將軍何祐重新加以修葺，八月鄭克塽降清，修葺工作告停，不久紅毛城再度圮隳。

康熙二十二年清廷領有台灣，初期仍任淡水紅毛城依舊荒圮，至雍正二年（1724），淡水同知王汧曾經加以重修，並且增加了東西兩個大門，南北兩個小門，重修詳情不得而知。至此以迄咸豐十年（1860），百餘年間不見有修葺的記載，因為無人利用，廢棄多時，道光二十年的台灣道姚瑩稱之為「廢紅毛樓」，由於今昔異殊，紅毛城失去防禦功能，清廷在嘉慶年間，另在外

口門北岸另建新砲台，駐有滬尾水師守備。今天紅毛城中所展示的五尊大砲，砲身上鑄有「嘉慶十八年春，奉憲鑄造台灣北路淡水營大礮一位，重八百觔」等字樣（長約 1 公尺 61 公分），是英人搬運移入作為裝飾用，往往使遊客誤以為嘉慶年間紅毛城內有清軍水師駐守，這是不正確的，應該移走，或另立一牌說明，以免誤導遊客。

咸豐十年淡水開放通商，當時廈門有家洋行欲購用紅毛城作為貨棧之用。十一年英國在淡水設辦事處，至光緒四年（1878），英國才在淡水設立正式領事，當時各國甚少在台灣設領事，因此有關業務均由英國領事代理，我們可以說，1895 年（光緒二十一年）以前的英國領事館是在台外國事務總管的所在。而早在同治六年（1867）英國即與清廷訂立「紅毛城永久租約」，租金每年紋銀 11 兩，八年遷館於此，作為辦事處所，此後紅毛城在英人的妝扮粉飾下有了嶄新的風貌。

1867 年英人租得紅毛城，改造為英國領事館，開始徹底整修此城，屋頂上添設雉堞（女牆），另建露台，角樓的雉堞，紅磚門廊、地牢磚牆及 2 樓內部隔間，又在 6 尺 5 寸的外壁，塗擦煤脂，使得紅毛城全部呈現紅色，而壁體據說悉存舊狀，未嘗改造。因此今天大家所看見的紅色牆壁、與城上雉堞，誤以為就是西、荷盤據時之原物，實際上是大約同治九年英人所翻修的。光緒二十一年（1895）日本佔據台灣，英國仍繼續租用，至明治四十二年（1909），英國政府正式向日本提出「紅毛城永代租借」的要求，1912 年獲得日本政府的同意。至太平洋戰爭爆發（1942 年，民國 31 年），才被日本政府封閉、英國領事館也同時撤除關閉。日據時期的紅毛城主樓底層主要是作為地牢用的，其外有一活動

場地、浴室及廚房，二樓為辦公室，內又隔間分為秘書辦公室、助理領事辦公室、會計辦公室、領事辦公室。過去英國領事館共有一位領事，四名副幹事及助理領事，另外再加二名中國籍的本地職員。很明顯地，紅毛城一、二樓充滿了矛盾，有地牢、高牆、秘室、厚壁、角樓、雉堞、射口……等等充滿軍事意義的佈置結構，一方面卻又是充滿了異國情調的紅色辦公樓。

民國 31 年（1942）英美法等國宣佈自願放在華一切租界，廢除不平等條約。34 年大戰結束，日本投降，我國政府接收紅毛城，並開放供民眾參觀，35 年淡水英國領事館正式復館，39 年中英斷交，英國領事館並未撤退，亦未遭查封，繼續使用紅毛城為商業貿易辦事處。61 年三月英國下旗撤館，英國政府居然先後委託澳大利亞大使館、美國大使館代管，紅毛城簡直成了英國的私有禁地，甚至撤館後，仍不放棄所有權，不許遊客進入。我政府先後於 61 年、64 年兩度交涉意欲索回，初因英方索價過高，未能談妥，繼又與淡水工商掛勾，允淡水工商承租或價購該館，不為我方同意。直至 69 年，我方採取強硬姿態，外交部正式函告英方，終止永遠租約及收回土地，終獲同意，並於同年六月卅日完成交接，終止此一長達一一三年的永遠租約，使得青天白日滿地紅的國旗，得以冉冉上升在紅毛城上，一洗三百年由西班牙、荷蘭、英國、日本殖民統治的國恥，紅毛恨事才告一段落。

另外，在紅毛城的右方，有一座兩層紅磚洋樓，是作為英領事住宅。

此棟兩層式洋樓是典型英國殖民地建築式樣，建於 1891 年（光緒三十一年），建材大部分取自本省，牆壁為清水紅磚，屋頂是閩南紅瓦，樓屋內彩色地磚則是爪哇產品，建材與紅毛城完

全不同。廳內牆壁粉刷顏色經查考有 6、7 層之多，有象牙白、乳黃、煙灰白、淺灰藍、薔薇紅、紫藍等數層，木門框油漆為白、乳黃、藍等色，室外木質百葉窗則為灰藍、深綠、淺黃等，隨歷代領事夫婦喜好而有不同的變化。其周圍係廻廊，兼具遮陽擋雨功效，一樓為清水紅磚，立面採弧券拱，二樓則是半圓拱。值得提出的，領事住宅正面，工匠在磚雕部分為一流手藝，堅實溫暖的暗紅磚塊與綠瓶欄杆色彩的對比；屋簷、拱腳、入口兩側雙柱及磚雕與兩側廻廊放大之對比；上廊半圓拱與下廊弧券拱對比的穩定變化，使領事館比紅毛城搶眼。

洋樓係英領事居家場所，由於副領事與其他職員均在淡水另行覓屋居住，整個紅毛城無異是一獨戶之住所，宛似城堡堡主一樣，面對景緻優美的淡水河與觀音山，為求居家的舒適，領事住宅一改紅毛城的厚重而為穿透，一改壓縮的空間而為舒展，站在廻廊即可充分體會出這種舒適的享受，無畏驕陽、夏日迎著徐徐沁涼的穿廊之風，眺望遠處，海口漁帆點點，迎面的觀音山剪影撩人，或由拱廊角度取景，憑欄慵懶的閒眺，那種雖南面王而不易的滿足感，只有親身去體會了。

住宅的一樓為待客宴飲的社交活動場所，中央為門廳，東側以餐廳為主，其後為備餐、儲藏室；西側為起居室、客廳的書房；後面的平房則供僕役使用，有馬達間、清洗間、廚房、儲藏室、傭人臥房等；最後邊轉過車房後為燃煤儲藏、工具儲藏與傭人廁等，召喚僕傭時利用門廳後部的服務小梯及牆壁上的使喚鈴。二樓為領事家庭場所，由中央門廳主要樓梯拾級而上後，東側為一臥室套房；西側為主人臥室套房，北側牆上有壁爐。後半部北側廻廊已封閉，改建為浴室，另有一小門通往一樓平房天花板上之

儲藏閣樓。

　　住宅附近花木扶疏，景色幽雅，入口之步道原在西側，後移至正中央。步道入口邊現留有一青銅燈桿，上鑄有「東京株式會社」字樣，為該公司當年捐贈給領事，是日據時期遺物。其西側較高，為網球場草地，此球場昔時為全台唯一之草地球場，英領事於每週三、六下午舉辦社交茶會。住宅東側的東北角後門，專供車輛進出停靠。

　　紅毛城和英領事館原本濱臨淡水河，有其專屬的小碼頭和船屋，由於拓寬中正路，船屋被拆除 1 / 3，徒留一片圮牆殘壁，荒草蔓盤，垃圾滿地，內政部不思復原，竟然整個拆除，闢成小停車場，這與領事館內牆上、書櫥擺上台灣開拓歷史圖片與台灣志書一樣，與紅毛城、領事館事蹟毫無相干，在保護古蹟風潮中，成了一個大笑話。

淡水烽煙遺故壘

　　光緒九年，清法為越南之爭，爆發戰爭，閩海成為主戰場，台灣遂告戒嚴，清廷分調劉璈、劉銘傳分守南北。十年六月，法將孤拔率艦攻基隆、滬尾，不勝而去。九月，法軍改採封鎖政策，宣佈封鎖台灣海口，範圍北自蘇澳，南至鵝鑾鼻，凡 330 海哩，禁止船艦出入。十一年正月，法軍攻占基隆，被阻於五堵、七堵。二月，孤拔再攻占澎湖，台灣更形危急，適法軍連敗於越南諒山等地，戰事日久，雙方俱感疲憊，中法乃締約停戰。三月，法軍解除對台灣封鎖；四月，孤拔病死澎湖；五月，法軍撤離基隆；六月，撤離澎湖，戰爭結束。此一戰役，自光緒十年六月至翌年六月結束，整整一年之中，台海封鎖期長達 7 月，諸多戰役，敗多勝少。其中以滬尾戰役勇挫兇鋒，至今淡水猶存殘壘供人憑弔。

　　離紅毛城之西半公里，坐落在淡水高爾夫球場入口處（油車里油車口四號），有一座砲台遺址，正是當年中法戰爭的遺存的舊砲台，那是光緒二年（1876）提督孫開華駐防淡水，聘請英人設計據險築成。砲台為二重方形城堡，擁有外郭，面積約 1.5 公

頃，外圍城牆以泥土堆積三丈餘高（約 10 公尺），內牆係以三合土築成，（三合土指石灰、泥土、砂之混合加上黑糖、糯米汁、稻草灰、貝殼灰等，堅固耐久，有如今日之水泥），有 3 個砲台，整座砲台工程浩大，壯觀雄偉。

光緒十年，法國艦隊犯台，當時劉銘傳在淡水配置佈防有新舊砲台 3 座，兵力八營。砲台有（一）沙崙舊砲台，用沙囊作掩體，俗稱「白砲台」。（二）中崙新砲台，備砲三門，時稱「小砲台」。（三）油車口新砲台，備砲二門。八月十四日上午之炮戰，新砲台的大砲及向砲台的砲眼均被轟毀，此後數日戰事，清軍因砲台被毀，無砲還擊，全靠清軍赤手短兵，衝決鏖戰，誓死不退，當年英人還登山觀戰，作壁上觀，看到我軍奮勇絕倫，拍手狂呼，餽送物品，以表敬佩。

漫步在舊砲台上，眼見砲台傾圮，在風雨剝蝕之下，僅殘留著砲台基座和置放砲彈的坑洞，台壁下許許多多的小拱門和圓窗，及用石板分隔成的彈藥庫。步下台階，只見外郭上題了劉銘傳親自手書的「北門鎖鑰」，筆力遒勁，右邊上款「光緒十二年季春中浣之吉」，左下落款「合肥劉銘傳題」。牆圍之外，荒煙蔓草，漫步其間，恍惚聽到陣陣呼嘯砲彈聲，砲聲所及，煙塵蔽天烽火眩目，耳際似乎傳來陣陣慘叫聲，衝決聲，鼓掌聲，悲憤聲，定神一看，滿目荒寂，心中淒然，中國，中國，何時雪此百年國恥。

從舊砲台往裏邊走，便是淡水高爾夫球場。該球場面積有 7 萬 6 千多坪，創建於民國 3 年（大正 3 年），曾是本省最大的高爾夫球場。走進瀏覽，只見一片芳草如茵，碧綠萬頃。但是恐怕有許多人不知道，這裡當初有中法滬尾戰役的死亡將士骨骸，他

們勇敢的為保衛台灣而死，事後，將他們屍體集體埋葬，立碑「永垂不朽」，以資紀念。由於泰半是河南籍兵士，稱為河南勇墓，後人不察，竟訛成荷蘭勇墓，令人痛心。以後為興建球場，才將墳墓移到淡水第一公墓。

除了上述舊砲台、淡水高爾夫球場是中法戰役的遺蹟外，尚有2處遺蹟值得一提。

在《法軍侵台始末》一書中曾記載八月廿日的戰事，當時法軍陸戰隊有5個中隊主力，外加2個水雷分隊，當天作戰目標是向我新砲台直接進攻，毀其大砲，隨後轉向白砲台，並將位在途中的水雷點火哨佔領。部署既定，敵砲猛烈轟炸，以掩護陸戰隊登陸前進，果然法軍順利的從沙崙東北登陸。不久展開前進行動，但是他們要到達新砲台前，須穿過一片滿佈茂林和濃密植物的低地，雙方在此密林地帶展開肉搏血戰，結果是法軍「彈藥用罄，損失重大，我們非撤退不可」，清軍大勝，當時被俘法軍割下首級，淡水居民手持首級在淡水市街歡呼遊行。

這個古戰場在那裏呢？讀者朋友，每當夏季來臨，每日成千累萬的弄潮男女湧至淡水某一地方，這裡三面沙崙環抱，灘平沙軟，只見白浪碧波，無涯無際，藍天海鳥；自由翱翔，尤其是夕陽西下，海天一色，瞬息萬變，是一個絕好的海水浴場——是的，我想你猜到了，沒料到吧！當年清法雙方軍隊厮殺的古戰場竟是在沙崙海水浴場這一帶。不過小心喲，下次去沙崙海水場弄潮遊玩時，說不定從海浪中，沙灘下，升出一雙雙枯乾的手，抓住你的雙手腳不放，水鬼找人「替代役」，這時你可要「暫時停止呼吸」了。

附錄

滬尾砲台景觀說明牌內容一

　　站在這個位置，向外看，如果您的眼力夠好，也許可以看到紅毛城及若干洋樓。這個地區，在清代時是一片荒野，而且部份為墓地，淡水人俗稱為「埔頂」，咸豐十年（1860）淡水開港後，洋人大量來到，就洋人而言，因與華人生活習俗不同，有文化差異，且不願住在髒亂市街，為避免與滬尾市街混雜及港口貿易交通的便利，於是在淡水熱鬧街區之外的埔頂設立「居留地租界」。許多洋行設在此區，據史書記載，這地區還有漢人的金門館、廣興隆、烽火館、淡水海關、守備衙門、銅山館，以及漢人買辦陳阿順擁有的碼頭；另外，德忌利洋行、德記洋行也有專屬碼頭上下貨物，甚至當時外商還特別建造油車口至公館口間的道路。

　　總之，以紅毛城與城下滬尾海關為中心，洋商在附近租借官地，或建屋居住，或建行棧存貨辦公，以後馬偕傳教士在此區建禮拜堂、馬偕醫院、牛津學堂等等，皆是在相同的背景下所形成的聚落，這是一個充滿異國風味的地區。

滬尾砲台景觀說明牌內容二

　　滬尾砲台位在油車口的山坡台地上，居高臨下俯瞰淡水出海口。這是清法戰爭後，由台灣巡撫劉銘傳聘請德國技師鮑恩士（Bonus）所設計重建的，於光緒十二年（1886）完成，最後再裝配上新式大砲，成為當年台灣最好最現代化的新式砲台。劉銘傳在砲台入口的拱門題匾「北門鎖鑰」，意為雄鎮淡水河口，捍衛北台出入口的要塞，深富歷史意義與軍事價值。

　　站在炮台上，遙看淡水河口，潮生潮落，滿天碧雲，千帆競渡，真有千里淡江千里河，滿帆秋雨滿帆風之景緻。側望兩旁，面對著觀音山、大屯山，兩山夾峙，一水北流，幾點舟影，不覺令人湧上一股乘長風破萬里浪，邀游大海的英雄氣概。此刻無論是緬懷舊戰場，揚起駕巨鯨衛北台的壯豪志氣，還是懷抱一絲閒情，眺望遠方，感受山自凌空水自流；放眼遙看，望不盡那滾滾淡水北流，河上大小舟艇不停穿梭往返著，天上的白雲悠然飄動，紅塵的人們仍在騷動著。

滬尾砲台景觀說明牌內容三

　　這個位置正對著淡水河出口，台北縣的水系除一些散流外，幾　一律匯入淡水河及三大支流：大漢溪、新店溪與基隆河。大漢溪最長，發源於桃園復興鄉山地，在三峽鶯歌間流入台北盆地，往北經樹林、新莊，到板橋江子翠與新店溪會合，成為淡水河。

　　新店溪上源有南勢溪與北勢溪，兩溪在龜山會合後稱為新店溪，繼續往北流，至景美有景美溪匯入，北流至關渡，又有基隆河相會。

　　基隆河發源於北縣平溪鄉，上游為河階，有急流、有瀑布，在三貂嶺、侯硐一帶，兩岸多懸谷，到汐止進入台北盆地，向西流到關渡與淡水河會合，經淡水出海，因此清朝時的淡水河水系是北台最重要的交通動線，這也是「西仔反」的法軍要攻佔淡水的重要原因，北台歷史，是由淡水河發展出來的！

滬尾砲台景觀說明牌內容四

淡水昔稱滬尾，滬尾砲台位在淡水油車口的山坡台地上，居高臨下，素有「北門鎖鑰」之英名。砲台平面略呈矩形，南面為補給出入口，西北角為主要砲位方向，據說當年配備有 12 吋及 10 吋口徑英國阿姆斯脫郎後膛砲各一尊，與 21 公分口徑德國克魯伯後膛砲二尊，砲座使用 360 度旋轉的全圓磨心砲架，射角涵蓋整個淡水河口。砲台平面由外而內分別是：土垣、壕溝、子牆、砲座、甬道與廣場，層次分明。整座砲台周圍長 340 米，壕溝寬 8 米，土垣高 6.5 米，規模宏大，是當年全台最現代化最犀利的砲台，雄鎮捍衛北台的出入口。

站在砲台上，遙望四周景色，有山兼有水，宜夏亦宜秋，不遠處淡水瀠回海水，萬里滄茫一色同。近觀山下遊人，一片喧嘩聲，笑指紅男綠女，可曾知當年清法戰爭，滿街戰火血河流，如今濤聲日夕，潮來潮往，不禁讓我們回憶起一首古詩：

> 高台矗立水雲邊，有客登臨夕照天。
> 書字一行斜去雁，布帆六福認歸船。
> 戰爭遺跡留孤壘，錯落新村下晚煙。
> 山海於今烽火靖，白頭重話荷戈年。

此時佇立在這山河遼闊的砲台上，遠望近看，遙想當年，笑談古今，風微微吹著，淡江仍悠悠流去，多少往事俱逝矣！

滬尾砲台景觀說明牌內容五

滬尾砲台，劉銘傳賜匾「北門鎖鑰」，這是當年台灣軍民聯手抵抗法軍侵略，砲轟法艦，重創登陸法軍的堡壘。當年，西元

1884 年的滬尾血戰，是十九世紀東西文明角力的地方，使台灣躍上世界舞台，揭開了現代歷史的新頁。戰後的台灣在劉銘傳主政下力行新政，短短六年使台灣成為全中國最進步的一省。

如今，當年保衛台灣，建設台灣的歷史故事，已鮮為人知，歷史在荒煙蔓草中遺失了！遺忘了！

往右前方看，是緊臨砲台的淡水高爾夫球場，碧草如茵，一片美麗風景，在陽光下球場門口雙 B 汽車閃閃亮亮，排列成群，呈現今日台灣的富裕與奢華，景象迥異，一派風華。

是的，歷史已湮沒，已被封塵，留下的記憶，更形褪色，更加模糊。回顧台灣歷史，寫滿台灣人的掙扎與奮鬥，後代的子孫，是要繼續漂泊？還是要深耕台灣？淡水河仍悠悠流著！

（作者按：此五則說明牌為筆者所撰寫，故收錄於此書。）

中寮李宅不忘本

　　淡水往北新莊的路上，座落在忠寮里，可以看見一個散村型的聚落，是有名的李家村。

　　今天在台灣南部平原較古老聚落多數是「集村」型，其原因除了南部平原用水不便，有水井處便有民房密集之自然因素外，尚有明鄭時代，當時鄭氏採用官田和營盤田的耕種制度，使得耕作者集中居住的歷史原因。反之，台灣北部村莊大都零零散散，形成所謂「散村」，是因為多山的北部開墾形態是一種被稱為「大租戶」的豪族，申請墾照搶佔廣大土地，然後再分由很多佃農從事開墾耕種，久之散居地面，形成了散村型聚落。

　　忠寮李宅古屋現存共有 3 幢，散落在忠寮里田園間。中寮李姓其祖先來自福建泉州府同安縣，大約是乾隆初，入墾今台北淡水，至今已繁衍 16 代了。最先李姓先祖居於淡水水源地附近的「北投仔」，後來因人口增加，部分族人遷居到忠寮里，以後反而興盛，在咸豐、光緒年間出了幾位文舉人、武舉人，地位顯赫、開始大興土木，建有燕尾式的官宅。

　　分散在忠寮里的李氏家屋較古老的，都是模仿福建泉州民房，屋脊採用燕尾式，建材以觀音山石和土埆為主，以福杉、紅磚為輔，所佔面積不大，多向兩側發展，廣建護龍。可惜面對今日農村經濟型態的改變，年輕一代都出外就職，古宅只剩老年人和小孩，在乏人照料，年歲悠久的侵蝕下，已日漸頹壞。

　　李氏在遷到忠寮里後，最先建厝的是位於忠寮里 8 號的「旗桿厝」，旗桿厝的得名是因上代祖先有人中舉、門前留有 2 座旗桿關係，但是目前已不存在。旗桿厝面向觀音山，而觀音山山峰連綿，凹凸有緻，遠望好似一座可供擱筆的「筆架」，面對如此絕佳風水，李氏果然連連出了幾位舉人。旗桿厝是一座兩落式四合院，外有屋門和圍牆，圍牆上的窗以石柱雕刻成竹節形式，由於書香門第，整個建築裝飾給人感覺是細膩典雅。古厝正廳懸有一塊「歲魁」古匾，是光緒年間台澎兵備道夏獻綸所立；廳內神龕上供奉著土地公和祖先牌位，神牌上左右書「燕樓祠堂」、「祖德流芳」、「堂上歷代李氏一脈高曾祖考妣之牌位」和「原本隴西神仙祖，派系唐代帝王孫」對聯，堂內木柱古聯，直聯題曰「燕啄芹泥其究安宅，樓聯花萼既慶令居」，橫聯題勒「祖德傳芳、後厥易克，長發其祥」。

　　所謂「燕樓」指的是淡水李氏一系是屬於「燕樓衍派」，「燕樓」正是堂號，台灣世居住民，直至今日，仍銘刻郡望堂號在正廳門上，或正廳燈籠上，也有人刻於神主牌或墓碑上，以示不忘其遠祖來自中原。蓋所謂「台灣人」乃明清時代自福建、廣東移民而來，再溯遠祖，則均來自中原，堂號之流傳乃是最有力的證據。堂號各以郡望為主，郡望又稱地望，或簡稱郡號，係指古代各姓氏祖先發祥或居住之郡名，因宗族傳衍日久，族大勢盛，成

為該郡之望族巨室,即謂此姓氏望出該郡。此後年久族眾,因故遷徙,每冠郡號於姓氏之上,以示不忘本源,永誌世系。由於歷經十幾代的繁衍,李氏宗族遍及整個淡水忠寮里、水源里一帶、為了促成家族之親睦團結,在民國 25 年將「北投仔」的祖厝修建成「燕樓宗廟」的祠堂,位在水源地的燕樓宗廟,是一座三合院式的建築,屋脊上有福祿壽三仙,祈求子子孫孫享有人生三大福氣,李氏這種數典不忘祖的倫理綱紀精神,正是我中華民族講究孝道與慎終追遠的表範。

在旗桿厝的右方不遠,另有一四合院古厝(忠寮里 10 號),這座古厝左側傾毀,且新蓋了鋼筋水泥的樓房,從殘存的古厝,尚可以看到木造的正廳,堂內的神龕等等,雕工細緻樸實,可嘆雜物橫置,破爛腐朽,不知這棟古厝還能支撐多久。旗桿厝的前方,也有一幢武舉人的四合院宅第,造型古樸有力;屋宅右方護龍已被改建成洋房,左側的護龍傾垮,只剩下大門、正廳和兩旁的廂房,雕飾剝落,睹之悽然。位在外圍的桂花樹 3 號,是幢只剩二護龍的三合院,維護尚稱可以,右邊已重修過,左邊修建因族人意見不合,停工未修,保持舊貌,成為新舊各半的宅第;其內部佈置簡陋,正廳內部神牌位是「燕樓堂上歷代考妣李公媽之牌位」,左右各題「創業莫忘先世德,傳家惟願子孫賢」,再度顯示中國人敬天法祖,垂訓子孫的傳統。

此外,位在忠山里的行忠堂,是光緒二十六年,由忠寮李姓舉人發起興建,供奉恩主公(關公),廟宇近年翻修,已失古樸原味,但整座廟宇位在山谷之間,三面環山,清靜幽雅,不染俗塵,景色怡人,看了忠寮李宅,莫忘順道前往行忠堂瀏覽一下,也許另有一番體會。

淡水鎮的舊地名

　　淡水鎮在淡水河下游河口的北岸，面臨台灣海峽，全域為大屯火山彙的西南斜面，平原分布於淡水河沿岸、海岸地帶，及火山錐體散流坑谷中。淡水原係河名，「淡水」之地名在明朝已見諸文獻，有國人涉跡漁獲採買之傳聞，也有日人至鷄籠、淡水侵擾或採金之說，直到西班牙人佔領，始有確實的歷史記錄。

　　明崇幀二年（1629）西班牙人侵佔淡水港，命名其地為卡西多爾（Casidor），並築城堅守以作久居之計。崇禎十三年為荷人所逐；永曆十五年（1661），荷人又為鄭氏軍隊所驅，西荷兩國佔領北台計前後 35 年。西荷佔領時期，淡水地區為平埔族凱達格蘭族（Ketagalan）的活動範圍，當時主要的番社有四：（一）淡水社（約在今水源里一帶），（二）北投社（在今淡水及北投之間），（三）鷄洲山社（今忠山里、義山里，昔年稱頂圭柔山，及下圭柔山處），（四）大洞山社（今屯山里），或云此即「淡水」地名之由來，而事實不然。

　　雍正元年台灣增設淡水一廳，「淡水」成為行政區名，其範

圍南自大甲溪、北至基隆、並非僅指現在淡水鎮。現在淡水街區稱「滬尾街」，其港口即稱滬尾港或滬水港。光緒二十年（1894）為「淡水縣芝蘭二堡」的轄區，日據初期改屬「淡水支廳滬尾辦務署」，民國9年改為台北州淡水郡淡水街，光復後改設台北縣淡水鎮，直至今日。

　　據上述可知「淡水」原為河名，今淡水港區舊稱滬尾。滬尾的地名由來，眾說紛紜；有的說滬尾即「雨尾」，以位居基隆多雨地區之末而得名，基隆則為「雨頭」。有的說滬尾即「河尾」，為淡水河出海之末端。有的說滬尾即「戶尾」，為北台人群住居之末端。其實這些都是想當然耳的揣測之說，比較接近事實的說法是：因在淡水河末端設有捕魚石滬之地，故名滬尾。按「滬」即攔魚的籬笆，豎竹築圍於海濱，退潮而捕魚，《台灣府志》記載：「用石碎圍築海坪之中，水滿魚藏其內，水退則捕之」，台灣俗稱以石築堰，涸其水捕魚之法為「滬魚仔」，據此滬尾地名由來，意為村莊建於淡水河末端，設有捕魚器「滬」之處以滬魚。滬尾之改為今名「淡水」是在日據時期。因滬尾的閩南語發言為「ㄏ　ㄛ，ㄨㄟ」（Ho-be），與日本神戶港之讀音「ㄎㄜ，ㄝ」（Koube）相近，易造成混淆，乃改名「淡水」。

　　康熙末年，漢人已在淡水河中下游形成聚落，在今天淡水鎮行政區30里之中，至少有19個里在康熙時已有漢人住居，並留傳下很多有趣的舊地名，茲擇要介紹如下：

　　（一）興仁里：舊名興化店，在後洲溪與興仁溪間，地名起源於往昔有福建省莆田縣興化人來此搭建店舖，故以祖籍為地名。

　　（二）忠寮里：以中田寮莊得名，地名由來，可能因昔時此

地為從淡水到北新莊的中途站，其地水田上蓋有簡陋農舍而名，今附近有「外寮」、「內寮」，或可作為證據。

（三）水源里：舊名水梘頭，相傳康熙年間有泉州人張姓業戶招募漳泉佃戶入墾，為導引山泉灌溉，設有水梘，梘即架在地上通水的竹管，位居上游，故名水梘頭。

（四）樹興里：以樹林口得名，昔因建村於未開闢林地之入口邊緣，故得名。

（五）鄧公里：舊為莊仔內莊地區，康熙時即已開闢，現以英專路為界，路西為中央里，路東為鄧公里。鄧公里境內有鄞山寺（俗稱鄧公廟）因奉祀定光古佛，誤「定光」為「鄧公」，日久積非成是而得名。

（六）蕃薯里：該里多梯田及山坡地，據傳康熙年間有泉州人張姓入墾此地，搭建草寮種植甘薯，故名之。

（七）油車里：以油車口莊得名，此地過去為榨油業（花生油、胡麻油）、碾米業聚居之地，此處為其入口地方而得名。

（八）沙崙里：因村莊建於海岸沙丘地帶，以沙崙仔莊得名。

（九）水碓里：往昔居民設水碓以水力椿打糙米之處，故名之。

（十）義山、忠山二里：境為昔日圭柔山地區，圭柔山即指圭柔樹茂生之山，按圭柔或名雞油，即台灣櫸，可製臼、車輛、船隻龍骨、舵等。圭柔山原稱雞柔山或雞洲山，為當年凱達喀蘭族雞洲山社居住之地，後因漢人入居愈多，被迫遷徙到今屯山里，形成圭北屯社。

（十一）北投里：本里是平埔族北投社潘姓族人住居之地，而得名，「北投」為平埔語，意本女巫，與台北市北投區之得名相同，附近仍有「番社角」之地名可為佐證。

（十二）賢孝里：此地舊名灰磘子，蓋地多蜂窩狀隆起石灰石，為往昔居民設窯燒製石灰之地，故以稱之。

八里鄉

八里繁榮早淡水

　　八里鄉舊名八里坌，夾峙在五股鄉與林口鄉之間，位在淡水河下游河口的南岸，隔著淡水河與淡水鎮相望。鄉名八里坌，起源自此地原來是凱達喀蘭平埔族社 Parigon 的住地而得名，在今八里鄉東北部的龍源、米倉、大崁等村，過去稱「大八里坌」；今埤頭、頂罟、舊城、訊塘、荖阡等村，過去俗稱「小八里坌仔」，即可證明該地曾有八里坌社住過。

　　遠在明末，就有漢人在此地出入。康熙末年漢人抵此拓荒，至雍正初年已形成村莊。乾隆初期，因位在淡水河口，港務鼎盛，不但發展成為城廓街市，也成為台北盆地的一個重要吞吐港口，加以乾隆年間規定鹿耳門、鹿仔港、八里坌為渡台的正口，更是加速它的發展，人群熙來攘往，熱鬧非凡，當年的八里坌，有城廓、有店鋪、有街肆、有水師，比淡水還要繁榮，今天八里鄉頂罟村過去稱「十三行」，據說乾隆年間此地為帆船泊地，曾有十三個行郊貿易商在此設行而得名（其實應是有十三間行棧才正確），就足以推知昔年八里的繁華了。

　　嘉慶元年（1796）噩運降臨八里坌，淡水河大水氾濫，沖毀街市、港口，至同治年間因泥沙淤積，港務衰落，當地居民大舉移居對岸的淡水。從此淡水取代八里，一躍而起，成為台灣北部最重要的港口，反之，八里愈加沒落，故今存古蹟不多。今天的八里鄉出產的物質以稻米、甘藷、猪隻、魚類、木炭為主，毫不起眼，提起八里較著名的，馬上令人聯想起擁有一條件優良的海水浴場、釣場，及觀音山，成為該鄉主要的觀光資源，人們蒞臨八里鄉遊覽時似乎已忘了它曾是台灣北部繁榮港口之一，而且遠比淡水早。

　　讀者朋友們，就從這一期起，讓我帶領各位去認識一下八里鄉的古跡！

　　今天去八里鄉玩，不外乎爬觀音山，或是去八里海水浴場游泳。各位讀者去海水浴場玩時，順道別忘了去逛一下李府將軍廟、大眾爺廟、開台天后宮 3 座古廟。

　　前已談及，八里坌隔著淡水河與淡水鎮遙遙相對，遠在明際就有人在此地出入拓墾，所以在今米倉村渡船頭 34 號有一大眾爺廟，也可說明八里曾為重要港口的佐證。大眾廟祭祀的是大眾爺，大眾爺又稱大將軍、聖公、陰陽公、千眾爺，傳說是陰司鬼王的統稱，也即是鬼中的厲鬼，但在台灣往往與「有應公」混淆在一起，均為成群無依的鬼魂。清代來台開拓者，十之八九為單身漢，大多無產無家、居無定所，窮困潦倒，遊食四方，輾轉各地，加以台灣是有名的瘴癘之地，蠻烟瘴雨，疫癘橫行，械鬥時起、番害亦多，因此死於路途者，所在多有，或無人收埋，或暫埋之，時日一久，屍骨暴露，遂有鬼魂為厲之說，由於懼其作祟，為求安寧，乃將枯骨遺骸埋於一處，旁建祠寺奉祀，名為有應公

廟。而大眾爺廟所埋葬所祭祀的亡魂多半與附近軍隊兵營的下階層兵卒有關。

八里大眾爺廟位在渡船頭附近，正說明了昔日此地曾有許多來往的旅客，是一座繁榮熱鬧的港口。大眾爺廟是一翻修新廟，由廣場進入，前殿建得頗精緻，內有廟埕，東西廡有住人，正殿除奉大眾爺外，旁有謝、范兩將軍陪祀，正殿內有二古聯，一是蘆洲例貢生李逞邦所題的「門對戍台影倒夕陽波光萬頃、寺依坌嶺氣呈曉霧山色千般」，及光緒丙戌年蘆洲弟子李錫壽敬獻的「大權悉主於冥漠、眾望咸推此赫靈」，及光緒年間所製的古香爐，從昭和八年保留至今。

開台天后宮位於渡船頭 20 號，建於乾隆二十五年（1760）是一座官廟，由於多次改建，殿宇尚稱古拙莊嚴，但原來的面目已不復見。廟宇建在渡船頭面街道上方，三川殿有昭和二年的題聯：「天惠宏深萬里梯船淡海，后恩赫濯千家香火接湄州」。正殿除供奉媽祖廟外，兩旁的千里眼、順風耳，是全台唯一穿著官服的造型。門外有雙獅伏臥，樑柱上的雙龍雕刻細膩，石柱、石墩歷史悠久，而其柱珠的雕刻，尤屬精美，此廟特色亦在於青石柱腳為本省北部所罕見，從其石材之名貴，雕刻之精巧，可以想見當年八里坌之富裕繁華。

李府將軍廟位在埤頭村站牌附近馬路邊，為往新八里海水浴場所必經。此廟創建於嘉慶八年，但因年久失修，信徒不多，落得頹敗，好不蒼涼寂寞，從馬路邊進入，廟埕之後即李府將軍廟（又名安福宮），安福宮的廟額稍顯剝落，廟僅單間，奉李府將軍，此神不知何來歷，按八里鄉世居住民以泉州陳、張、林、李、楊五大姓為主，此神應與李姓族人有關，所祀神明或是李府千歲

（即唐代的李德裕），或是台灣北部所祀三將軍廟三將軍之一的李茂將軍，抑或八里鄉李姓族人的開台宗祖，則不得而知。旁祀范、謝二將軍，神龕雕刻頗精緻，壁間有一神轎，亦屬佳品，供桌上有一光緒十一年古香爐。廟牆以水泥石灰翻修過，既無古匾也無古聯，可說只有歷史意義而無古跡價值，台灣類似的古廟不少，有時參觀令人惋嘆，竟不知從何介紹起了！

呂洞賓死追觀世音

　　正對關渡口的，是趺坐在淡水河的左岸的觀音山，位在五股、八里、林口三鄉界，行政上隸屬八里鄉，以形似觀音仰臥得名。觀音山是一座死火山，南與林口台地接壤，山地面積約 40 平方公里，全山由火成岩構成，岩嶂岑嶢，整個山區由林口台地逐漸盤昇，從最左的占山數起，經過 18 個小峰頭，蟠曲環抱，到達中間最高點的硬漢嶺——標高 612 公尺。由關渡、竹圍一帶眺望過去，有臉龐、有曲線、有頭足、有腹體、有衣裳，恰似觀音菩薩的仰臥的側面，形成了十八羅漢朝觀音的形象。

　　要上觀音山有三條路可走：一、從淡水坐渡船（或經關渡大橋）到八里，再由山的東側爬坡直上，只是路程陡峭難行，一般人都採為下山路；二、從三重市至五股鄉，驅車直抵凌雲禪寺之北，再登山頂；三、從台北北門塔城街搭車到觀音山腳（觀音坑）下車，過水泥橋循鄉道上山。走五股路線的人，應當不會忘記硬漢嶺上的石坊柱聯，其一是「走路當選難路走，挑擔應選重擔挑」，其二是「為學硬漢而來，為作硬漢而去」，往往發人深思，

這條路是民國 50 年時，憲兵學校生員以觀音山為鍛鍊腳力之處，由五股方向開闢一條山路直達觀音山頂，為紀念這條路的完成，立碑紀念，這條路今日已成為大眾的登山遊遠的路線，在此不能不提一筆，以感謝他們當年闢荊斬棘開創之功。

　　登上觀音山頂遠眺，西為台灣海峽，東是台北平原，俯瞰淡水河，像絲帶般的縈繞山麓，抬頭仰望白雲蒼狗，來去逍遙。自古蜃氣自海上西來，碰上高大的觀音山，於是下降化為行雲，時如飄棉滾絮，又像翻飛浪潮，人稱奇觀，列為淡北八景之一，也就是「坌嶺吐霧」。下山時只消沿草寮下方小徑直下，抵達八里，坐渡船到淡水回台北。回頭遙望觀音山，看那由起伏山巒所造成的優美曲線，恰似一尊觀音，靜靜地仰臥淡水河畔，顯得柔和、莊嚴、高雅，不禁想起有關此山的一段有趣民間故事。

　　話說八仙中的純陽子呂洞賓，一向以好色聞名，有次見到花容月貌，端莊嫻淑的觀音菩薩後，居然一見鍾情，想「把」上觀音，卻不料被觀音菩薩以「前科累累」拒絕，自恃風流瀟灑，追女人有一套的呂洞賓，焉能就此放棄，死纏活追的糾纏不已，觀音怕了，一路躲到台灣的台北，躺臥休息，那知呂洞賓居然也追到了台北，並且伸出雙手，企圖不軌，這時觀音在身旁劃上了一道河，把呂洞賓隔開，阻隔終止呂洞賓的糾纏，才得安然休憩。

　　這條河就是今日的淡水河，八里是觀音衣裳的一角，河的那一邊──大屯山下淡水的五座山崗是呂洞賓那雙魔手的右手，左手是今日的關渡。而木柵的指南宮則是呂洞賓的行館。此後呂洞賓只能隔河癡望仰天酣睡的觀音，他心中的憤怒可想得知。受此打擊後，呂洞賓對天下有情人都嫉恨萬分，因此民間傳說，熱戀中的未婚男女千萬不能上木柵指南宮，否則一定分散無緣，因為

妒火中燒的呂洞賓必定想盡辦法從中作梗，拆散姻緣。

　　至於淡水的五座山崗，從觀音山左邊數起的第一座山崗，即是今日淡水高爾夫球場、忠烈祠、北門鎖鑰所在的砲台埔一帶。第二座山崗是洋人分佈地區，即紅毛城、古洋房、牛津學堂所在地，富有異國情調。第三座山崗山坡有古街——重建街、清水街，山坡下緊臨著福佑宮、龍山寺及碼頭，是漢人羣集之地。第四座山崗原是農田林地，現在則是淡江大學及淡水農場的地方。第五座山崗原是一片墳區，山麓旁是汀州會館——鄞山寺，山頂上今日建有聖本篤修道院，頗為清靜。

　　一座山，扯出二位神仙的戀愛故事來，有趣吧！只是千萬不要不信邪！讀者朋友們，千千萬萬不要帶你們身邊那一位上指南宮，否則後悔莫及，筆者可是有過慘痛的經驗喲！不過話又說回來，今日政府已建好關渡大橋，連接八里與關渡、淡水，呂洞賓也不必偷偷摸摸伸出雙手「夜襲」，大可大大方方開著法拉利跑車越過淡水河去約觀音菩薩，但願此後不要酸溜溜去拆散天下有情人！阿彌佛陀！阿彌佛陀！馨香禱祝。

八里坌的古教堂

　　從台灣涉外史來看，咸豐八年（1858）是相當重要的一年，由於英法聯軍，清廷打了敗戰，簽了天津條約，開放台灣，從此外人源源不斷來到台灣。外人在此時期的活動大體可分為兩類：一為外商來台推展商務，多駐在港口城市，並受領事館保護以維持商業利益；另一類人物則是傳教士冒險犯難深入台地宣教。此後 20 年間，成了歐美各國傳教士來台宣教年代，馬偕、李庥、甘為霖、巴克禮、馬雅各等傳教士從英國、加拿大前來台灣，分別在全島各地展開艱困危險、跋山涉水的傳教醫療生涯，並記錄下自己的見聞，留下早期台灣史的見證。

　　其次傳教士傳進台灣的洋建築亦不少，有教堂及學堂。其中尤以馬偕為佼佼者。作為一個傳教工作的開路先鋒，馬偕在台灣北部地區的傳教工曾遭遇過各種險阻，這些因風俗文化、思考方式的差異，引起了一連串衝突，而馬偕憑著堅定信心，化解了種種危機，開創了宣教大業。為了達到傳教的目的，不免採取妥協地態度，希冀融會當地特色，以宗教建築為例，他仔細觀察本地

的傳統建築形式，刻意模仿，使用閩南紅磚紅瓦，俾使在外貌上溶入週遭的民房裡，於是在今淡水、蘆洲、八里、艋舺等地設立教堂，留下不少傳教遺跡。

　　八里坌教堂位八里鄉濱海的訊塘村訊塘路 45 號，據說同治十三年（1874）即已建立。光緒十年（1884），中法兩國為了越南邊界問題交惡，當時法國末經宣戰就派了一個艦隊突擊福州馬尾要塞，並攻擊台灣。侵台消息立刻傳遍台灣北部，本省人驚慌之餘，痛恨洋人，不分國籍，四處焚燬教堂，毆打洋人，迫害信奉洋教的基督徒。各地教友、牧師紛紛走避，連馬偕也搭乘「福建號」輪船暫離淡水，赴香港避難，避過了風頭之後，才又返回淡水。這時許多教堂已被拆毀或焚燬，受到嚴重損壞，例如馬偕曾記錄雞籠的教堂損毀情形「除了垃圾以外毫無遺跡」，可見情況之慘。

　　光緒十一年六月戰事結束，法人撤走。馬偕不客氣的列出一張教會財產損失的清單，要求劉銘傳賠償。劉銘傳事後撥番銀一萬元給予馬偕賠償。馬偕利用這筆款項重建教堂，並在某些教堂前以灰泥書寫「焚而不毀」作為紀念。

　　八里坌的教堂在中法戰爭中一度被燬，光緒十二年（1886）獲官方賠償，重建現有的教堂，即民間所謂 12 座賠款教會之一，俗稱「賠償教堂」。八里坌教堂位於八里國中附近，教堂外以鐵門石牆圈圍，牆內植以草坪，廣種樹木花叢。教堂外貌為粉紅色，正面漆有「禮拜堂」三字，顯著穩重古拙。教堂本身是由前後兩幢組合成，都呈尖塔形，屋頂各有佛塔數座，據說為緩和附近居民之反對而設，以示親善，這種取法佛塔的密簷造型，成為馬偕所建教堂特色之一，取代十字架。這種揉合中西建築形式，也說

明了馬偕傳教的困窘與變通。

　　八里坌教堂平時深鎖，僅在星期天作禮拜時才開啟，讀者們前往參觀時，千萬不要冒然前去，以免失望而回。

漢民祠前說義賊

　　近年來，八里的「漢民祠」──廖添丁廟，與石門的「十八王公廟」，名聞遐邇，成了觀光客必遊之地，這種盛況，當然是由廖添丁的多采多姿傳奇引起的，更是名嘴吳樂天講古導致的。

　　廖添丁是日據時期的一個「大賊壼」──小偷，由於傳說他身懷絕技，有神出鬼沒的鵪鶉術、高明巧扮的化妝術、飛簷走壁的輕功，加以劫富濟貧的義賊行徑，將日本仔巡查（警察）和保正搞得茫然無措，驚惶失措，宣洩了台民心中對日本高壓同化統治的塊壘，於是他被傳奇化、故事化，成為民間抗日英雄代表，透過廖添丁其人其事，在在表現了當時民情風俗。老百姓真實的感情與思想。

　　正由於廖添丁不是正史人物，是一個活生生的民間傳奇人物，官方記載竟無片言隻語提及，廖添丁原籍台中縣清水鎮（舊名牛罵頭），秀水庄人（舊名臭水），生於清光緒九年（民前29年，西元 1883 年），父親叫廖江水，於添丁 9 歲時去世，母親叫王足。添丁為長子，父親過世後，家貧無以維生，先是為人放

牧，後四處為人傭役。13 歲那年，正是光緒二十一年，中日甲午
戰爭，滿清戰敗，簽訂馬關條約，割讓台澎，引致本省義軍全面
抗日，此事改變了廖添丁一生。

　　義軍抗日失敗，潰軍散勇，奇人異士，遂流散各地，隱身各
行各業。廖添丁流浪庸役，有機會與此輩人物交往，加以生來潔
白幼嫩，向他們討教一二，於是南拳北腿，武技雜膾一身。

　　光緒二十八年（明治三十五年），廖添丁剛好 20 歲，其家
鄉有一保正名周本地者，藉勢斂財，欺凌弱小，屢被添丁挺身指
摘，大失顏面，於是設計謀害，故意霸佔廖氏田產，誘添丁大忿
出手傷人，遂向日人官署控告，羅織他為亂黨，下令追緝。幸添
丁及時走避，得免受害，而其母王足，倍受折磨致死，從此家破
人亡，悽惶四方。

　　添丁潛於北部謀生，流浪各地，工作並無固定。因為感到身
遭橫禍，國仇家恨，悲憤難抑，對日人及御用士紳臭狗仔，唧恨
自深，在其力之所及，輒挺身干涉教訓，樹敵日多，求生不易，
一度落魄到向友人借貸度日，其恨更深，報復手段愈烈，於是與
當時顯要辜顯榮及五股坑保正等鬥智趣事發生，轟動一時。添丁
大鬧基隆、台北二廳，成為日人追緝首要目標，幸添丁憑其一身
奇技本事，及機警敏銳之判斷力，與日人週旋，大快人心。

　　廖添丁在日人全力追捕下，乃潛匿在台北近郊八里鄉觀音山
西麓地名「荖阡坑」的朋友楊琳處，並以楊宅不遠之後山的一個
猴洞為藏匿之所。一日楊琳為廖氏送膳食，一時大意，為日探偵
知，苦苦逼問，楊琳一概推說不知。日人判定廖氏必藏身此地區，
動員大舉搜山，添丁伺機脫逃，下山至平地溪流橋下躲藏，逃過
一劫。日人勞師動眾，毫無所獲，盛怒之下，以楊家全家性命脅

迫楊琳交人。楊琳痛苦決定下，竟於一日送膳時，乘機以鋤頭力砸添丁頭顱，一代義賊遽爾慘死，時宣統元年（民前 3 年，明治42 年，西元 1909 年）享年 27 歲。日人雖給予重賞 2 千日幣，不久以殺人罪將楊琳繫牢。

當年廖添丁死後，血衣未換，遺體裹以生前墊睡之棕簑衣，草草入穴掩埋，為掩日人耳目，未刻墓碑，其遺墓即今漢民祠旁的后土，民間俗呼「舊墓頭」。廖氏死後，或是英靈不散，或許唧恨不甘，屢顯異象，茲舉一例述說：

有一日本巡佐山本氏之妻女，在添丁死後不久，突患怪病，群醫束手，好心鄉民告知，恐為廖氏陰魂作祟，勸其備香燭至廖氏塚墓祈禱。山本初不願，嗤之以鼻，而其妻女病情日劣，不得已，前往祈拜，越日其妻女頓有起色，一週內竟不藥而癒。山本奇之，乃為立墓碑一面，以義子之禮祭之，此為今日漢民祠旁「神出鬼沒廖添丁之墓」墓碑之由來。

廖添丁死後，異象屢傳，遠近民眾仰慕而來，祭拜掃墓，墳場頓變為市集，其事不脛而走，風聞遐邇，家喻戶曉，到處傳頌，途為之塞，引起日人側目，台灣總督府鑑於任由發展，易引致台民民族精神高漲。於是嚴禁民眾前往祭拜，並燒毀墳場附近的攤棚，拔棄山本巡佐所立之墓碑，湮平墓堆，使人無復記認。其後日人稍懈，乃由廖氏生前故舊暗中恢復。本省光復後，鄉民續行祭祀不絕，並收殮骸骨重葬，修建墓園以表仰慕。數十年來電影界拍成電影不絕，廣播界不停地講古演義，出版界陸續地出版小說，舞蹈界則到處公演，使得「漢民祠」香火鼎盛，每天從台灣中南部地趕來進香的遊覽車隊，川流不息，蘆洲鄉到八里鄉的公路為之阻塞。

　　知道了廖添丁傳奇一生的故事，讀者朋友們有沒有興趣前往八里漢民祠一逛，只是怕你走過靛藍的「漢民祠」匾額，穿過「漢之民也」匾額下，堂中供奉著數尊不同姿態的廖添丁木彫像。身著對襟的台灣鄉下衫褲，腳穿布鞋，有的梳著辮子，有的戴頂瓜皮帽，一副勇猛義俠姿態，可惜均非真正廖添丁長相。再進內殿，便是一座墳碑墓埕，題為「廖俠添丁」，碑前四五張跪墊供人跪拜卜筊，兩旁吊有衣物及香煙等供物。走出邊門，祠外一座高畫的紀念碑，乃後人加以重修日本巡佐山本的石碑，緊鄰著馬路，兩列竹棚的販賣攤，像一般風景名勝區的儈俗，偏頭一瞄，龍騰柱、八卦頂、琉璃瓦，那種台灣到處看的到的廟宇色調，整個漢民祠顯得那麼誇張虛假，不禁搖頭一嘆。

　　到了漢民祠，別忘了一定要到當年廖添丁藏身斃命的石洞一探。相傳廖氏藏身的山洞，距漢民祠大約 3 公里路，順著往荖阡坑的方向，踏上觀音山西麓的山腹，記得屆時問一問當地住民才不致迷失方向，尋到了岩洞，就可明白當年廖添丁為何會選擇這岩洞藏匿的原因。這裏背山面海，交通閉塞，叢林茂密，離八里坌庄有好一段路程，而且地勢高峻，視野遼闊，對海上船舶進出一目瞭然，是個常人不易找到，絕對安全的地方，只是不料他竟是死在結拜兄弟之手，這恐怕是廖添丁最不瞑目的一件事。

觀音山中多古蹟

　　八里鄉的觀音山因形似觀音仰臥而得名，其實這個名稱是清代中葉才出現的，最早稱之為興直山、八里坌山，或佛山，原本因八里坌社而稱此渡口為八里坌口，此山為八里坌山。由於當時的八里坌是來往台灣海峽的一個重要港口，大陸移民抵北台都會在此登陸，所以八里地方不大，古蹟還算不少，這當然是由於過去曾有段光輝歷史的緣故。

　　一般攀登觀音山的人，往往只知該山南坡的凌雲寺，卻不知另一面西雲巖寺舊稱大士觀，俗名外岩。觀音山的東北麓有一寒岩洞，海拔約 2 百公尺，在行政上屬八里鄉所轄，洞口寬約 1 公尺半，高 1 公尺多，可容一人通過，走進不遠有一隘門，遊人須側身而過，裏面豁然開濶，宛如座寬敞大屋，其中穴道分岔，黑暗陰濕，昔年有許多蝙蝠聚居，今日已不見。洞口西南正對向淡水港口，在那兒眺望落日歸帆，鱗波紅紋，景色妍麗。

　　距寒石洞 4 百尺處，地屬八里鄉大崁村有一略呈三角形的火山口湖，俗名大窟（崛）湖，周圍約 3 百公尺，水清見底，相傳

是從前平埔番因追逐鹿群，來到這裏而發現，為山胞靈場，但不知是否即舊志所稱的「八里坌埒」，可惜今日湖水漸涸，已無盛景。山頂即光緒二十年十一月五日（日明治 28 年）舉烽火以號召抗日義民反攻台北城的地方。

西雲巖寺在寒石洞附近，奉祀觀音佛祖，傳聞創建於乾隆年間，至嘉慶十年修建，此後歷有修葺，而成今貌。此寺背山面河，可遠眺整個八里平野，右側是一養雞場，再過去是一片樹林山坡，頗有野趣之樂。寺前有一座水池廣場及圍牆，廣場中有一天然石，像一獅伏臥，以鐵欄杆圍住保護，整座廟為三開間燕尾式，正殿上方有「觀音佛祖」及「神聖廣大」古匾，旁祀註生娘娘。大殿外有四根牆柱，柱上分題「西域談經空色相，雲光綫剎現慈悲」，「寺靠觀音長作主，屏開金嶺護斯茂」。壁上並有一「同治甲子年仲月吉日穀旦仝立」石碑，記西雲巖寺由來及重修事蹟。

另外在觀音山北麓有一硯盤石，在今八里鄉舊城村。石長 3 公尺 12 公分，寬 2 公尺 85 公分，當中凹下 4 至 9 寸，石的左邊有高約 8 公尺的峭壁，壁上老樹交柯，翳遮陽光，使得凹穴積水不乾，一如儲墨一樣。旁邊又有大石一方橫臥，長 4 公尺，寬 1 公尺，錐形如筆鋒，人稱筆石，一硯一筆，奇景天成，相得益彰。

觀音山西麓近八里國小地，有一八里坌古城遺跡，下距海岸 3 百多公尺，城址周邊 727 公尺，據傳倡建於雍正末而成於乾隆初，是由當地紳民出錢捐建，其後八里坌日趨沒落，至同治初已傾圮，僅存形蹟。日據時期尚有南北二門，光復初還存有東南、西北兩個角落，後因興建八里國小校舍，便盡移城堡石塊去使用，落得現在只下東南角樓遺址一小段，以及礎石幾方而已，好不淒涼。古城之後有望海亭遺址，是雍正年間都司王三元所葺，

顧名思義是登高望遼之處，可以想見當年官宦、雅士已知攀登觀音山遠眺海市之趣，可惜也已圮廢，渺無痕跡。

除此，中法戰後時，劉銘傳曾聘請英人築造八里坌炮台，如今遺構仍在，但僅留一些石牆而已。

觀音山尚有許多古蹟，如凌雲寺，西雲寺……等等，由於地屬五股鄉，我們等介紹五股鄉時再談吧！

八里鄉的史前遺址

　　大約在數十萬年前的第四紀更新世中期，由於地塊運動地層陷落，形成了台北盆地，以後因海水入侵形成鹹水的「台北湖」。盆地的西北有林口台地，北方有觀音山、大屯山、七星山及紗帽山，南面為烏來山區，盆地中地勢較高成就形成湖中孤島或半島，如圓山、芝山岩等，便成為新石器時代史前人類棲息居所，所以在這些地方較容易發現史前遺址。到目前為止，台北縣地區已發現了近百處史前遺址。

　　台北地區的史前文化，按文化斷層來看。可以分為五大類，大坌坑文化、芝山岩文化、圓山文化、植物園文化、和十三行文化，茲簡介於後：

　　（一）大坌坑文化：最早發現於台北縣八里鄉大坌坑，所以稱為「大坌坑文化」，為目前台灣所發現最古老的新石器時化文化。它的特色是出土遺物中，所掘出的陶器表面有繩子的花紋圖案，所以又稱為「粗繩紋陶文化」。大坌坑文化的遺址多分佈於沿海或海岸，張光

直教授曾根據遺址分佈和繩紋推論當時居民從事狩
獵及漁撈生活，並採集野果種子或利用植物纖維紡織
為布，可能已有農業生活。

令人訝異驚喜的是在大岔坑遺址的圓山文化層中（距
今約三千～一千年前），發現一件青銅鏃，經專家鑑
定，其形制屬於殷墟小屯之兩翼長脊寬鋌式，換句話
說，這件青銅鏃和東南亞、中南半島所發現的青銅鏃
不同，卻和我國河南省安陽縣小屯村出土的青銅鏃一
樣。另外在華南地區、香港、廣東等地，也曾發現這
一類型的青銅鏃。而其他出土的遺物如石器的石錛、
石斧、石刀、石玦等，陶器裏的黑皮陶、彩陶花紋、
陶器類型、繩紋陶等，在大陸均有發現，可以推斷台
灣史前文化淵源於大陸古文化，至少可斷言台灣與中
國大陸文化之淵源，始於殷商，一脈相承，源遠流長。

（二）芝山岩文化：時間約在四千～三千年前，相當於圓山
文化早期，發現地點在士林芝山岩。此期文化的出土
遺物非常豐富，有陶器、石器、骨角器、木器、草編、
獸骨等，其中最引人注目的是成堆的炭化稻米的出
現，可知三、四千年前台灣已有稻米的種植。由於在
台灣找不到芝山岩文化的祖型，黃士強教授以出土物
與我國大陸東南沿海地區極為相似，推測與閩浙關係
極密切。

（三）圓山文化：主要遺址有圓山、大坌坑、關渡、芝山岩、
慈法宮等地。為沿新店溪及淡水河岸。和台北盆地邊
緣分佈，台北縣的史前遺址多數屬此種文化層。由於

此文化層最早在台北圓山動物園發現，而且掘出的遺物保存最完整，所以稱為圓山文化。圓山文化的主要特徵是貝塚遺址，貝塚中出土大量的貝類、獸骨、石器（數量體多、有鋤、錛、鑿、斧、網墜、砥石等）、陶器（有罐、缽，外表多塗上一層淺棕色陶衣，其中以雙口圈足罐最具特色），及骨角器（有槍頭、魚叉等），由發掘物可知當時原住民以農耕和漁獵為生。

（四）植物園文化，最早發現於台北市植物園遺址，其他遺址分佈遍及台北盆地南部大嵙崁溪流域，在台北縣境內的有狗蹄山、潭底、關渡、慈法宮等。此期文化石器與圓山文化相似，但石質不同於圓山文化的安山岩，而是砂岩、頁岩，陶器表面為施方格紋，根據日人金關丈夫、國分直一的說法，可能是受到圓山文化強烈的影響。

（五）十三行文化：年代在公元前後一千年，延續長達兩千年，多分布在台北盆地四周沿海一帶。沿海岸向南擴展到竹苗，向東延伸至宜蘭，由於在八里鄉十三行遺址首次發現，故稱為十三行文化，此時已普遍進入鐵器時代。出土遺物，石器已少，但有鐵渣，可見已使用鐵器，可惜鐵器氧化腐朽，少見鐵器遺物。陶器質地薄而堅硬，相擊可以發出聲音，硬度不遜近代陶片，不像早期粗繩紋陶片、圓山文化時期的陶片，不但笨重，硬度不強，粗鬆易碎。裝飾圖案從最早的繩紋、刺點紋、塗彩陶片、到十三行文化的方格紋、網紋、條紋、波浪紋，這種幾何硬紋和華南的幾何硬紋

陶十分相近，且由北部的凱達格蘭族和宜蘭的噶瑪蘭
族使用至今，專家推測十三行文化與北部平埔族可能
有密切關係。

　台灣史前五大文化，八里鄉獨佔其二，可知八里鄉在考古學
上的重要地位，除了在十三行、大坌坑發現外。另外在八里鄉的
罟大埔、長坑道口、渡船頭等地都曾發現過遺址，下次讀者朋友
們到八里去登山去游泳，可要隨處留心點，說不定撿到一些史前
時代的石器與陶片。

八里鄉的舊地名

　　台灣北部在荷據時期之前，漢人在此已相當活躍，當時漢人進入蕃社與土著進行硫黃、鹿皮交易。明萬曆初年，雞籠、淡水每年已有商船往來從事黃金與硫黃交易。荷人據台時，鑑於糧食不足自給，明崇禎十七年允許漢人進入淡水、雞籠地方開墾，北部才開始有農業的發展。台灣北部的大規模開墾約始於十七世紀，當時大陸移民均是乘船渡海來台，所以沿海岸或河岸地區，自然成為移民落腳的較早地方，沿海地區如八里、淡水、金山、石門、三芝一帶，內河航道地區如新莊、板橋、三峽、鶯歌等地，得地利之便，開發較早。

　　八里與淡水分居淡水河口南北岸，由於南岸較深，易於泊船，且地為淡水和海口的交會處，為南北水陸交通要衝，所以八里的繁榮早於淡水。

　　遙想當年，台北縣開發最早的區域就數八里了，明末已有漢人在此出入，康熙五十七年置淡水營守備，到了雍正年間，八里已發展成村莊，並築造八里坌城牆，雍正九年在此設巡檢，以便

捕捉盜賊，管理移民。乾隆五十五年更開放為正口，作為移民登
陸之地，與福州五虎門對渡，更加速它的發展。其後因嘉慶初年
的一場大水及淡水河泥沙淤積使港務衰落，失去港口機能，遂淪
為今日的小村。

　　八里鄉在清末隸屬於淡水縣八里坌堡轄域，日據前期屬台北
縣樹林口辨務署，其後又改為隸屬台北廳滬尾支廳八里坌區，日
據後期改屬台北州淡水郡八里庄。光復後，改為台北縣淡水區八
里鄉，39 年撤廢淡水區署，稱台北縣八里鄉至今。八里鄉所設於
舊城村，全鄉有 10 個村，其中不乏有些奇怪的地名，讓我們瞧
瞧它是怎麼來的？

（一）小八里坌：位在今埠頭、頂罟、舊城、訊搪、荖阡等村。
　　　　小八里坌仔地名起源，據傳原是凱達喀蘭平埔族社名
　　　　Parricoutsie' Parrit Koutsie Parrircooutje' Parikoutsie 之
　　　　譯音，傳說族人從八里坌社遷抵此建新社，沿用舊社名，
　　　　加以「小」字為小八里坌或坌社。

（二）十三行：頂罟村舊大字為十三行，據說乾隆年間此地為帆
　　　　船碇泊地，曾有十三個行郊貿易商在此設行得名（其實應
　　　　是設有十三間行棧倉庫才對）。現名頂罟是因港口機能衰
　　　　退，淪為漁村，在此放置網罟牽罟以捕魚得名。位在稍南
　　　　下方的海岸為下罟村（昔名下罟仔），故以頂罟對稱。

（三）下罟子：位於觀音山西麓至海岸之間，在紅水仙溪下游，清
　　　　代時稱廈（下，音同）罟莊，地名起源於居民在此放網罟撈
　　　　魚而得稱。

（四）訊搪埔：舊城村舊大字為舊城，係清代設有碉壘之處，其
　　　　西南一公里餘有訊塘（其實應是汛塘，今已積非成是，很

難更改了。），汛塘為昔年水陸駐軍出入哨檢查之處所，故舊大字稱塘埔，竟然有人誤為「信簡埔」（閩南音）。訊塘村位於紅水仙溪下游，境內有漢民祠，供奉廖添丁。

（五）茖阡坑：今茖阡村，係觀音山火山錐體上之一散流坑谷中，茖阡可能是平埔族社名之譯音。

（六）長道坑：位在觀音山向北散流紅水仙溪中游谷地內，因坑谷長達七公里，故名長道坑。長道坑為清代南北重要通道，從中壢、桃園、溯南崁溪上游經林口台地，過舊路坑，順紅水仙溪谷北下至八里坌，輕至新莊，本村為其經過要站之一。長道坑原為平埔族棲息地，過去傳說漢人每入該坑即被番人馘首，故又名「斷頭坑」，也是以訛傳訛之說。

（七）大八里坌：今龍源、米倉、大崁等村一帶，在八里鄉東北部，淡水河口之南岸，原是平埔番凱達喀蘭族八里坌社所在（Parrigon 或 Parigon），地名係其譯音。

（八）大崁腳：今大崁村，因南靠觀音火山錐，在其壁之下而得名。

（九）蛇仔形，今龍源村，從此看觀音山稜脊，有若蛇之迂彎盤旋，故以名。由於蛇在國人稱之為「小龍」，故雅化為龍形，再改成今名。

五股鄉

五股鄉的地名由來

　　五股鄉位在台北盆地西緣，林口台地之東側，觀音山的南面。境內以塭仔川為分界，以東為平原，以西為山坡地，平原與台地各佔一半。東南隅為南北高速公路橫過，縣道以五股村為中心，東經蘆洲通三重市，北順淡水河南岸達八里，南連泰山，換句話說，五股鄉的東邊是淡水河平地，北為觀音山，西為林口台地，有山有水，與蘆洲一樣，是一處風光明媚的好地方，可惜現在已變得面目全非。光復以前，此地種植椪柑，並有大片竹林和茉莉花的栽培，曾是台北地區茉莉花茶的主要來源，後來，因為清秀的山坡地，被濫開為墓地，山麓一帶工廠矗立，加上關渡門的拓寬，八七水災海水倒灌，大片良田陷為沼湖，成為水鳥的覓食地，而沼澤裡應運而生的魚蝦蟹等，轉為五股鄉居民帶來另一財富，如今沼澤網魚已成為這裡主要的生存之道及活動景觀。

　　五股、蘆洲一帶，地勢低漥，一逢颱風季節，海水必定倒灌，大地成為一片汪洋，水退後，露出土地成為沙洲，實在不適農耕，鄉民就在自己的土地上，築堤蓄水，插扦圍魚，尤其是清水村及

成子寮一帶，恰好在淡水河左岸河堤內，漲潮時，魚就順著淡水河流游進，這時撒網撈魚，收獲最好。

撒網可分成四個步驟：首先是整網，把網底邊緣的鉛圈，依順序抖開抖直，再摺在一起，以便待會兒張網。再來就是看好發網地點，目測距離，準備撒網。第三步便是撒網，撒網是一種很有韻律感的動作，出網時右腳跨前，左腳殿後，側身弓立，右手從左腰微揮向右揮出，其姿勢優美深具動感。最後網脫手落，準備收網了。大抵網撒得大撒得圓，比較能夠撈到魚，收網時要慢要穩，輕輕地拖，輕輕地收，可避免魚兒掙扎時受傷或脫逃。

由於五股鄉古蹟極少，幾乎只有西雲岩寺。凌雲寺可看，半日之遊綽綽有餘，讀者朋友們不妨將網魚活動與看古蹟合為一日遊。網魚現在已成為一種新興的戶外活動，有不少遊客到此捉魚休閒，而且有些老於此道者喜歡租用竹筏，在湖上悠然往來，水天一色，乘筏撒網，一派清閒，令人好生羨慕。

由於靠近淡水河口，五股鄉也是開發極早，五股鄉原名「五股坑」，是源起於當年移民入墾時，有五個人合股開拓的坑谷，故稱五股坑。五股鄉在清代隸屬淡水廳興直、八里坌二堡，日據初期屬台北縣新庄辦務署，以後幾經改變，由隸屬於台北廳新庄支廳的五股坑區，而台北洲新庄郡五股庄。光復後改稱台北縣新莊區五股鄉，以後撤廢新莊區署，改為台北縣五股鄉，直至今日。

由於靠近淡水河口，五股鄉開發極早，當年從大陸駛來的帆船，只要駛過淡水河就必然停泊五股坑的獅子頭，而獅子頭屬於西雲寺的「角頭」，往來船隻必須「樂捐」香火錢，是以西雲岩寺建築極早，香火鼎盛，我們從西雲寺之歷史，便可了然五股鄉開發之早的明證。

古寺凌雲邀朋訪

　　觀音山的南坡有一段深邃的峭壁，本地人叫做內岩，在山腰之上，屬於五股鄉觀音村，那裏有一座凌雲古刹，是爬觀音山必經之地。

　　清乾隆四年（1739），閩人由八里坌開闢至此，便在岩下建了一座凌雲寺，俗稱內岩寺，香火頗盛。光緒年間，地方不靖，土匪潛藏寺中作為賊窟，時常下山出擾，劉銘傳來台時即派兵剿平，並焚燬廟宇。後來地方人士就在原址重建，仍稱凌雲古寺。古寺古拙簡樸，庭院寬大，植滿老樹，寺今存正身和左護龍，正殿有幅昭和 2 年（民國 16 年，1927 年）的古聯「凌煙閣生面別開，護法功臣合繪金剛八丈；雲內寺宗風重振，參禪羅漢遙排石笋一林」，殿外壁上有一嘉慶丙子（二十一）年重建的石碑。

　　當古寺未建前，在宣統元年（日明治 42 年，1909 年）春間，三重埔的信士寶海，台北富商劉金波，和士紳林清敦等人倡議另建新廟，擇定古刹原址後方數百公尺處，倚崖為廟，俗稱內巖，即今之凌雲禪寺（新寺）。新寺興工於宣統元年年底，翌年年底

落成，光復後屢有擴建，規模宏大，清靜幽邃，為遊人絕佳休憩
地方。正殿立面是洋樓式，祀有觀音菩薩，右側各殿室牆壁的壁
畫及色澤雜有濃厚東洋味道。右側連樓餐廳，為新式水泥洋樓，
二樓是禪房。本來寺院有「開山院」、「觀月台」、「達摩洞」、
「拾得庵」、「寒山巖」、「擁雲廬」、「楞嚴閣」等勝景，拾
級而上，沿途有 108 尊觀音菩薩石像，登上山頂另有石觀音像一
尊，端坐蓮花瓣中，可惜為建下方三層樓房的新殿（仿大陸靈隱
寺），這些勝景多已破壞。

　　凌雲禪寺西邊有座山，危峰削立，奇岩突兀，由凌雲禪寺前
往，約 30 分鐘便可到達，在遠離大路，今觀音村 11 鄰山徑左側，
便可發見一塊石頭作龜殼狀，花紋深 1 寸多，5 個腳趾頭依稀可
見，好像雙足跳躍樣子，故名「仙跡石」。另外在觀音山東南麓
五股鄉成子寮土名獅子頭，即今集福村公墓左近，有一塊磁礦大
石，形狀像馬鞍，可以顛倒磁針，俗稱「反經石」，但不知還存
在否？

　　距凌雲禪寺約 4 公里處，地當五股成洲村龜山，有一座西雲
巖寺，是五股鄉名剎之一，連橫《台灣通史》記載：「西雲巖寺
在八里坌堡觀音山之麓，曰獅頭巖。乾隆三十三年胡焯猷獻地建
寺，一名大士觀」，當年在日據時期，可是和基隆靈泉寺、苗栗
法雲寺、台南開元寺並稱台灣四大佛教聖地。

　　西雲巖寺建於半山腰，可望附近一帶平野，包括五股、蘆州、
三重等地，連淡水河岸的關渡平原也可一覽無遺，展望視野極
佳。該寺昔稱大士觀，俗名「外巖」（與內巖凌雲禪寺對稱），
相傳乾隆十七年（1752）時，福州鼓山和尚省源到此結茅開基，
奉祀觀音大士菩薩。乾隆三十三年，由閩籍貢生胡焯猷獻地建

寺。嘉慶十六年（1811），再由鄉民林阿成、劉建倡捐大加拓建，
一時香火鼎盛。

　　西雲巖寺有一殿兩廂，規模不大，清雅潔淨，右廂外有 3 塊
石碑，主要的是嘉慶十六年「重修西雲岩」之碑，及咸豐二年，
光緒九年二碑，均已模糊不清。日據時代，曾被日人改建殿內裝
璜概為日本式，光復後，僅將榻榻米拆除，其他大致依舊。正殿
中唯一稱得上古物的，便是同治四年（1865）陳維英所題的木刻
對聯：「觀音山觀音坑抱觀音寺、頑石頭頭盡向觀音點首；和尚
洲和尚港對和尚門，淨波面面好為和尚洗心」。寺後有清泉一泓，
相傳可以治眼疾，如今已用抽水馬達抽起飲用，甘冽爽口。另有
裝骨灰的納骨寶塔三座，與古剎相映成景。岩頂有兩塊像鐘鼓大
石，敲之便可發出鐘鼓之聲，俗名「鐘鼓石」，早已不見踪跡。
殿前步道之側，位於成洲村西雲路 51 號前竹林中，有一巨石，
長 5 公尺，高 3 公尺，三面懸空，一角靠地，風吹時微微可動，
號曰「風動石」，不過讀者們去看了可不要失望，傳聞多有失真
之處。

　　西雲岩寺規模雖小，但在當年可是大大有名，清初從大陸來
的帆船，只要駛進淡水河必然會停泊在五股坑的獅子頭，而獅子
頭宛如西雲岩寺的「角頭」，來往船隻必須樂捐香火錢，不可則
有行不得之嘆，其勢力之大不難想見。

北台灣最早的教堂

　　同治十一年（1872）三月九日馬偕牧師乘船來到淡水，從此展開傳教工作，這一天——三月九日，就是北部教會設教紀念日。不久與李庥牧師、德馬太醫生相偕到中部，途經八里坌、中壢、竹塹、白沙屯、大甲、大社，大社在當年是英國長老教會佈教區最北的一站，四月二日大家分手，馬偕牧師又回來淡水，暫時借住在一位英國商人寶順（Mr. John Dodd）所有的棧房浴室，僅八尺四方，既小又潮濕的地方。以後因淡水街民反對他，拒絕租房子給他，不得已又向寶順先生租到一所原是中國軍官擬作馬廄的房屋，租金每月 15 元，位在淡水埤仔頭。不久也另租蟯仔街（今淡水福興街）一所房屋為禮拜堂及醫館，以後再租廣興隆（日據時期淡水圖書館對面東洋館的西側）作禮拜堂，馬偕牧師才由埤仔頭遷往廣興隆右邊的房屋作棲身之處。嗣後馬偕牧師買下田仔街陳阿順的一所房子，改造為禮拜堂即今日淡水教會的地址，而一般人，甚至教友以為淡水的禮拜堂是北台最早的，其實不是，北台最早的正式禮拜堂是五股的教堂。

五股坑（今五股鄉）位在淡水對岸觀音山下，該村有一位寡婦陳塔嫂，常到淡水教會禮拜，聽馬偕牧師講道。以後常帶領許多婦女前來聽道，因她的勸告，馬偕牧師和首徒阿華（嚴清華）於同治十一年八月廿八日首次往五股坑探訪。抵達時，有許多村民前來迎接他到村長陳雹之家，馬偕牧師贈送給陳雹若干張十誡海報，村長隨即貼在自己家裡牆壁，到了晚上馬偕牧師便返回淡水。

此後馬偕牧師借用陳雹的空穀倉為住處和佈道場所，每天和阿華出去在附近山谷和村莊佈教達數月之久。結果多人信教，已能成立一個教會，而且陳雹也奉獻自己房子對面一片地皮為建築禮拜堂用地。馬偕牧師於同治十二年二月十七日任命阿華為傳道師，派駐五股坑。翌日阿華便往五股坑為首任傳道師工作並監督建堂，淡水眾教友在渡船頭高唱聖歌歡送。

五股教堂的建立並不順利，當時紘紳官廳接獲檢舉，以為是外國人打算建造砲台，派了一隊士兵前來阻止，他們帶著鏢鎗和大刀叫囂威脅停工，並走進陳村長家，找陳雹理論，陳雹是大陸人，身高 6 尺餘（約 188 公分），對兵士的恫嚇毫不在乎，昂然應付不妥協。兵士們又轉往陳塔嫂家裡去威脅，她也不示弱，兵士不得不回去。這所北台最早的教堂——五股坑禮拜堂，終於在同治十二年（1873）三月二日峻工並獻堂。獻堂典禮那一天，禮拜堂擠滿了人，有一百五十名人聲明願意拋棄偶像，接受基督教訓。嗣後，馬偕牧師時常訪問五股坑教會，協助佈教和監督工作，每次施洗，或 4、5 個人，或十數個，多者數十個。光緒四年（1878）二月三日，偕牧師在五股坑教會只施洗了一名成年人——張聰明女士，這位女士後來嫁給了馬偕，成為馬偕牧師的太太。

　　一百多年前中西的聯婚，是很稀奇的一件大事，一定轟動當年的淡水和五股，更何況當時新郎偕牧師是 35 歲，新娘才 18 歲。新郎加拿大人，一位大學研究院深造的洋學士洋牧師，新娘是觀音山下五股坑一位沒有唸過書的鄉下女孩。一位是洋學士，一位是無學識的鄉下女子，在見識、在思想、在生活方式、在語言隔閡……等歧異下，他們居然結婚了。

　　張聰明原來是陳塔嫂的孫養女，閨名叫「蔥仔」。蔥仔不喜歡纏足，每天挨打，馬偕牧師約半年以上駐在五股坑佈教，常住在她們家，非常同情她，以後喜愛她，娶她為妻，改「蔥仔」諧音字為「聰明」。光緒四年五月廿七日兩人在淡水英國領事館舉行婚禮，由英國領事 Mr. A. Frater 公證，在場的還有領事夫人，英國商人寶順，洋行醫師 Dr. Ringer 和雷依夫婦（Mr. and Mrs. Lay），以及其他好友。

　　五股坑禮拜堂在中法戰爭中也被毀壞，於光緒十二年（1886）十二月廿四日再建竣工，而不妙的是教友銳減，馬偕牧師在光緒十九年九月第二次例假回加拿大前，巡迴北部各教會時，五股坑教會禮拜只剩下 33 人，等馬偕牧師於光緒二十一年（1901）六月二日蒙主寵召後，五股坑教會也漸漸衰滅。今天站在五股教堂前，如果告訴你們當年五股教會的盛況，告訴你們這兒是當年北部台灣最早的一所教堂，告訴你們一百年前偕牧師娶了這兒一個鄉下女孩，而且是老牛吃嫩草，兩人相差 17 歲……這一切一切，恐怕沒有幾人會相信，滄海桑田，世事如幻，果不其然。

龜山山上名墓多

　　龜山在淡水河下游觀音山麓，行政區劃屬於台北縣五股鄉，與關渡門對面獅子頭幾乎相連，山高約 2 百公尺，形似龜，故名之為龜山，西雲岩寺即建於此山山腰上。

　　龜山的特色是滿山皆參天古木，岩石磊磊，盛產龍眼水果，站立於丘陵山頂，可眺望附近一帶平野，包括五股、蘆洲、三重市地，連淡水河的關渡平原也可一覽無遺，展望視野極佳，為觀音山風景最佳之處。清初移民，咸認為一大勝地，紛紛至此移墾，乾隆年間乃於該地建西雲岩寺，與觀音山的凌雲寺，併稱外、內岩。

　　俗諺：「天下名山僧佔半」，即指中國各地名山均有僧尼聚居建寺，龜山自也不例外。由於龜山地區風景秀麗，環境幽雅，可俯瞰淡水河勝景，更因西雲岩寺的形勢，頗似南京的紫金山，登峰遠眺，可及台北，因此日據時期以來，台北地區士紳，多選此山為安葬之地，光復以來，名人的墓愈多，如賈景德、吳鐵城、陳果夫、林熊祥等名人之墓。此外尚有新竹鄭家墳，建於日據時

代，中有寶塔，為印度納骨堂式建築，山頂另有北投周家墳，亦興建於日據時期，其形式與鄭家墳大同小異，這些均是較突出的名墓，為龜山岩另添景色，讀者朋友們參觀完了西雲岩寺，不妨順道參觀，堪供作盡日之遊。

從西雲岩寺左邊小路拾階而上，可抵韜園，為故考試院院長賈景德之墓。賈氏為前清進士，博覽群書，頗擅詩文，傳頌一時的「文章氣節爭千古，忠孝神仙本一途」，即其佳句。此地本為林區，因賈院長葬是地，經人整修之後，成一風景宜人之地。

由韜園繼續向前走，不久即達林熊祥先生墓園。

墓園右側一紀念亭──芷亭，為吾師已逝林衡道教授為紀念其祖慈陳太夫人芷芳所建之亭。係全省少見的福州式建築，亭中刻有湘潭黃雪邨之亭記，林師也題記「淡水連閩江水，龜山雲接鼓山雲」，充分顯露故國之思，家園之憶，孝孫孺慕深情，概可想見。穿過芷亭，步上墓園，即是熊祥先生之墓園。墓園佔地六百餘坪，建置壯觀，墓前隔淡水河與大屯山遙遙相對，山下即海水灌流的水澤地，頗有崇山疊嶂中開一平原氣象。墓園所在地在龜山背脊上，順著龜身，龜首山勢，構築一扇形的墓園，層層石級圍繞而上，墓墳恰在龜首，龜背緊接處，背山面水，台北盆地皆在眼下。

林墓採雙披山形式，為台灣富貴人家最喜用之形式，頗合風水之說：在中國，幾乎所有傳統式墳墓，都有一圓壯形「墓龜」，其前墓碑兩旁，各有往前伸展的左右「屈手」，就像一懷胎女子。中國人自來相信人是大自然萬物之一，死後仍要回歸大自然的母體，因此結穴的山巒叫做「父母山」，父母山的來脈叫做「祖宗山」或「少祖山」，而眾山所源而出的山，則稱之為「太祖山」。

當然，有時難以找到理想中的風水穴地，這時候就要用人工修飾雕砌。比如台灣有人將墓前的屈手作成圓形，使包圍「拜埕」，作成近案，即成為披山的形式。此墓兩旁均刻有熊祥先生書法詩詞，墓旁土地廟——后土，均是福州式的馬背建築，形成一大特色，較一般墓園顯得脫俗儒雅，實在少見。

龜山誠為一山水宜人之處，遠有大屯，近是觀音，腳下為淡水河之關渡門，天然條件已夠，附近又有多處古蹟，如山腰的西雲寺、蘆洲的湧蓮寺、懋德宮，山南又有泰山的明志書院故址，若能將這些古蹟名勝串連起來，以龜山為中心，規劃成一名勝區，以北包括八里海濱、觀音山，南則至關渡門、蘆洲，墓園附近又可作郊遊露營場所，正好是二日一夜逍遙遊的最佳遊覽勝地，讀者朋友們不妨可考慮設計一下。

蘆洲市

蘆洲舊名和尚洲

　　龜山山麓一帶的平野，有五股鄉、三重市、蘆洲市等地，以前是桶柑的重要產地。蘆洲鄉位在台北盆地西北方，地居淡水河西南岸，與觀音山僅隔了一條淡水河的支流塭子川。全市地勢平坦低窪，原為淡水河氾濫平原，每年七月至九月颱風季節，易受水災汪洋巨浸，讓鄉民傷透腦筋，提心吊膽。

　　蘆洲舊名和尚洲或河上洲。被稱為和尚洲的原因據說有二：一為此地是當年對岸關渡宮的廟田，乾隆時有一和尚名叫梅福，時常渡河來此收田租以充香火錢而得名。一說每當秋天，沙洲蘆花翻白，隨月亮而轉動，天然奇趣，宛如和尚頭而名之。至於河上洲之名，或謂在河上之洲，故名。或說文人雅士嫌和尚洲之名不佳，而改以同音之河上洲。

　　蘆洲在民國 9 年以前又稱鷺洲，也因往昔溪濱有白鷺成群棲息之故而得名。光復後易今名蘆洲，即因是淡水河的沙洲，溪岸蘆葦叢生之故。

　　蘆洲市在前清光緒二十年（1894）隸屬淡水縣芝蘭二堡；日

據前期改隸台北縣士林辨務署（芝蘭二堡），至明治 43 年（宣統二年，1908 年），改屬台北廳士林支廳和尚洲區，日據後期又改隸台北州新莊郡鷺洲庄。光復後再改為台北縣新莊區鷺洲鄉；36 年劃分蘆洲鄉、三重鎮，39 年撤廢新莊區署，改為台北縣蘆洲鄉直至民國 86 年十月改制為蘆洲市，成為台北縣第八個縣轄市。

本鄉連接三重、新莊、五股、八里等地，自昔的經濟活動以農業為主，重要物產以稻米、蔬菜、甘藷為大宗，亦產番石榴、蓮子、菱角等，並有興盛的養豬業。由於傍依淡水河，此地開發甚早，相傳早在雍正十年（1732）左右，有八里坌的業戶，招佃開墾，經由觀音山山麓，向新莊方面拓墾，其中一部分留居水湳莊地，此後漸趨繁榮。至乾隆年間，有竹塹城隍廟僧人梅福（一說關渡宮），向官府稟請，以該地為關渡媽祖廟的業產而獲准，每歲往來徵收租谷，故稱為和尚洲。嘉慶二十年（1815）。有佃戶入墾於舊港嘴一帶，益見發達。民國九年改和尚洲為鷺洲，光復後改為蘆洲。

今台北縣蘆洲市全域，清代稱和尚洲，舊和尚洲包括了樓仔厝、溪墘、中路、南港仔、水湳等村莊，茲介紹這些舊地名的由來於后：

（一）樓仔厝：今蘆洲鄉樓厝、保和、得勝等村，此地屬於沖積低地，又接近河岸，自嘉慶二十年形成村莊以來，居民皆築較高樓屋以防浸水，故稱樓仔厝。或謂初名祿野厝，後才訛傳為樓子厝。現居民多從事農業，為台北市蔬菜供應區。

（二）溪墘：今溪墘、仁愛二村之部分。早在雍正十年前後，

八里坌墾戶沿觀音山麓抵此地定居耕墾。因聚落在溪邊，故以溪墘為名。

（三）中路：即今蘆洲鄉中路村，位在淡水河，塭仔川間。此地為雍正年間移民從八里坌沿觀音山麓，往新莊方面移墾時之中途落腳處，當時有泉人張溫在此定居開闢，於荒埔中開路，以便交通，久之形成村莊，故稱為中路。

（四）南港仔：今正義、中原二村，雖在本鄉的西部，但因位在淡水河南方的水汊，故稱南港仔。居民多同安藉之李姓家族，境內也是蔬菜產地。

（五）水湳：今水南、保佑等村，境內居民原多從事酪農業，今已少。此地即當年關渡宮廟田所在地，所以乾隆年間關渡媽祖廟每年派僧人往此地徵收田租作油香費，因淡水河常泛濫於此，土地不堅固，潮濕，故稱水湳。

　　總之，蘆洲原本是一濱水沙洲，故地名多與水與有關，如溪墘、溪美及水湳等地，尤其是水湳一帶，地勢低窪，終年水濕，行旅困難，故名「湳港仔」，以後才訛變為「南港子莊」。由於常遭水災，不便種植，故開發較晚，直到嘉慶初，地勢淤積漸高，始由泉州同安移民普遍開闢。過去蘆洲為台北市的附廓，是蔬菜及茉莉的生產地，所出產的桶柑和竹筍也是大大有名，「蘆洲泛月」更是「淡水八景」之一，可惜現在已密密麻麻蓋起公寓房子，空留回憶在人間了！可嘆！可嘆！

湧蓮寺與懋德宮

　　西雲岩寺內有一幅陳維英所寫的對聯：「觀音山觀音坑抱觀音寺，頑石頭頭盡向觀音點首；和尚洲和尚港對和尚門，淨波面面好為和尚洗心。」聯中的和尚洲指的正是蘆洲。

　　蘆洲北臨淡水河，南距溪墘約二公里，正對著關渡峽谷，崖壁峻峭，碧濤千頃，相傳每當秋天來臨，當時洲上一片蘆花，蘆花映月，文人雅士競相自艋舺買棹而下，泛舟河上，作詩吟詠，或在湧蓮寺聚會休憩，品茶吟哦，欣賞明月，是清代騷人墨客泛舟賞月的地方之一，故「蘆洲泛月」列為淡北八景之一。新竹詩人張純甫有詩紀道：「港對和尚門，山望觀音寺，洲前蘆狄花，明月隨舟至。」到了日據時期，還有日本詩人村上溪堂寫詩描述：「沙堵潮生舟自橫，荻蘆花外夕陽明；一群浮鴨無人管，相喚相呼趁晚晴。」但是，如今淡江淤淺，清波不興，白蘆雖在。當年景物已風流雲散，盛況不再。現在到蘆洲參觀的人，很難令人相信，這兒曾是前清「淡北八景」之一，是當時艋舺、大龍峒、關渡一帶人士嚮往的遊覽勝地，於今，只有在盛夏驟雨之後，或好

月當頭，或中秋佳節，邀三五知己，沽酒泛舟，姑且前往憑弔一番，回味一下「櫂歌漁唱泛蟾輝，兩岸蘆花水四圍。此地風光真赤壁，滿船載得月明歸」（陳維英詩），依稀當年情懷了。

湧蓮寺是昔日和尚洲勝蹟之一，位於蘆洲鄉得勝街，相傳為清同治元年（1862），南海普陀山隱秀寺大幾、咸林二僧攜觀音佛像來台，途中遇到颱風，船隻漂到渡船頭（今台北大橋一帶）碰到蘆洲頂竹圍人李佑，李佑虔誠迎奉，後經發爐請示，知觀音欲駐駕於此，建茅舍暫奉，同治十一年由鄉人募資建寺，民國 8 年擴建，民國 50 年再度修建，成為一座今日四處可見的通俗廟宇形式，毫無特色。由於寺後正向觀音山，該寺有如湧出的蓮花，乃名為湧蓮寺，是昔年賞月人士必到之地。

湧蓮寺為蘆洲地區主要廟宇，堪稱為總廟門，香火鼎盛，正殿奉祀觀音佛祖，千里眼、順風耳侍立兩側，殿後供奉開台聖王鄭國姓。廟頂懸有同治、大正年間的古匾「慈航圓誦」及「三洲感應」。廟柱上對聯繁多，大都是大正年間所刻的，如：「湧雪台前六根清淨，蓮花座上九品異香」，「湧月射長江一道靈光開覺路，蓮花生極浦年菁寶筏渡迷津」。

戀德宮位在湧蓮寺之後，與之毗鄰，主祀延平郡王鄭成功。相傳嘉慶十四年（1809），台北地區發生漳泉械鬥，淡水泉州人至蘆洲搬請救兵，丁壯悉往救援，卻不料新莊漳州人趁虛進攻，蘆洲父老採緩兵之計，堅守至援兵回鄉，卒能以寡敵眾，今日該鄉「得勝村」之得名，即相傳昔日漳泉械鬥於此，結果泉人大勝，便取以為村名。由於事前曾祈禱於開台郡王，所以鄉人一致認定是鄭成功的神靈呵護有功，遂在延平郡王誕辰的十月十五日舉行盛大祭典，以後 3 年一醮，沿昔至今，成為蘆洲地區 3 年一次的

盛典。懋德宮建於民國 10 年，雖然算不上是古廟，卻是距離台北市最近的供奉鄭氏廟宇，所以廟雖不大，自昔便受重視。

　　蘆洲市世居住民，大多是泉州同安人的後裔，其中李姓更是當地大族，他們的子孫迄今仍活躍於台北政壇及商界，如何恢復當年「淡北八景」的美譽，不使其空留回憶在人間，不僅是李姓族人職責，也是這一代蘆洲市全體子弟的責任，且讓我們拭目以待吧！

保和宮前說醫神

　　保和宮與懋德宮僅一街之隔，位在今蘆洲國小旁主祀醫神保
生大帝。保和宮建於宣統三年（1911），在寺廟未建之前，蘆洲
地區的同安人於每年三月十五日或中元節，要渡河到台北大龍峒
保安宮參加祭典，非常不方便。後由地方士紳提倡，乃在蘆洲本
地倡建保和宮，由於這是李姓族人捐資興建，成為同安李姓的私
廟，因此兼有地緣與血緣性，今日已發展成角頭的公廟，由境內
七角頭（樓仔厝角、水湳角、溪墘角、土地公厝角、三重埔角、
八里角及崙仔頂角）輪流主持豬公比賽。

　　保佑宮所祀的保生大帝，即俗稱的吳真人、大道公或花轎
公，負責醫療維護人們的健康，所以醫生和藥商尊奉祂為祖師爺
和保護神，每年三月十五日聖誕，祭儀極其莊嚴隆重。

　　保生大俗姓吳，名本，字華基，號雲東，是福建省泉州府同
安縣白礁鄉人。吳本生於北宋太宗太平興國四年（797），傳說
是紫薇星君轉世投胎，因此吳本誕生時，滿室異香，五色祥雲圍
在吳家上空，周圍十幾里村民都跑來探看。吳本天資聰穎，喜歡

讀書，對於醫書尤其偏愛。他 17 歲時高中鄉試，進而擔任御史之職。吳本曾遊歷許多名山大川，結識不少隱士高人，也學會道家修煉秘訣，後棄官歸隱大雁東山，勤習太上玄機，採藥煉丹以濟世救人。宋仁宗明道三年，漳州瘟疫橫行，吳本行醫救世，阻絕了惡疾。仁宗景祐三年（1036）五月二日午時，吳本修成正果，白日昇天，享年 58 歲。

　　吳本慈悲為懷，不僅救人，也救猛獸，民間俗傳：「保生大點龍眼，醫虎喉。」其中有段典故。有一次吳本在山上採藥，途遇一隻猛虎，因吃了一位節婦，有傷天理，骨鯁咽喉，痛苦難堪，嗑頭求救。吳本以咒水取出骨頭，猛虎跪地謝恩，答允永不再傷人，並跟隨吳本回家，成為吳本座騎，死後成了保生大帝廟前的守廟神。又一回，有一條龍害了眼疾，遂變成一個人來求治，吳本一眼看出來人是龍，點破之後，以藥點龍眼，即時痊癒，昇天而去。

　　吳本昇天之後，不時下界巡察，或抵禦賊寇為民除害，或醫療除疾造福人間，獲歷代帝王的詔封。如宋高宗下詔在吳本故鄉白礁為他建廟紀念（後人稱為祖廟）；宋孝宗時親題「慈濟靈官」匾額賜給神廟，並封為「大道真人」，保生大帝之稱為「大道公」，「吳真人」即由此來。至明太祖洪武五年敕為「昊天御史醫靈真君」。最膾炙人口的神話故事是：明成祖永樂年間，文皇后患病，御醫們束手無策，於是貼黃榜昭告天下訪求名醫。一天來了個道士自言能醫好后疾，成祖為防有詐，予以把脈考驗，令宮人把線一端綁在貓身上，不料大道公以線把脈後，回答道：「非熊非羆，乃貓也。」成祖又命人把線的一端繫在屋內門環中，大道公一摸，就說：「是金木性，非人脈也。」這下成祖才相信他的醫道，把

絲繫在太后右腕上，大道公診斷道：「是乳疾，得用炙法醫之。」大道公便站在屏風外，懸絲行炙，治好太后乳疾。正當成祖要以高官金帛賞賜，大道公乘雲歸去，成祖便晉封他為「恩主昊天金闕御史慈濟醫靈妙道真君萬壽無極保生大帝」，並建立宮殿供奉，從此保生大帝成為民間醫神。

保生大帝以醫世救人為職志，一個人顯然忙不過來，所以神座旁邊有卅六官將脇侍，這卅六官將分別是：紀仙姑（騎鶴）、李仙姑、勤仙姑、何仙姑（均騎鳳凰）、連聖者（騎馬）、劉聖者（騎牛）、蕭聖者（騎豹、纏蛇首）、張聖者（騎羊、執蛇）、王龍官、馬龍官（均騎馬）、枷大將（騎馬）、鎖大將（騎麒麟）、必大將（騎龍）、捉大將、拿大將（騎牛，舉火牌逮捕人）、金舍人（騎獅）、康舍人（騎馬）、移山大將（騎鳳、托山）、倒海大將（騎龍、涉海）、食鬼大將（騎麒麟，做吃鬼狀）、吞精大將（騎虎，做吃妖怪狀）、趙元帥（騎虎）、殷元帥（騎麒麟，一身四手，兩手舉日月，兩手執戈矛）、岳元帥（騎象）、王孫元帥（騎鹿）、辛元帥（騎獅）、康元帥（騎馬）、溫元帥（騎獅）、鄧元帥（騎牛，人面鳥嘴）、李元帥（騎麒麟）、高元帥（騎鹿，舉人體）、呪水真人（騎獅，有三眼）、虎枷羅（騎虎）、馬枷羅（騎馬）、江仙官（騎虎）、黃仙官（騎牛），他們的職責是協助保生大帝，捉拿為害人類的各種病魔妖怪。

來到保和宮，除了祈求保佑病人早占勿藥，早日康復外，也可以求個藥籤抓藥，憑籤到中藥舖裏抓藥服用。為避免誤食害人，有些保生大帝廟的藥籤詳分大人科、小兒科、眼科、外科四種，並指定病人到那一家中藥店去抓藥，這時藥舖老闆憑籤抄寫藥方或配藥時，一定「順便」詢問病情而酌予調配，以免發生慘

劇。雖云心誠則靈，不過有病還是到正規診所醫療為是，讀者朋
友們，你們說是不是呢！

保佑宮的池府王爺

　　蘆洲市中水湳、水河、保佑三村，以昔日和尚州水湳莊而得名。水湳莊始闢於雍正七年（1729），經乾隆年間關渡和尚梅福招佃開墾，因此又有和尚港之稱，今名水河村。以後於嘉慶年間，有泉州人李日春入墾水湳；後來又有陳用仲、陳世祥建池府王爺廟，保佑村就是因祀有池府王爺的保佑宮得名。提起保佑宮的池府王爺可大大有名。

　　台灣的王爺又稱千歲、千歲爺、老爺、王公、大人、某府千歲、瘟王、遊王，是代天巡狩的上帝使者，執行驅邪與除疫的保安工作，下有五營神軍以協助維持人間次序。台灣王爺大多有姓而無名，而且多到有三百六十餘位，各有不同的來歷，傳說不一，莫衷一是，其中以五府千歲與十二瘟王（五年王爺）最多，廣在民間流行。

　　五年王爺之名，乃因每5年的十月舉行祭典乙次而得名，其神共有十二尊輪流監察四方，賞善罰惡，除暴安民，俗諺「窮叱五年王」，意思是說這些值班王爺，平日較少祭拜，直到5年一

次的祭典才能享受到豐盛大餐。而每 5 年十月的祭典，象徵「五風十雨」，必能蒙神庇佑，五穀豐登。一般祭拜五年王爺的寺廟，在祭典時必製作一王船，由信士善女捐獻金紙禮物滿載，擇日焚燒放流，並恭請十二王爺中分派三位千歲，押上天廷繳旨，以表下界百姓敬神的誠意。

三百六十位王中隨意挑選三位或五位，就可組成三府千歲或五府千歲。三府千歲中最常見的是朱、池、李三王爺；五府千歲則是李、池、吳、朱、范最多。根據日人當年的調查，台灣王爺姓氏中奉祀較多的有池、溫、李、朱、吳、范、蘇、邢、蕭等姓；若以單姓王爺主祀一神者，則以主祀池王爺的廟宇高居首位。

台灣王爺廟以池府王爺為數最多，各地傳說不同，但與瘟神信仰有關，在各式各樣民間傳說中，不出以計奪瘟神毒藥吞食，代民受罪而死的故事為母型，所以池王爺神像以黑臉吊白睛居多就是這個道理，其傳說故事如下：

相傳池王爺不姓池，原是古代某一知縣（一說知府），因轄下的百姓作惡多端，不守天道，激怒天庭。上蒼派遣使者攜帶毒藥，準備滲入該地方水源──龍池井，欲毒斃所有百姓。此事被王爺知悉，不忍全縣百姓毒死，遂向使者謊稱代放毒藥，使者不疑，將毒藥交給王爺，王爺便將毒藥全部吞下，代民受罪，瞬間面色青黑，毒發身亡。後皇帝得知此事，感念其善行，取龍池井之池字為王爺賜姓，玉皇大帝則封其為代天巡狩，雲遊四方。人民感其深恩大德，雕奉金身崇祀，流傳至今，香火不絕。

也有池王爺的傳說與瘟神信仰無關者。如說他是唐代貞觀年間人，姓池名夢彪，曾經與吳孝寬、李靖率兵攻打突厥，敉平邊患；或說池王爺在蜀渾山大破吐谷渾番兵；於真諾水大敗薛延陀

真珠可汗；又說他為地方官時，以善政著名功在百姓。當他死後，人民感念其功德，建廟奉祀，上天亦封為代天巡狩，職司陰陽，專門懲奸罰惡……等等，不一而足。

　　在王爺信仰中，有部分是因其生前有功於世人，其亡靈升天而一躍為王爺，有道是：「有功於民則祀，聰明正直則神」，池府王爺正是典型寫照。走進保佑宮，廟貌猶新，如同今日台灣常見通俗的廟宇，無甚看頭，但猛一抬頭，望著那黝黑的臉龐，突出兩眼，不免想到，當他計取毒藥，吞入口中，那一剎那需要多大勇氣，不禁肅然起敬，池府王爺不愧是池王爺，百姓建廟奉祀，永享人間香火是應該的。

蘆州李家的故事

　　在蘆洲市中原村有一座古宅,俗稱「田仔尾李宅」,或稱「中原厝」,是蘆洲地區僅見的完整傳統,並且名列台閩區第三級古蹟．提及這幢古宅的主人──李家,可是大大的有名。

　　田仔尾李家源出於河南省固始縣,於唐末時隨閩王王審知入閩,以後定居汀州府上杭縣一帶,到了李仲文這個人卜居於同安縣南方仁德里的兌山,成為李家所稱的「兌山始祖」。孫裔綿延,到了十七世時有李八六、李二四、和李正一三兄弟,在乾隆晚期自泉州府同安縣仁德里十二都兌山鄉南尾仔社東渡來台,李正一(譜名公正)成為李家來台的第一世祖。

　　在他們之前,已有李家族人移民到台,分佈於三重埔、滬尾、八里坌一帶,他們三兄弟可能也是隨著同宗族人一齊來到台灣開墾,來到當年的和尚洲的十一分、中路一帶落腳,展開了開墾工作。相傳李正一隨身帶來兩尊神像,一尊是廣澤尊王,今供奉在李宅佛祖宮;另一尊是保生大帝,供奉在蘆洲保和宮。在辛勤的勞動下,李正一於嘉慶十二年(1807)就以 41 歲的壯年亡故,

歸葬在觀音山中。

　　李正一生了兩個孩子——李學道與李清水，李家是從他們這一代開始興旺。李清水頗曉星學、堪輿、命卜、醫學、書算等五術，在兄弟兩人併力耕作，胼手胝足之下，到咸豐末年，已買了六筆土地。

　　李清水（譜名濯夫）生於嘉慶十二年，娶妻陳妙，於光緒九年、十二年時夫妻先後亡故。在李清水努力下，李家不但土地日增，財產日富，並且積極參與地方事務，例如咸豐年間有大陸僧人攜觀音佛祖來到淡水，在李清水領頭歡迎下，建廟祭祀，這便是日後的湧蓮寺。到了光緒年間，出現了一「李長利記」的字號，活躍在蘆洲一帶，使得李家躋身為士紳階級，擁有家族聲望和廣大財產。

　　李清水夫婦生子七人——燈輝、浴亮、樹華、濕泉、當權、埔崙、神賀。七兄弟各有所司，共同為家族奮鬥，組成「李長利記」，譬如長子燈輝負責家族內事務管理，六子埔崙掌管家族財務。二哥浴亮、四弟濕泉、五弟當權、老么神賀均從事農耕工作，但又有分工，如浴亮負責農產品的銷售，濕泉專賣菜子買賣，當權為農監工，神賀兼通醫術。兄弟同心下，不斷的買下土地，這些土地多集中在舊南港仔庄，中路庄，並擴及到和尚洲以外，如關渡鹽寮庄田地、八里坌堡小八里坌庄地（今茇阡坑林地一帶）。

　　七兄弟中三房李樹華走上了傳統科舉功名，貢生出仕提昇了李家的社會地位。李樹華（名祐真，字實其）18歲才負笈從師，同治二年 26 歲進淡水廳儒學學宮，成為邑庠生，光緒十六年為淡水縣學附貢生，授訓導。以後為台灣巡撫邵友濂委任安平縣儒學正堂，陞教諭，同年秋兼鳳山縣儒學正堂，到光緒二十一年才

去職。當年辭官返家，蘆洲父老紳士群相遠迎，彩輿音樂等陣頭有數十隊，轟動台北，成為一件新聞大事，田仔尾李家名望盛予一時。

李樹華辭官返家後，隨著李家社會、經濟地位的改變，再加上日益增多的人口、七兄弟便開始了新宅的建築。為方便建築材料的運輸，李家修築了一條運河，從淡水河經洲子尾，南港仔到古厝前的蓮花池。當時沿運河的鄉民，紛紛獻地以利水道濬通，也熱心參與各項建築工作。可惜這條古河道如今已淪為雜草叢生的溝渠。

光緒二十九年（明治 36 年，1903 年）新宅落成，七兄弟卻先後謝世，似乎新宅的落成，代表了李家三代的成就象徵，他們可以安心地走了。隨著子嗣日益繁多，李家不得不再度分房分家產了，在李樹華的主持下，於大正初年將家產均分為七份，而古厝、小八里坌庄山林不許分房，成為祭祀公業。代表李家團結象徵，由七房共同持有。

李家七房子嗣，在日據時期也有不錯的表現，或耕或農、或從事教職，或從事中醫、卜算工作，其中有少數人投入工商企業，或從事柑桶承銷、或從事什貨買賣生意，而較令人注目的是六房李應夢在今天台北華山車站附近的丸王運送店，從事鐵道運送貨物。此時李家子孫散居各地，最遠有在屏東，乃至於國外者。

民國 34 年農曆十二月廿一日，其時台灣已光復，重回祖國懷抱，李家為了歡迎四房李友邦榮歸故里，舉行分房後首次祭祖大典，參與族親四百多人，為當時蘆洲地方一大盛事。李友邦是四房李萬來的兒子，年少時反抗日人壓迫，加入「台灣文化協會」、「台灣民眾黨」。民國 13 年，18 歲那年，前往廣州入黃

埔軍校，成為第二期畢業生。民國 26 年抗日戰起。友邦率領著
「台灣義勇隊」的抗日隊伍，在閩浙一帶，負責敵後情報工作、
生產工作，以及巡迴宣慰工作，並先後成立了四所「台灣醫院」，
救治貧病同胞。35 年出任三民主義青年團台灣區團主任，38 年
擔任國民黨台灣省黨部副主委，其後升任主委。至民國 41 年故
逝，享年 47 歲。

　　李氏家族第二次祭祖大典是在民國 75 年一月五日舉行，此
次又為紀念「祭祀公業李清水暨古蹟蘆洲李宅之成立」，由李友
邦夫人嚴秀峰女士主持。由於祭祀公業李清水的成立，代表李氏
家族再度整合凝聚，祝福李家傳之久遠，光大昌隆，以此祖宅作
為家族榮耀、團聚的中心。

蘆洲李宅好風水

　　蘆洲李宅俗稱「中原厝」或「田仔尾李宅」，創建於光緒二十八年（明治 35 年，1902 年），是李家七兄弟向林試兄弟換買土地後，開始興建。當年曾請了拜爵堡（即擺接堡）的吳尚前來堪輿，總工程是由江西人廖鵬飛（字鳳山）主持設計，方位決定坐巽望乾，前有觀音山、旁有大屯山。翌年，新宅落成，正身三進（俗稱三落厝）四合院，有 7 廳、56 房、82 門、120 窗，左右龍虎各二。走近李宅，便可以看見中門懸有清末舉人羅秀惠所題「外翰」匾額，一般解說是指李樹華這外取門生也可入翰林，其實這是錯誤的，真正意思是指李樹華家族有人在刑部做過事。後廳祠堂亦題有一幅對聯：「道德傳家克守猶龍懿訓，清廉處已仍旋如馬高風」，隨意逛逛，只見李宅有內牆處即有對聯，對聯詞句都是重視倫理與勵志的格言，行走廊廡之間，置身古宅之中，油然而生一股耕讀傳家意味。回想李樹華 18 歲才負笈求學，有志不在年「老」終於取為附貢生，此後成為李家讀書傳統，其子姪輩如李雲雷、李萬來、李應夢，乃至孫輩李祖武、李新蔗多能

講求舊學，從事教職。甚至光復初期李祖武兄弟組「雅友國語研究會」，義務教授族人及鄉親國語、國歌，最多時人數高達二、三百人。不僅此，中醫、卜算、堪輿等也幾乎成為李氏家傳技能，李家數代以醫為業不乏其人，而能義診濟世，恤貧救困，這些何嘗不是祖宅的庇廕呢！

　　李宅是一座形制完整而龐大的農宅。以前四周都是稻田，屋前可遠望淡水河及觀音山麓，屋後依憑竹林，在阡陌縱橫中，它那碩大的建築像城堡一樣，牆面堅硬的石頭與屋脊沈穩的紅瓦，刻劃出李宅獨特風俗。李宅的宅身座向為西北方偏北，略正對著觀音山，屋身方正，以門樓矮牆分出內、外埕。外埕前面為半月池，意為泮池，屋後為高大的樹木及竹林，而如今因水患頻仍，淤積嚴重，半月池被淤沙所覆，也使李宅低於四週路面成為窪地，滄海桑田，大自然力量真是可怕。

　　李宅的平面規模為正身三進，帶內、外護龍，護龍與正身約略平齊，使全宅呈現一方整矩形，而且屋身全寬 50.68 公尺，進深 34.82 公尺，佔地五百餘坪，共有 7 廳、56 房、82 門、120 個窗，此等規模實不輸官宅，在台灣農宅來講是絕無僅有的。不但如此，李宅還有四項特色：（一）四週外牆全為石砌牆，而內部牆體除了正身的山牆外，皆為較薄的隔間牆，這種外硬內軟的牆體配置方式，突顯了防禦用途及防止水患的考慮因素。（二）各建築物之間的中庭甚小，且廊道四通八達，將各建物及空間緊密結合在一起，使得家族可以隨時支援呼應，凝聚族人的感情。（三）內外護龍各自形成一獨立的合院，而內護龍與正身之間的中庭狹小，僅為通風、採光及通道之用，而非休閒、工作場所，因此李宅可說是由三個合院式建築群築成。（四）正身除明間、廊道、

廂房外，皆是「半樓仔」的閣樓。平時用作儲藏物品倉庫，洪水來時可充臨時避難所。

李宅正身面寬五開間，有門廳、正廳、後廳三進，前後中庭兩側皆是廂房。門廳的正中明間作凹壽式入口，門後地坪有一個三孔的石條可以立椿，防止大門被盜賊攻破。前廂房名為文武廂房，以前屋作為放農具之處，據說本宅修復後，將作為農村文物館，以讓參觀者了解其空間的意涵及農村生活真況，因此計劃在正身的廂房或臥房作展示，內容以農耕過程、器物、或食物製作過程為主，則廂房將添置許多農具，可看性極高，從小在都市長大的讀者朋友們可有眼福了。

正廳為接待客人的處所，明間有簷口柱及步口廊，次間較寬大形成前廊，次間房的後門開向後廊，上閣樓的木梯設於門旁。後廂房稱為忠、孝廂房，以前是書房，形制同於廂房。後廳是公媽廳，奉祀祖先牌位。正身與內護龍之間，由前而後依次是耳房、過水廊、耳房，前後耳房皆有間門通室外，前為矩形內洞，後是員光門。內外護龍分作三段，由前而後逐漸升高，內外護龍之門，前後各作為一獨立的廳，因此護龍皆隔成臥房，而無廳的設置。另外在後廳前的中庭有一水井，有磚砌的洗面盆及輸水盆，輸水盆有出水口可接竹管，將水引到廚房。

李宅共有十三個中庭，中庭受陽光照射溫度較高，與溫度較低的走廊及室內，產生空氣對流，形成自然風，通風極佳極涼爽。宅內採光尚可，正身護龍各房都有二個窗戶，一開向室外，一開向廊道，窗孔較小，可避免暑氣入侵，保持室內涼爽。

李宅的形式較為特殊，其三進式的合院，中庭兩側的廂房，已近於官紳住宅，因此李宅可說是兼具官紳住宅氣勢及敦厚穩重

的農宅。簡單地說，整體上看來，李宅外觀予人粗略的印象是：有渾厚的鵝頭、粗石砌的牆面，及形式統一的門窗，加上正身、護龍的高低次序，使整體空間在對稱性原則下凝聚成一體，族人依輩分尊卑而居，以中庭為全宅生活中心，互通聲息，毋怪乎李氏族人至今猶能團結一心。

　　除此之外，讀者朋友參觀時不妨注意一下它的石作、磚作、大木作、泥塑、剪黏及彩繪的建築建術，而且李宅是由唐山名匠廖鳳山主持，為了加速完工，建造之初採採用兩組工匠施工，形成李宅左右兩邊不太相同的「對場作」的趣味。說了老半天，也許大家有點迷糊了，簡單一點，參觀李宅包括半月池、建築物及周圍，其路線不妨考慮定為：外埕→半月池→門樓→左邊的龍邊護龍→正身→右邊的虎邊護龍→周圍→外埕。這樣是不是簡單多了！讀者朋友們，李宅修復後，莫忘前去參觀，了解一下我們先人的農家生活。

和尚洲的教案

　　清咸豐八年（1858），英法聯法軍攻進大沽口，強迫清廷簽訂天津條約，增闢台灣安平、淡水、雞籠、打狗（高雄）四個港口，作為外國通商地。英、法、德、美諸國，達到了他們多年來的願望，便在台灣設領事館、洋行、教會。而各國的商人及宣教師，多抱著勝利者的驕橫態度，進入台灣。起初態度尚見平和，後來日久弊生，往往漠視條約的規範，侵入通商地外，收買硫磺、樟腦等物品，或從事佈教工作。這一來，可引起台灣官民的憤慨，不時造成糾紛，因此「教案」頻起。所謂「教案」，是指基督教在中國傳教過程中，教會人士與中國朝野紳民之間的糾紛而言。由於中外有別，中西隔閡與實質利益的衝突，台灣自咸豐末年起，產生一連串的教案衝突。

　　清季台灣北部傳教工作的復甦，始於同治十一年春（1872）加拿大長老教會教士偕叡理（Rev. G. L. Mackay）在淡水租屋傳教，比南部晚了二十餘年。馬偕傳教，大體上尚稱進展順利，除艋舺較不順手外，在短短五年內，各地教會如雨後春筍般的相繼

成立，分別在錫口、八里、蘆洲、新莊……等地建立教堂，但遺憾的是，一小撮信教的教民，挾洋自重，藉教自負，或非分插事，或抗官拒傳，甚至有大鬧公堂的，引起民教衝突，光緒三年（1877）和尚洲發生的教案便是一例。

和尚洲自同治十二年（1873）建堂以來，便陸陸續續有鄉民信仰入教，由於蘆洲多是泉州同安人的後裔，其中又以李姓為大族，不免信仰者多是李姓人士，族大勢強，難免有不肖者參與其間。其間有李東面父子二人，每以教會為護符，作奸犯科，魚肉鄉民。地方官吏屢屢傳審，不僅抗傳拒捕，甚且公然毆傷差役。因此地方紳民無不咬牙切齒，但是官府因循畏葸，不願得罪洋人教會，只有任其囂張，儼然一方惡霸。

光緒二年（1876）八月廿五日，淡水同知陳星聚正在艋舺倉署審訊一件教民霸佔產業案時，李東面父子竟夥同教友李顏等多人，擁入公堂遞稟，齊聲吶喊鬧鬧。危急震撼之際，陳星聚迅即採取行動，當堂擒拿，且於其子及李顏身上各搜出小刀一柄。隨後交驗提訊，物證確切，李東面父子等人難以抵賴，供認不諱。一時地方紳民大快人心，紛紛遞稟，僉口同聲，「咸以該犯李東面父子不除，地方受害不已」為辭，提請就地懲辦。官府敷衍將就，事懸未決。

是年冬，巡撫丁日昌路過艋舺，遍訪輿情。知教民凌虐鄉里，不可勝數，其中尤以李東面恃教抗傳，糾眾鬧堂，最足痛恨。當即調卷查核，以積案累累，確有可稽。而回台南府郡後，台灣道夏獻綸、台灣知府向燾據實覆稱，以其「供證確鑿，請照光棍為首斬決例擬斬立決」。丁日昌斟酌再三，決定誅除民害，終於批准照辦。於是李東面父子就地正法，從犯李顏等四名，則鎖繫石墩，永遠不准釋放。

　　當然，也有教民反被誣賴的。和尚洲的禮拜堂是同治十二年（1873 年六月廿二日）設立的，當時稱為洲裡教會。二年後重建時，有一信徒陳士美買土地要奉獻，結果被一富豪從中作梗，設計陷害，誣告他鬧公堂而下獄，八年後死在獄中。新禮拜堂終究在光緒三年竣工並獻堂。翌年偕牧師命張耐、劉玫和李德做長老，李內、劉牛和陳芳德做執事。

　　光緒十年（1884）中法兩國為越南事交惡，雙方開戰，法國攻擊台灣。法人侵台之消息，立即傳遍北台各地，本省人民莫不驚惕戒備，而且憤怒填膺，不但對所有在台外國人抱有敵意，亦懷疑本地籍之傳教者及信徒「通番」。激憤之下，將當時基隆、大龍峒、新店、艋舺、八里坌、錫口、金包里及和尚洲禮拜堂拆毀，馬偕教師在日記裏記載洲裡的禮拜堂「都無踪無跡，連樹木也被砍去」。光緒十二年重新擇地建堂，其特色是有角塔，於當年年底完成，十二月廿五日獻堂，即現在的蘆洲教會。

　　走過蘆洲教堂，佇足沈思，一所教堂，百年來發生過這麼多事，不禁有世事滄桑之感，人間和平何時才有呢？台灣藍綠之爭何時才停息呢？

新莊市

繁華一時的新莊

　　台灣北部開發較晚，大量開墾約始於十七～十八世紀，當時大陸移民都是乘船渡海來台，所以沿海岸或河岸地區自然成為較早有移民踪跡地方，沿海地區如八里、淡水、金山、萬里、石門、三芝等地，沿河地區如新莊、板橋、三峽、鶯歌等地，得地利之便，這些地區開發較早。

　　新莊位於台北盆地西緣，濱淡水河左岸，東隔大漢溪與板橋市相望，全域在大漢溪以西，處台北平原中部，僅西南隅有林口台地及山仔腳山地，土地肥沃，開闢甚早。由於當年淡水河河流水大，可直上桃園大溪，加以新莊濱於台北大湖畔，更成為交通便捷之地，尤其康熙三十三年的一場大地震，使得台北大湖有了出海口，海潮順流而上，穿過關渡門、南港社後，轉向東南到達新莊湖面，再受到地形和擺接溪（今大漢溪）的影響，在海山、擺接間轉向北流，經過大浪泵（今大龍峒），接納峰仔峙溪（今基隆河）的水，轉向西北，越外北投、關渡出海。開闢的新莊港，有廣大的平原，良好的停泊地，自然很快的興榮起來。

　　新莊地名在乾隆五年的《台灣府志》稱作「興仔武勝灣莊」，乾隆十九年《續修台灣志》始稱「新莊」，同治十年稱「新莊街」。民國9年（大正9年），日人設街治於此，仍名新莊街，光復後名新莊鎮，近年升格為新莊市。新莊之稱為新庄，理所當然係新成之村庄的意思，因其地當海山庄（今三峽、鶯歌一帶）之出入口，故又稱「海山口」；又因雍正以來，至嘉慶年間，地當淡水河帆船航線中段，亦稱「中港街」，這些都是新莊市古地名。

　　新莊原為凱達喀蘭平埔族武勝灣社所在地，康熙年間，始有漢人抵此開墾。康熙末造，由胡焯猷到新莊拓墾，拓墾了現在的泰山、丹鳳、營盤、海山一帶，利用井水和池塘蓄水灌溉。雍正五年後，福建貢生楊道弘招募佃戶大力墾殖，開拓了東至淡水河岸，西至八里坌山腳，南至海山尾（今山仔腳），北至關渡的土地，今新莊市地區全入其墾域。雍正十年，以新設置之庄，故名新庄。乾隆以降，有漳浦人林成祖，招佃入墾。又有郭宗嘏開墾了從中港厝莊到平頂山腳的大部分土地，甚至包括了當時屬於擺接堡的柏仔林的園林，和長道坑、八里坌的田地。不僅如此，乾隆三十一年張必榮、張世二人合作開鑿了「張厝圳」；乾隆三十六年劉承纘鳩集佃戶又開鑿了「劉厝圳」，這二圳引水灌溉，使新莊附近九百餘甲田地得以灌溉，也由於新莊的開闢，帶動了大漢溪以北的發展，包括了八里、五股、泰山、蘆洲、林口、三重等地。至乾隆中葉，沿淡水河形成長條狀港區，再因龜崙嶺新路的開通，水陸交會於此，千帆林立，船舶雲集，盛極一時，新莊不僅是台灣北部重要的產米區，也是重要的商鎮，被列為當時淡水廳八大街之一。而且乾隆十五年移八里坌地巡檢於新莊，乾隆五十五年又升為新莊縣丞，新莊更成為淡北的政治中心。

新莊興盛的主要原因是瀕臨淡水河之便，濱台北大湖之旁。但因為陸地上升作用，及淡水河的淤積，所以從康熙三十三年（1694）台北大湖的形成，到乾隆六十年（1795）的百年間，大湖遂漸變成大河。新莊位於河曲的凹岸，受到沖刷作用影響，不但河岸日益凹陷，河床日益刷深。但是台北大湖的消失，使載重千石以上的大海舶無法進入淡水河，四百石左右的中型船舶也得利用潮漲潮落而進出。每逢水災，凹岸的新莊由於大水的侵蝕，河岸屢屢崩塌，使得昔日的沿港碼頭（今保元宮到慈祐宮一帶），街市盪然無存。再加上豪雨帶來的山洪，浮沙變動，無法維持穩定的航道。簡單地說，從嘉慶以降，因街區屢遭淡水河河道的擺動削減，再因泥沙淤積，港務移至下游艋舺，趨向衰退。嘉慶十四年，將新莊縣丞改名為艋舺縣丞，雖然縣丞仍駐在新莊，然而名稱的改變顯示新莊已失去昔日的首要地位。

更倒霉的是，嘉慶十年以後，淡北械鬥氣日盛，新莊常受其害。械鬥動輒數年，人民逃亡四散，厝屋被火燒燬，加上治安不好，寇盜充斥，生產和貿易都受到嚴重影響，新莊更一蹶不振。光緒元年，船政大臣沈葆禎奏請朝廷添設台北一府三縣，台北府治在艋舺，淡水縣治也在艋舺，同時將原有的艋舺縣丞裁撤，新莊的沒落遂告確立，新莊成為台北衛星城市的地位，也從此確定。

乾嘉年間的繁華一時，為新莊留下不少先民生活的遺跡，包括充滿傳統鄉土藝術的老廟，就從這一篇起，讓我為各位讀者導遊新莊的古蹟吧！

平埔族人的悲歌

　　台北縣的住民，在漢人未來之前，主要是山胞泰雅族（Taial）和平埔番的凱達格蘭族（Ketagalan）。據荷據時代的戶口表所載，凱達格蘭族部落，分布在淡水河流域的約有 22 個部落，這些部落在清代通稱為番社，少者數戶，多者數十戶，蝟集而居，尚未形成村落，其中 Pinorowan 部落，即是位在新莊的武勝灣社。武勝灣社是從凱達格蘭族語譯而來，所以漢字譯音寫法很多，計有武溜灣社、武勞灣社、勝非灣等。

　　永曆十五年，鄭成功收復台灣後，漢人的開荒，漸漸擴展及於北部台灣。相傳鄭經曾經遣將率兵，進駐基隆、淡水兩地。但是這時候駐軍屯墾，沒有怎樣的進展，是可想而知的，所以戍兵的糧餉，大部分仍要由中南部向北部輸運接濟。總之，自西荷時代至明鄭時代，台北縣下，差不多可說未經漢人開發，除番社散布於淡水河流域外，並沒有建立什麼村莊，直至清廷攻取台灣，漢人移民漸增，才漸墾至北部台灣。

　　康熙三十六年，杭州人郁永河來台採硫，滯留淡水 5 個多月，

撰寫《裨海記遊》，曾記載當時新竹到南崁一帶，沒有一人一屋。並記淡水一帶，有環湖而居的廿三社，由淡水總社統領。郁永河乘舟巡行，觀察台北大湖的湖濱平原，他認為巴浪泵、武勝灣平原「地廣土沃，可容萬夫之耕」。武勝灣社的平埔族人，即是歷史時代新莊地區最早的居民。不過這些平埔人對外來者相當排斥。西班牙傳教士有被殺的記錄，郁永河遊記中也有親歷平埔番襲殺漢人的記載。至於他們的人數，根據荷蘭人所做的戶口調查，在西元 1650 年時，武勝灣有 30 戶，115 人；到 1655 年是 28 戶，100 人，這麼少的人，居然還算是當時的大社。他們的耕作方式，仍停留在鋤耕、刀掘階段，漁獵採集，既是生產方式，也是戰鬥訓練。郁永河筆下的他們，男女都嗜酒，腰間隨時配有刀刃，行臥工作都靠這把腰刀，無市肆貿易，不知蓄積儲藏，是相當原始，相當樂天知命的自足式經濟形態。

　　此後漢人自八里坌口登岸，聚集既多，自墾自耕，慢慢移住，與番人雜居，甚且與番女結婚，相識相親，久而變為熟番。各聚一處，成一村落。《諸羅縣誌》記載建於康熙五十一年的關渡靈山宮（即今關渡宮），「落成之日，諸番並集」，便能說明漢番和好的例證。雍正五年，彰化知縣張縞批准了貢生楊道弘等開墾興直埔荒地的執照；雍正八年，武勝灣社的土官君孝和歐灣與楊道弘簽立合約，以每年繳納餉銀 50 兩的條件，將土名興直的新莊平原正式交給楊道弘招佃開墾。接著中港厝、七坎一帶交給郭宗嘏，五股興珍、洲後一帶，交給了劉和林等開墾。在這之前，今天營盤、丹鳳和泰山鄉的大部分土地，也交給了永定貢生胡焯猷等墾殖。因此在雍正末年，平埔族人除了保留少許田園之外，已退出了新莊平原的農業經營。一批人遷徙至艋舺（今萬華）西

南港仔嘴一帶（今板橋港嘴里），分成新舊二社。乾隆五年劉良璧《重修台灣府志》，及乾隆十一年范咸《重修台灣府志》均有「興仔武勝灣社莊」的記載，也就說明了這地方在乾隆初年，已成了漢人「新興」的一個村莊。

　　經過長期的雜居通婚，接受漢化教育，更改漢式姓名，平埔族人開始迅速的漢化。到了同治初年，陳培桂的《淡水廳志》記錄平埔族人「諳通蕃語者，十不過二三耳」，除了身隸社籍外，平埔族人徹底被漢人同化，已不易區分。

　　日據初期，台灣總督府強制收買武勝灣社新莊地區的「大租書」，並將板橋一帶淤積的河川新生地撥給他們。根據明治四十二年（1909）平埔蕃調查書的調查報告，當時全台北廳的平埔族人十二社，共有 127 戶，534 人，其中武勝灣社有 56 戶，251 人，佔人口總數的 45%，而他們族人除了社籍外，風俗、語言與普通人毫無不同。到了昭和 13 年（1938），台灣總督府警務局理蕃課，所作的蕃社戶口調查，新莊地區只剩一戶，五口平埔族人，次年只餘一個男子，民國 30 年（1941）以後，新莊地區武勝灣社的平埔族人從此在文字記錄上消失，成為一個歷史名詞。

　　最早的新莊人，武勝灣社平埔族人，他們的後裔還在嗎？如果看了這篇文章，又如果你是世居的新莊人，試著去尋根一番，搞不好果真是平埔族人的後裔，是古早新莊人的後代，那可就光采了。

客家人與廣福宮

　　新莊古廟很多，但目前仍能保留古意的，恐怕只有廣福宮。廣福宮又稱三山國王廟，位在新莊路 150 號，名列國家二級古蹟，據《淡水廳志》記載，「國王廟：一在新莊街，乾隆四十五年粵人捐建」。眾所週知，新莊是泉州人所建的街市，在過去祖籍意識，鄉黨主義極盛的清代拓墾社會裏，新莊怎會跑出一座客家人所建的廟宇，說來話長，這其中有一頁客家人的血淚滄桑史。

　　康熙二十二年鄭氏敗降，施琅收台，此後即積極從事撫輯招徠工作。由於施琅是泉州人，所以有意無意中阻撓粵人來台，因此康熙中葉，移民東渡的大抵都是閩南人，直到康熙末、雍正初以後，潮、惠粵籍人士才逐漸來台。當時粵人多半前往南路下淡水一帶墾耕，對今日高雄、屏東、彰化的開拓，貢獻極大。有一些人則從八里坌登陸上岸，到台北平原開荒，台北附近各籍分佈狀況大抵是這樣的：土城到樹林彭厝一帶是潮州人集中地方；樹林、新莊及中港厝一帶是閩南漳泉比較多的地區；沿林口台地坑口的水源區泰山、五股則多是汀州客屬移民；今二、三重，和五

股、蘆州一帶潮州人較多。新莊街則是各籍移民集中的商業區，也是台北的首善之地。

在新莊地區較有名的客家人物，首推汀州貢生胡焯猷，他於乾隆十七年（1753）獻地建大士觀於興直山西雲岩寺，乾隆二十五年又在新莊米市倡建關帝廟，二十八年又捐獻水田、水塘，創辦了明志書院。另一位則是潮州劉氏家族的劉和林於康熙末年到台北任通事，並從事開墾，其子承傳、承纘，孫世昌繼其志業，祖孫三代開墾了數百甲土地，而最大的貢獻是開鑿了「劉厝圳」，灌溉了千餘甲的田地。因此新莊、樹林、土城一帶尚存有不少粵人的古墳，粵人每年也北上到此掃墓。

如上所述，康熙四十年以後，福建汀州和廣東潮州、惠州的客屬移民大量東渡，打破了閩南人獨占局面。初時缺乏勞力，各方還能平安相處，慢慢地就不是這樣了，各方因風俗、民性、語言的不同，更為了爭奪水源、土地起了衝突。例如劉家為了開鑿劉厝圳，和泉州人張必榮、張廣福二墾號爭水互挖而纏訟不已；鑿成之後，原住民又出面爭取旱田大租，劉氏僅得水租，種下了閩粵械鬥的遠因。

劉厝圳的開鑿使新莊北部的旱田水田化，單位面積產量大增，使得客屬潮州移民有足夠財力興建一座廟宇來奉祀他們的福神——三山國王。由於三山國王是潮屬九縣人信仰的地方神，故潮州人移民外出，必隨身攜帶香爐灰做為護身之用，到台灣來的也是如此，散布全台各地，根據劉枝萬先生的調查，三山國王廟分布較密的地區是今天的宜蘭、屏東、彰化、新竹四縣，所以乾隆四十五年（1780）新莊一帶的客家人創建了三山國王廟——廣福宮，但這也是一個不幸的開始，它給了閩南籍移民一個警兆信

號，客家人勢力壯大了，祖籍意識卻因而高漲了。

三山國王廟的興建因素很多，除了上述外，還有一因，根據今存廟裏古碑「奉憲示禁碑」的碑文，讓我們了解乾隆十五年時的潮州移民領袖劉偉成、劉能詒、黃其進、黃初日等人不甘被地保不斷地勒派出錢，且乾隆十一年起，一再向淡水同知稟告，再立碑禁止勒派，但這些碑因立於土地祠中缺乏護持而遭人故意毀損，不得不另建新廟，置於客人廟中而有所依託。這說明了閩粵移民因賦稅攤派產生矛盾糾紛。加上劉家開鑿圳溝時「率眾數百人壅水築圳」，霸占張厝圳的水源。這種種一切，突顯了閩粵的不和與爭執，而廣福宮的興建，無異宣告明朗化，更是對閩南人的一種挑釁。

道光六年（1826），今苗栗中港溪一帶爆發閩粵械鬥，此後數年，彼此造謠分類，互相殘殺，十四年蔓延到八里坌、新莊一帶，直到道光二十年，中英鴉片戰起，英艦進窺台灣，台北情勢緊張，粵人變賣產業，遷到今桃園、新竹、苗栗一帶粵人地區後，才暫告一段落。粵人移出去後，廣福宮的香火立衰，廟也乏人照顧，道光二十六年廟雖一度重修，但無補大局，直到光緒八年六月十六日為附近民宅火災波及而燬於大火。

光緒八年的大火，使得廣福宮成為一片殘垣敗墟，直到明治廿一年（光緒十四年，1888 年），才由新埔的潮州人陳朝綱等人呼籲潮屬九縣百姓醵金重建。民國 25 年再度重修，由當時在新莊街役場任助役的鄭福仁聯絡客屬同學友人到各客家人莊募捐才得順利整修，而住在新莊的閩南後裔都不願出資。

可笑！一座廟的興建，突顯了當年台北平原的閩粵移民，從合作，容忍以至矛盾，衝突的過程，這一頁血淚史給了我們什麼

教訓？是的，不要中了那少數無聊無恥的政客老是在那裏挑撥省籍意識，說什麼台灣人，外省人，不要忘了台灣人還要分為：泉州人、漳州人、客家人、以及漢人、平埔族、高山族，這那分得完呢。

客式建築的廣福宮

　　清代台灣的廟宇幾乎都是自閩粵敦聘司傅來台興建，因此台灣建築可以分成閩、粵兩大系，閩系可分成泉州派、漳州派、福州派（三山派），粵系又可分成潮州派、廣東派（有人又分成廣州、嘉應州）。大體上，泉州人分佈的地方，如台南、鹿港、艋舺各屬泉州風格；漳州人分佈的地方，如台中、桃園、板橋、基隆等地多屬漳州風格；福州式則多散在台南府城裏，粵系的則分在桃園、新竹、屏東一帶。因而在泉州遍佈的新莊，出現一座粵系建築廣福宮，值得我們特別注意欣賞。

　　廣福宮為客家人集資興建的廟宇，而其格局、屋架、屋面的形式大體上看與閩南傳統做法相似，很可能是光緒十四年重建時，聘請當地閩南師傅興建的關係，更何況台灣建築基本上同屬南方建築，我們很難逐項列出說明何者是閩南建築，何者是客家建築，因為很多建築都是同時帶有客家與閩南色彩，產生融合現象，以下我們試著列舉幾項說明，供各位讀者參觀時特別注意一下：

一、凸起的礎石

　　廣福宮的山門龍柱柱珠下的礎石是凸起的，像覆倒的臉盆，這種做法和閩南式建築中礎石與地面齊平的做法不同。柱珠的目的原為隔斷潮氣，以補救木柱易腐的缺點，故一向以石材為主。漢代以前礎石簡樸；到六朝受佛教影響，開始有許多複雜樣式，如覆盆、蓮瓣等；直到明清以後，官式建築又恢復簡樸形式，改用薄如鏡面的石材，稱之為「古鏡柱礎」。而台灣建築的柱礎則由鼓型發展為多層式，其旁有許多雕刻紋樣，由於柱子承受載重較大，故柱珠下方又用一塊礎石埋入地面以荷重，與古鏡直接以礎石凸出，雕成弧面的柱礎不甚相同，廣福宮山門龍柱下的柱礎很可能就是從前礎上加礩的做法，只是礎與礩的型式有所改變。類似的作法，做為汀州會館的淡水鄞山寺，門前龍柱下也有這樣礎石，很有可能是客家建築特有的構件形式。

二、雙層馬櫃台

　　屋身正立面牆的最低層，常雕成矮櫃台形，以作為牆身的收頭，俗稱「櫃台腳」，又因柱腳部常雕成馬蹄形，所以又稱為「馬櫃台」。閩南式的廟宇壁堵有頂垛、身垛、腰垛、裙垛及最下面的馬櫃台，腰垛多類似滌環板的形狀，以不施雕為原則，至多僅是一些浮雕或線雕。但是廣福宮山門壁堵中石雕身垛與裙垛之間的腰垛，居然是櫃台腳式，形成一面牆有雙層的馬櫃台，幾乎是全省惟一僅見的。

三、矩形木樑

閩南式屋架的通樑多是兩頭削平的圓形斷面,然而廣福宮的山門與正殿的步通俱為矩形斷面的構材,廣東式建築常常用矩形的通樑及方柱,此外該宮後廂廊的柱、通,以及立筒也都是矩形的構材,十足客家風味。

四、綠釉花磚與斗砌牆面

該宮正殿背牆上方有兩個綠釉桂花磚的氣窗。目前在台灣這種花磚許多地方還能看得到,其實早先客家人用的最多,可能傳自廣東,是客家人的一種習俗。牆面及台基均以紅磚斗砌,斗砌紅磚與綠釉花磚這種對比的配色在新竹地區的民宅最常看到,富有客家建築色彩。

五、烏磚的白粉牆

烏磚與灰瓦是客家建築常用的材料,在客籍住民較多的桃、竹、苗,常可見到烏磚灰瓦的古宅,樸素的外觀表現出客家人節儉的個性。廣福宮屋面用的紅色的筒瓦與板瓦,正殿與山門的牆也以紅磚砌成,與閩南建築相似,比較特別的是後廂廊與後殿卻用乾隆年間的烏磚砌承重牆,斑剝的烏磚牆似乎在訴說著歲月的滄桑。此外,客家聚落很喜歡在室內外用潔淨清爽的白粉牆,廟宇也不作雕繪壁飾,表現客家人保守、愛乾淨和節儉的特性。廣福宮不但有烏磚砌起的白粉牆,甚至廟中使用紅磚砌牆的部分也以相同手法做成一致的白粉牆外貌,這些都是廣福宮表達客式特徵的地方。

　　另外要特別提出一辨的是，廟內的木雕構件完全未上油彩，有人說這是客家特色，也是全省唯一末經油漆的原木殿建築。其實不是，上彩對木構件有保護作用，之所以未上彩，有二說，一說光緒十四年蓋廟時，資金用盡，不得不暫停，等再募到油漆費用，時台灣已割讓給日本，兵馬倥傯中，無人主持其事，遂保留至今；一說油漆費190銀元為某劉姓董事帶走，以致無錢油漆，孰是孰非，事遠難以稽考了。

三山國王變成三仙國王

　　三山國王廟又名廣福宮，因主祀粵東移民守護神——三山國王而得名。三山國王是粵東潮屬的饒平、惠來、大埔、澄海、普寧、揭陽、潮陽、豐順、海陽九縣客家人的福神，粵東民人移台，多奉香火同渡，祈佑平安，於粵莊建廟供奉，奉為守護神。根據民國 49 年劉枝萬先生所作的調查，三山國王廟分佈較密的地區是今天的宜蘭、屏東、彰化，新竹四縣，其次是台中、高雄、嘉義、雲林四縣，正好和客屬潮州人在台灣分佈情形一致，正說明了他們是虔誠奉為守護神，隨著他們腳步散布全台各地，因此三山國王廟的分布也成為研究潮屬九縣移民拓墾的一項資料。

　　台地於清雍正初即建有三山國王廟，也有簡稱國王廟、三山明眖國王廟的。其中以座落於台南市的三山國王廟最具特色，是全省現存唯一的廣式建築；香火最盛的是彰化縣溪湖鎮的霖肇宮。台灣北部則以新莊的廣福宮，土城的慶安宮為代表，兩廟由於信徒少，平日香火都難以維持，無力整修，呈現破敗情況，也因此保存了建築原貌，於台灣古建築史的研究有莫大的價值。

三山國王究竟是怎樣的神呢？三山國王是廣東省揭陽縣阿婆墟的明山、獨山、巾山等三山的山神總稱，屬於自然崇拜的遺留，不過愈到後來，附會愈多，各種奇奇怪怪的傳說愈多，例如：

一、說隋代時有神三人，現身於巾山，自稱是昆季兄弟，受命於天，分鎮三山。降神之日，招鄉民陳姓者為從屬，封為將軍。以後赫聲靈濯，鄉人遂尊為國王，以為界石之神，水旱疾疫，有禱必應。

二、有謂三山國王之大國王叫連傑字清化、二國王趙軒字助政、三國王喬俊字惠威，皆允文允武，於南北朝時助楊堅完成帝業，並結為兄弟，被封為開國駕前三將軍，後退隱修成正果，隋恭帝時封為三元帥。宋代時顯靈，助宋太祖打敗劉鋹。宋太宗北伐北漢時，再次顯靈助陣，大敗劉繼元，凱旋之日，城上雲中出現「潮州三山神」旗幟，於是詔封連清化鎮守巾山，為威德報國王；趙助政鎮守明山，為明肅寧國王；喬惠威鎮守獨山，為弘應豐國王，後世因此奉稱三山國王。

三、據說唐代潮州山賊為患，山神助官軍剿匪，敕封為三山國王。又傳宋末陳有連叛亂，宋昺帝討之，麾下九十九將均告敗亡，帝得山神之助而脫險，事後查明而封為三山國王。或傳宋代文天祥立宋端宗於福州，元軍追逼，張世傑奉帝逃至潮州，為河所阻，追兵將至，忽見對岸三山有軍旅來救駕，帝始得脫，以為三山之神所祐，遂封為三山國王。

其實這一切種種附會傳說全起源於宋代，前述宋太宗征太原，得山神之助，遂詔封巾山為「清化威德報國王」、明山為「助

政明肅寧國王」、獨山為「惠威弘應豐國王」,賜廟額「明貺」,
在當地增廣廟宇,歲時合祭,這才是真正「三山國王」的由來。
以後訛傳瞎扯,遂變為三個異姓兄弟,還居然有名有姓,叫「清
化、助政、惠威」,真是荒唐可笑。尤為可笑的,附會到後來,
居然說南宋亡國之君趙昺為巾山神,忠臣張世傑為獨山神,陸秀
夫為明山神。更妙的是,經過嘉慶以來的激烈械鬥,原先散布台
北平原各地的粵人,退居到今天的桃、竹、苗和宜蘭等客屬地區,
成了明確分區聚居的現象。俗云「跑了和尚跑不了廟」,閩南人
接收了廟宇,照祀如儀,卻將三「山」國王改成三「仙」國王,
變成了劉、關、張桃園三結義的三仙國王,令人啼笑皆非。

　　在三山國王廟中,常常可見到廟中懸掛對聯,稱頌神明掩護
宋室南渡的字眼,為何如此呢?這是每逢中原有戰亂時,客家人
都會零星南遷,從永嘉之禍、安史之亂,直到宋室南渡,才有大
批客家人南遷到福建、廣東邊境,成為今日客家的先祖。因此客
家人每以三山國王為掩護宋室南渡有功,以表示其自北而南遷徙
的歷史,及濃濃的思鄉懷舊情緒。另外,三山國王廟中往往附祀
韓文公祠,這是文起八代之衰的韓愈——韓昌黎。由於唐代元和
十四年,韓愈因諫迎佛骨之事,遭貶為潮州刺史。適逢潮州一帶
霪雨成災,潮民群眾向三山神祈禱,於是雨過天晴,十分靈驗,
韓昌黎命人以羊豕二種的少牢禮祭祀三山神,以為答謝,有此一
段佳話,加上韓愈開發潮州有功,後來粵人往往將之合祀在一
起,以為紀念,在此附帶一提。不過,近年來學者邱彥貴不斷地
研究,指出三山國王是「粵東」人的信仰,不光是「客家人」的
信仰,是一新說。

慈祐宮前古渡頭

　　慈祐宮位在新莊路 218 號，從慈祐宮門前至保元宮間之溪水河岸，應當是昔日新莊港埠地點，今保元宮內還存有乾隆四十一年的古匾，附近老榕樹下，過去有一乾隆四十六年閣淡紳衿士庶給鄭朝安的去思碑，表達老百姓對這位好官的留念。

　　慈祐宮據說創建於康熙二十五年，較確切者，雍正九年已有，以後歷經乾隆四十四年、嘉慶十八年、同治十三年、民國 16 年、58 年，及近年的翻建，是一座歷史價值極高的廟宇。慈祐宮的歷史可謂和新莊的繁榮，同起同落，早年新莊市極為繁榮時，港口即在該宮對面不遠的淡水河邊，每天起貨、卸貨，船隻往來大溪、三角湧、大浪泵、淡水、錫口（今松山）、水返腳（今汐止）、擺接（今板橋）等地，帆檣雲影，熙攘不停，慈祐宮也因為地勢之利，香火鼎盛，廟產龐大，殿宇侖奐，其富其美，夠人咋舌半天了。

　　慈祐宮廟右是新莊市農會及彰化銀行，該宮因位在街市區，整座廟建築呈現長條形。接近廟門，一眼即可望見直立蹲坐的石

獅，石獅彫於嘉慶十八年，其刻工手法及形式類似松山慈祐宮及淡水福佑宮前的兩座石獅，應該是出於同一位師傅的作品。步入莊嚴蕭穆的高大廟門，右邊可看到數塊石碑，其中以同治十三年所立的重修碑極具歷史價值，此碑不但詳細列出了當時捐廟宇的行號商舖，並且開列了修建了此廟所需材料，向何行號購買，花費多少，是研究清末台灣建築史、商業史、經濟史一絕佳文獻。

正殿奉祀天上聖母，左右分立耳將軍、目將軍。廳上、柱上掛有刻有許多古匾和對聯，如乾隆四十年的「德參天地」匾、嘉慶十八年的「利濟參天」、「海宇攸寧」……等等，其中又以前殿右側上方兩古匾最具價值，該匾廟方為安全起見已收藏起來，內容是記載乾隆四十三年信徒李武侯、李維之二人捐獻三百頃土地的紀錄，匾上詳刻地圖為證，這塊土地即是位於三峽、土城之間的媽祖田，最近因建北二高，被政府徵收一部分，賣了四千多萬元，可想而知他的價值了。正殿兩旁尚有嘉慶丙丁（二十一）年魏錦瑞、黃君佐、楊仰峰、黃金印、劉文泉等人捐獻的福德老爺及伽藍老爺的神像神龕。兩邊還有日據時期，昭和 2 年信徒捐獻的一對柱，均是難得一見古物。

後進殿中，奉祀觀音佛祖，左邊陪祀註生娘娘，旁立二婆姐，木彫的傳神及髮型尤值得我們再三欣賞。殿上仍有許多古匾對聯，如嘉慶十八年的「慈照無邊」、光緒元年的「苦海慈航」，值得一提，且令我私心竊躍的是幾座古碑，其中有嘉慶癸酉年（十八）年重修廟宇時捐贈資助的行號人名，幾乎包括新莊所有商店，是研究新莊、北台經濟史一最好材料，碑文中出現了「眾廈郊課館」字句，這是我十幾年來研究的題目素材，如今出現在眼前，怎不令我高興呢！此外，後殿木刻的花堵，精巧細緻的蓮葉，

採留白手法，空心多木質少，只見細莖幾株，殘葉迎風，鷺鷥緊抓住蛙腿不放，浮蓮、殘葉，迎風搖曳；鷺鷥、青蛙，似逗似殺，木彫情趣盡浮眼前。

慈祐宮後原有一座後花園，小橋流水倍極精緻，可惜自從新莊港埠地位衰退後，港區成了市場，河水遠遠的退在一邊，慈祐宮香火也不再熱鬧如往昔，當年的金碧輝煌、亭台樓閣、小橋流水，都已不復往昔光采，滄海桑田之變，消逝許多舊有文物古跡。步出廟門，看著熱鬧的新莊古街，如今也不行了，據說此條街原位在蛇穴，風水極佳，自從新海大橋一建，截掉蛇尾，破了風水，從此街的南方不行了，俗稱「活尾死頭」，是耶？非耶？

不管怎樣說，慈祐宮還是有它吸引人的地方，尤其是它悠久的歷史，古老的碑匾，常吸引著遊客、歷史家前來探訪。

武聖關公大家搶著拜

　　廣福宮是客家人所創建，武聖廟似乎也與客家人脫離不了關係。

　　武聖廟位在新莊路 340 號，建於乾隆二十五年（1760），是汀洲客屬貢生胡焯猷等人倡建的，位於慈祐宮之南。

　　嘉慶二年重建時，廣東嘉應州人張穆捐獻錫口莊的田園，作為廟中香祀之資，在在顯示了客籍移民的雄厚財力與此廟之關連。道光元年（1821）的重修，除了王會、高玉峰捐資外，板橋林家的林平侯也捐了不少錢。

　　今天大家習慣稱呼「板橋林家」，事實上台北地方豪族林家，最早在乾隆四十三年至道光二十四年，卜居於新莊，後因械鬥一度移居桃園大嵙崁，但究竟脫不了身，道光二十六年在漳人強烈要求下，移住板橋，大事招募兵勇，戰勝泉人，從此林家成為台北地方漳人之首領。亂平，並建設街市，此後板橋地位日見顯要，也因此大嵙崁和新莊並稱為林本源發祥之地。林家有錢，為善不落人後，林維源母親鍾氏為救恤晉豫兩省飢民，曾捐獻 2 萬兩，

清廷賜鍾氏「尚義可風」匾，並追贈鍾氏三代一品銜。是故新莊本有林本源旌義坊一座，建於光緒六年四月，題有「尚義可風」，該牌坊原在台汽客運新莊車站附近，因建車站時，竟遭拆除，石材被棄於地藏庵中。妙的是牌坊上的聖旨牌，被移置在板橋林家三落舊大厝的門前大埕一隅，遊人不知，還以為當年林家欽賜「聖旨」一道，文武官員奉旨要在此下轎、下馬敬拜一番呢?!

　　道光元年的重修，擴建了三殿，多因林家的捐獻。但咸豐三年漳泉的慘烈械鬥，關帝廟被焚燬。同治四年起，陸續重建添建，至同治七年告一段落，今前殿還有同治乙丑年（四年）鄭子印、鄭子盆捐立的石柱，正殿中有同年林奠國、高國賓兩人捐立的兩對古柱。武聖廟的重修石碑字蹟多已模糊不清，較值得一提的是，後殿兩側過水廊牆上木刻古碑，是同治七年所刻，詳述武聖廟的成立經過，其書法用筆圓潤，秀麗典雅，難得一見的小楷，令人佇足再三品嘗。

　　武聖廟正殿供奉關羽，右祀關雲，左祀周倉；後殿奉祀歷代聖賢神位，整座廟有不少的古聯、古匾，處處敘述這座廟的故事，從乾隆二十五年的創建，歷經道光元年、同治七年、民國34、68年的重建；從當年武廟的最早稱呼，歷經關帝廟、武聖廟的名稱，在在說明了關公在中國歷史的地位變化，及新莊武廟的歷史滄桑。

　　中國之有武廟，始於唐初，崇祀者為太公望，配祀張良，關羽為從祀者之一。宋初一度除名，後又列入。到明初退除關羽的從祀，但另外建關候廟紀念，直至清代咸豐年間始改名為武聖廟，這也是新莊武廟改成「武聖廟」的由來。民國3年政府創立「關岳廟」制，民國4年內務部頒佈各地關岳廟祭祀，規定正位

左奉關壯繆侯，右奉岳忠武王，從祀者有張飛、趙雲等 24 人。

崇信關帝者，由帝王而至庶民，三教九流無不崇拜，所以尊稱特別多，信佛教的稱「護法爺」、「伽藍神」、「蓋天古佛」；信道教的稱「協天大帝」、「翊翔天尊」、「武安尊王」、「崇富真君」、「三界伏魔大帝」、「關恩王」、「恩主公」、「關帝爺」、「帝爺公」，信儒教的稱「山西夫子」、「文衡帝君」、「關聖帝君」、「山西關夫子」、「文衡聖帝」；其他還有「關二爺」、「關壯繆」，「武聖人」、「武聖帝君」、「關帝」、「關羽」、「關雲長」等等俗稱、諡號、姓名。在台灣泉州人喜稱祂為「文衡聖帝君」或「伏魔大帝」，漳州人則稱為「協天大帝」。

好玩吧！一座廟居然有這麼多廟名，一尊神居然有這麼多別稱，也說明了中國民間信仰的複雜。

新莊市的老街道

　　新莊正處於曲流的凹岸，使新莊成為良港，這是新莊繁榮的主要原因。當時的新莊古街——新莊街，港區市集到處是熙熙攘攘的人潮，有農人、糧商、船戶、店舖、內地商人、郊行，熱鬧滾滾，被形容為「市肆聚千家烟火」，新莊街在雍正乾隆年間已是北台的政治、社會、經濟中心。

　　新莊街是怎麼形成的？我們從新莊街中諸寺廟創建的先後可以大體上了解。最早是雍正九年（1713）建的慈祐宮，其次是乾隆二十五年（1760）的武聖廟，再次是乾隆四十五年（1780）的三山國王廟。武聖廟在慈祐宮之南，三山國王廟位在北，三座廟幾乎以等距離聳立在新莊街上，大抵三廟之間的街市就是原始街市，慈祐宮、武聖廟之間，應即是興直莊街市；而「破城仔」、三山國王廟之間，則為興仔莊的街市。三山國王廟以北，山腳莊岔道口（今新泰路）以南的街市，大約是乾隆三十年以後，沿著後村圳逐漸發展出來，當年張廣福的收租公館，即在全安里一帶。而後村圳以西地區的發展較晚，「鹽館」與「破城仔」隔岸

而峙，板橋林家昔日居處地亦在慈祐宮後隘門之外，那是乾隆中期以後的建築了。簡單地說，當年新莊的街市，是沿著淡水河修築的，一條街市蜿蜒兩公里，東至供奉池府王爺的保元宮，西至今輔仁大學門前的土地廟，北端約為地藏庵。

這條街道，兩邊緊密地蓋滿了房屋，一幢接著一幢，街道是用大陸運來的紅磚舖砌的，兩邊的建築物，通常是 14 尺～18 尺寬，擁有數進的深宅，在前後進之間設有庭院、天井。可惜今日已拆毀重建新式屋宇，還好剩下 1、2 間內部尚保留本來面目，但靠街的店面已是現代化的裝潢。最可惜的是，泉州人蓋房子時，總會在屋脊上塑造一個瓦碗，作為避邪厭勝之用，所以每屋一碗，蔚為特色，到今日，這些古老習俗已不復見到。

新莊街春秋屢易，卻難以保持原狀。位在凹岸的新莊由於河川的侵蝕作用，每逢水災，大水沖擊下，河岸屢屢崩塌，使得昔日沿河而築的碼頭、街市蕩然無存，甚至連貫通河岸的小路都消失，如今碧江街曲曲折折，斷斷續續，便是一例證。另外，三山國王廟附近地形也是一例。三山國王廟位置極為奇特，新莊街在此稍加曲折，折角為對面的福德祠，福德祠座東朝西，正好與三山國王廟成對直角而對沖，擋住部分視線，否則從國王廟門口，即可直望淡水河。通往淡水河的窄巷即為碧江街，碧江街尾還有一座文昌廟，三個廟鼎足而立，誠非偶然，再次說明這條古街的屢屢變易。

咸豐三年的械鬥火拚，焚燬了新莊街的廟宇舖戶，日據期間，經過大正 9 年的改正取直街道，在在都改變了古街的面貌形狀，不過幸好後村圳可以看出原始風貌。後村圳大略沿著街的後側開鑿，同時具有灌溉、排水、防火、防禦、供水等功能。古代

治安欠佳，新莊居民在街的兩端和交通孔道的圳橋上，以及隘路上設置隘門，如慈祐宮南側，後村圳上猶有昔日橋邊的隘門與屯堡遺跡；278 巷的圳邊，也殘留著隘門痕跡；武聖廟後殿牆壁，沿圳而築；昔日破城仔的殘垣，矗立在大觀街稍北的圳邊；又如後村圳在新泰路和登龍街之間的蜿蜒曲折，一方面提供了當年古街曲折原始風貌，一方面提供了這些沿圳而築的隘門之防禦功能。

　　簡言之，新莊街前臨淡水河的天塹，後鑿圳渠，背圳各宅緊密相連，後牆修造堅固嚴整，就等於是城牆與護城河了，這樣一個嚴密、封閉的防禦網，加上具備城門功能的隘門，新莊根本沒有築城的需要。這也解釋了為何新竹、桃園、中壢、板橋都有築城紀錄，獨獨新莊這麼一個繁榮富裕，是盜賊眼中一塊肥肉，卻居然沒有築城工事。

　　新莊平原的完善水利灌溉設施，使得新莊平原成為全省重要產米區，產米既多，必定輸往大陸閩、粵、浙，至少每年高達二十萬石以上，因此古街上有一條米市，一條滎和街，街上住戶都是富家巨商，不但賤業（指色情行業）、賭博、餐飲業不得進入，連會產生噪音的舂米也不得進入。不但如此，新莊傳統手工業也集中在古街，譬如麥芽糖、麥桿玩具、紅龜、麵龜、菜頭、棺木、木彫這些特產聞名北台，其中製飴工業，至日據時期仍稱為全省之冠。此外，尚有布袋戲、皮猴戲等等鄉土藝術，古街中猶存「戲館巷」的雅稱，可嘆小西園布袋戲也遷到台北了。新莊人，你們今天還有那些傳統手藝可以拿出來誇耀呢？

寂寞的文昌廟

　　文昌廟位在新莊市碧江街 20 號，即三山國王廟對面小路尾端，平日極少人至，所以廟門深鎖不易入內參觀。廟中正殿主祀文昌帝君，並有嘉慶二十年關渡弟子所獻立的「天下文明」古匾，及道光四年皖桐人詹英立的「著儀範世」古匾，較特殊的是殿前大香爐刻著「慈祐宮」，原來文昌帝君、天上聖母、觀音佛祖是慈祐宮奉祀三主神，文昌帝君崇祀在偏殿，但在光緒元年（1875）遷到現址。

　　根據連橫《台灣通史》記載：「文昌祠在興直堡新庄莊，嘉慶十年縣丞曹汝霖捐建」，可知新莊地區文教發達之早。清代時台北地區的新莊、板橋、大龍峒、滬尾、艋舺等地均有文昌廟，有時被充為學舍，聘請西席在內教育子弟。每年的二月初三文昌帝君聖誕，舉人、秀才、教師及一般讀書人，在這一天要齊集文昌廟，舉行三獻禮的祭典。平日各書房，也都供奉孔子或文昌帝君，視他們為文學、科舉之神，每天都由學生祭拜，祈佑聰敏讀書，順利上榜。

關於文昌帝君究竟是什麼神呢？民間傳說紛紜，簡單地說，一說為人神，一說為天神。文昌帝君之為人神，據說是西晉末越巂人（今四川西昌縣）張亞，又名張善勳，後居四川省梓潼縣七曲山，仕晉戰歿，眾人為立廟祀之。唐宋時累封至英顯王，道家稱之為「梓潼」，掌文昌府事及人間祿籍。元朝時加號為「帝君」，每歲二月三日朝廷遣大臣致祭，極盡隆盛。明景帝時於京師新建廟宇，敕賜「文昌宮」額，此後遂稱為「文昌梓潼帝君」，略稱「文昌帝君」，奉祀帝君的廟宇簡稱為文昌祠。

但是大約從宋代以後，突然冒出了五位文昌帝君，即梓潼帝君、朱衣神、魁斗星君，孚佑帝君、關聖帝君，合祀稱為五文昌。

朱衣神又稱為朱衣星君、朱衣使者，為關帝前身元神，協管文昌宮及武曲星，文昌主文運，武曲主財帛，所以朱衣神除本職外，兼佐文昌及財帛。民間傳說宋代歐陽修知貢舉，每次開卷批改，總覺其旁有朱衣人在點頭暗示入選，因此公有詩云「文章自古無憑據，惟愿朱衣一點頭」。其實是宋代試官喜穿朱衣，取義於「朱衣神佐文運」，故士人學子因而奉祀。

孚佑帝君即呂洞賓，至於為何列入五文昌之一，民間傳說或正史筆記均未提及，暫闕待考。

關聖帝君即關公，據說死後封為南天門「文衡聖帝」，權衡文運，故奉為五文昌之一。

魁斗星君又稱文魁夫子、綠衣星君、綠衣帝君，一般戲劇或春秋三獻禮中有進「魁甲」節目，該魁星踢斗角色均著綠袍，至於為何不穿其他顏色，或者是「祿」、「綠」二字形似音近所致，由於資料不足，尚待進一步考證。

此外，相傳梓潼帝君身旁有二從者，一曰天聾，一曰地啞，

實富有暗示深意，蓋不願人之聰明用盡，故假聾啞以寓意，也就是要人大智若愚天巧若笨，不要炫耀才智的意思。

　　至於天神之說指文昌星，屬紫微垣。就廣義言，凡司科甲主文運的星宿，皆名文曲星或文昌，所以「文昌六星、三台六星、文曲星、天魁天鉞二星、奎宿十六星」等，均稱為文昌星。就狹義言，專指文昌宮第六司祿星為文昌，北斗第四天權星為文曲星。綜而言之，文昌、三台、文曲、魁鉞、奎星等，合稱為天上五文昌。以下簡單介紹之：

（一）文昌——《史記天官書》記載文昌宮有上將、次將、貴相、
　　　　司命、司中、司祿六府，其中「上將建威武，次將正左右。
　　　　貴相理文緒、司祿賞功進士，司命主災咎，司中主左理」，
　　　　六顆星各有專名及權掌，形如半月。前述梓潼帝君主掌文
　　　　昌宮兼司祿府，董理天下文運祿籍，故為士人學子所崇奉。

（二）三台——《晉書天文志》說三台有六星，其中「二星曰上
　　　　台為司命，主壽；次二星曰中台為司中，主宗室；東二星
　　　　曰下台為司祿，主兵」，與文昌宮的司命、司中、司祿相
　　　　同。

（三）文曲——北斗七星中，前四星為魁（天樞、天旋、天璣、
　　　　天權），後三星為杓（天衡、開陽、搖光），合為而斗，
　　　　所以廣義的魁星指前四星。至於狹義專指第四的天權為
　　　　「文曲星」，合稱文曲魁星，略稱文魁，或尊為文魁天子。

（四）天魁天鉞——即星相命學家指稱的天乙貴人，為司科之
　　　　星，得之者聰明智慧。

（五）奎星——廿八宿之一，北方玄武七宿之首，主文昌，所以
　　　　皇帝寫的文章稱為「奎章」。妙的是顧炎武在《日知錄》

中指責士子以奎為文章之府，故立廟祀奉。而不能像奎，
改奎為魁，又不能像魁，而取其形，作出像鬼舉足踢斗的
神像造形，忽略了奎為北方玄武七宿之一，魁為北斗第一
星，根本不同。

　　以上所述，即古代民間俗傳的天上文衡「五文昌」星。從上
面各項文獻綜合看，很明顯文昌帝君有二：人神指的是梓潼帝君
張亞子；天神指的是北斗的文昌六星，不過顧炎武力持異議，他
認為「奎星」才是文章之府，今人以「魁」作「奎」，實在是大
錯而特錯。

　　管他誰對誰錯，如今的文昌廟地居僻地，乏人問津，廟牆外
隔一條小巷即是大馬路，新海大橋下來的車子來往奔馳，任誰也
不瞧一眼。深鎖的廟門，古老的榕樹，斑駁的廟牆，默默靜靜一
任時間的流逝，這個時代，讀書人是寂寞的！

地藏庵兩邊不一樣

　　地藏庵，俗稱新莊大眾廟，位在中正路 84 號，昔日新莊街北端，始建於乾隆二十二年（1757），信徒之多，是新莊地區數一數二者，本廟興建的原因是當年附近有公墓，由於年久風雨沖蝕，很多無主孤墳都破損，露出白骨，人們不忍坐視下去，再加上新莊街雖然繁華，卻沒有一座祈求陰府平安的廟宇，於是就建立地藏庵來奉祀地藏王，同時也奉祀那些無主的孤墳枯骨，尊稱為大眾爺。當時主奉地藏王菩薩，北殿配祀目蓮尊者，南殿配祀文武大眾老爺。西廡從祀董府大老爺演變至今日，神佛可多了，除了地藏王本尊外，尚有觀音菩薩、三寶佛、註生娘娘、境主公、池頭夫人、陰光神、大眾爺、七爺、八爺、洋洋灑灑，成了常見的「神明百貨公司」。

　　道光十四年後，淡北屢屢發生械鬥，社會混亂之下，治安連帶不好，居然有白晝攻家截途之事，新莊頻受其害，使得新莊的同安人遷往大稻埕，客家人敗走桃園、中壢，在械鬥中陣亡的孤魂，全部奉祀於地藏庵的邊殿，全都成了文武大眾老爺，香火比

正殿的地藏王菩薩還盛，頗有喧賓奪主之勢。加上大眾老爺威靈顯赫，自清代以來，每年五月初二的大眾爺祭日，舉行盛大祭典，抬著神輿在街上遊行，參加的信徒特別多，所以人們習慣稱此廟為「大眾廟」，反而「地藏庵」之名不傳。到了光緒元年，新莊街的張廣福與頭前庄的陳源興等人，發起募捐重修。宣統三年，又有黃光謙等七人再度發起重修，不足之數由鄭天館一人獨力負擔。還有附近的道路，是宣統二年時，由辜顯榮所捐闢，因此據說辜家人生病時，到該廟一祈禱就好了。至於光復以來，曾在民國 61 年大修過屋頂一次，直到今日。

　　大眾廟的修建，最值得一提的民國 26 年修建時兩派司傅的「對場建造」。清代台灣寺廟的建築匠師多來自閩粵的唐山匠師，以後往往長期從事寺廟的設計與建造，在台灣居留下來，逐漸同化為本地人。至本世紀初年，在台灣形成所謂的北派、南派；北派指的是漳州匠師，南派則是鹿港及台南一帶的泉州匠師。其中影響力較大且現存作品較多的是泉州溪底匠師、漳州匠師及來自粵東的客家匠師。漳州的特徵是斗栱細部雕飾較多，螭虎栱被發揮得淋漓盡致，此外又擅長磚工，運用紅磚與青磚交替疊砌，作出「和獅線」，又有磚雕貼壁，磚刻之精美令人嘆賞。泉州匠師則重視大木作屋架，所謂「泉派重節路，漳派重栱路」，正是此意。

　　北部方面，自從道光年間客家人退至桃園台地後，粵匠幾乎消失，僅有少數幾位留下，新莊的曾文珍即是代表之一，光緒年間重建的新莊廣福宮即出自他的設計。另外，廣福宮的石雕亦出自粵匠，步口廊牆腰板使用「地牛」及龍柱下的覆盆礎石，均是粵派特色。曾氏的傳人吳海桐後來成為北部名匠，活躍於日據時

期，彰化南瑤宮、鹿港天后宮、三重先嗇宮、新莊奉天宮等都是他的作品，海桐司作品的特徵是他處理歇山重簷式的大殿別具工夫，喜用圓斗，「看架」及「網目」的技巧變化很多。可惜到了他的孫子輩，工藝失傳。當時與海桐司搭配的石匠有新莊街的張安水，泥水匠有山腳的李屋，及板橋的石天養。

光緒年間，板橋、中和一帶也出現一支漳州匠師，至日據初年，陳應彬脫穎而出，成為北部漳派首席大木匠師，其作品有北港朝天宮、台北保安宮、木柵指南宮、台中林祖厝等，彬司的作品特點為龍柱的柱頂有芼莨葉狀的花座，瓜筒精細，渾圓優美，此外喜用八角斗，斗腰上彩繪星狀。彬司最後一個作品是民國 26 年的新莊地藏王廟。與吳海桐對場。

一座廟宇由兩派工匠，甚或四組工匠合作建造，在台灣不多見，較有名的例子如：新莊大眾廟、萬丹萬惠宮、中和福和宮、關仔嶺大仙寺、中港慈裕宮。對場時，兩方的大木匠師應先協調各部尺寸，各堵花樣所有範本，要配合得宜，最重要的四點金柱及步通深都必須與石匠配合。建造過程中，各出花樣，爭奇鬥勝，當然，要緊的是工期進度要互相配合。不過對場興建難免傷了兩派和氣，往往一根中脊樑的兩頭由兩派施工，到後來上樑竟搭不上柱子，這時誰是誰非可就扯不清了。對場的好處是廟方可壓低工資，另以賞金鼓勵雙方互顯神通，所以整個廟宇粗看雖不協調，但差微不易被一般人看出，且因是競賽作品，往往有超水準的成績出現，新莊大眾廟即是一成功作品。該廟右邊為彬司所建，左邊為海桐司作品，兩邊的斗栱網目花樣不同，在這種情形下，尺寸必相同才銜接得起來。下次讀者們去參觀大眾廟時，要特別注意一下，整座廟兩邊完全不同，這是少見的名匠師「對場」作。

地藏庵裏的奇怪神明

　　七月廿九日是新莊地藏庵的祭日，前一天要放水燈，作普度，祭典盛大。地藏庵是以地藏王為本尊，地藏王菩薩又稱幽冥教主、或酆都大帝。道教相傳幽冥教主總裁十殿閻羅王，專司人間善惡，為善的人引度到西方極樂世界，惡人使墜落地獄，因此民間弔祭死者亡魂，必先祀地藏王。廟裏所見到的神像，多坐在靈獸地獁之上。此獸形狀像虎豹而小，名叫「諦聽」，耳朵聰敏，協助教主判別眾人生前的善惡。

　　不過在佛教中可不是這樣說法了。據佛典本願經，謂釋迦佛入滅，囑咐地藏王救度「天道、人道、阿修羅道、畜生道、餓鬼道、地獄道」等六道眾生。地藏菩薩發大宏願，引導在五濁之世的迷界眾生，常現身地獄中，以救眾生之苦難，俗稱「地獄不空，誓不成佛，眾生度盡，方證菩提」。至於地藏一名由來，出自地藏十輪經中「安忍不動如大地，靜慮深密如秘藏」。而事實上，佛家經典所載之地藏，固與地獄有關，除上述地藏菩薩外，尚有檀陀、寶珠、寶印、持地、除蓋障、日光等六地藏（一說地藏、

寶處、寶手、持地、寶印、堅固意六菩薩稱六地藏），及延命地藏，勝軍地藏等等。

以後民間愈傳愈離譜，有說地藏王與目連尊者為同一人者，有說地藏王於釋迦滅後一千五百年，唐太宗貞觀四年降生新羅國，姓金名喬覺。於唐高宗永徽四年 24 歲時，由朝鮮航海至江南池州府青陽縣九華山修習，端坐九子峰頂 75 年，於唐玄宗開元十六年七月卅日夜成道，享年 99 歲。

不過，正殿大門的題聯頗有深機，值得大眾省悟：「五蘊皆空，不生不滅不垢不淨，眾緣如幻，大機大用大慈大悲」。正殿神龕上方有一橫匾「普濟眾生」，係白先勇的父親白崇禧將軍所題；另有嘉慶乙丑年（十年，1805 年）所立的「地藏庵」匾，說明這庵的古遠。南殿奉祀文武大眾老爺，有光緒戊寅年（四年，1878 年）新莊街庄眾立的「德澤英靈」匾。新莊大眾爺廟供奉的大眾爺分成文武，文的指貧病路倒的屍骨，武的指械鬥或亡於兵燹的亡魂，陪祀文武判官謝范將軍，香火比正殿的地藏王還盛。

在台灣到處可以看到有應公及大眾爺的祭祀，是台灣特有的信仰。原來閩粵移民渡台拓荒，初時多單身隻影，輾轉各地，舉目無親，加以蠻煙瘴雨，疫癘流行，械鬥時起，番害亦多，故遺骨荒郊，一任風吹雨打，由於懼其作祟，是以仁人善士收埋枯骨，隨地埋葬，為之建祠，這一來有應公之崇祀便出現了。

所謂有應公，是取「有求必應」之意，公是男性尊稱，女性便稱為有應媽、聖媽、大眾媽。有應公別稱有英公、百姓公、金斗公、恩公、萬善同歸、無嗣陰公、萬恩主、萬恩公、萬善諸公、萬應公、萬善爺、聖公等稱呼。本省祭祀有應公的祠廟，名稱雖不一，但祠廟多建於山地、海岸、鄉郊或田園等處，以其與墳墓

有密切關係，故多在墓塋附近。至於大眾爺，又稱大將爺、聖公、陰陽公、千眾爺，均為成群無依鬼魂。大眾爺與有應公似乎沒有什麼不同，不過在民間俗信中，大眾爺法術比較屬害，是鬼中之屬，地位比有應公稍高。有應公大眾爺的信仰中（日本學者喜稱為義塚信仰），據說有應公對賭博贏錢，大眾媽對尋找失物特別靈驗，所以過去地藏庵大眾爺香火之特別盛，原因即在此，信徒中有不少賭徒有所求而來。

地藏庵右廡內還有一「崩敗爺」神明，專供信徒咀咒發誓用，台語俗諺「咀咒給別人死」便是指此神。所謂崩敗爺，據說就是掌管民刑事訴訟的神，俗信崩敗爺為鐵面無私，公正廉明的執法神，民間有善惡難辨，曲直難分等案件，在過去距官府或城隍廟太遠之鄉區，則就附近小廟向崩敗爺發誓賭咒以解紛爭。不過「崩敗爺」這名字太奇怪了，事實上是鄉愚無知，把「董大爺」訛音混淆了百年之久。

董大爺傳為明代御吏，以公正廉明聞於世，被鄉人崇祀。經查明史，較有可能者，應是董應舉其人。董為明代閩縣人，字崇相，萬曆間中進士，天啟間升為太常。後因陳急務中肯，拔擢為太僕卿，兼河南道御史，經理天津至山海屯務，成效卓著，再升為工部侍郎，並兼理鹽政。不料因權高位重，遭嫉讒害落官，直到崇禎初始復職，因其平素好學任事，居鄉興利除患，海濱民眾感其德，歿後，立詞祀之。

我國奉祀神明，歷代都有其原則，清代規定凡是社稷神祇、崇功報德、護國佑民、忠義節孝、名宦鄉賢則以祀，明代規定凡是法施於民，以死勤事，以勞定國、能捍大患則祀之。足可證明每一種神明之被官方或民間崇奉，皆有其不朽的功績的，董大爺

之被奉祀，便是最好的一例。只是可嘆鄉民無知，不是一知半解
語焉不詳，便是編造一些荒誕不經傳說，董大爺之被訛傳為崩敗
爺，也是一例。

慈悲寺前嘆械鬥

　　新莊市廟宇不少，尤其是古街區，窄窄的老道路，常在街的轉角處出現一座不大不小的寺廟，如三山國王廟、慈佑宮、武聖廟等都是位在交叉處廟宇，這與新莊早期發展有關連。

　　新莊早期為北部最先開發地區，街道建設常沿河成平行帶狀，另有小巷道通大街，但其交叉口多成丁字型，避免十字型，這是基於防禦的觀點，避免巷戰時敵方長驅直入。從這種街道設計，亦可想見當年新莊械鬥之劇，治安之壞。

　　輔仁大學所在地約是清代的營盤口，其後有一塔寮坑，塔寮坑一帶即是當時新莊地區先民分類械鬥的古戰場，經常屍首累累，故在咸豐三年建有慈悲寺以超渡亡魂。慈悲寺位在新莊市塔寮坑壽山路 32 號，距離新莊市中心較遠，今天經過中正路、丹鳳後，右轉壽山路，再經過公墓，即可抵達慈悲寺。

　　慈悲寺算是一座古寺，多年來經過幾度改建，仍然屹立在壽山路。由壽山路步入，可見到慈悲寺的三個山門，正門門題有「慈悲寺」，右右兩門各為「洞天」與「福地」，門聯為「慈幼養老

無礙心，青蓮托舍利；悲天憫人有為法，丹鳳起伽藍」，及「慈謙濟世佛力，顯化托丹鳳；悲切澤民人情，報恩即普陀」。進入寺門後，一眼瞧見正殿的對聯寫著「慈航渡人，楊柳瓶中垂甘露，丹鳳得福；悲心濟世，蓮花座上起慧風，俎豆重光」。轉眼一瞧，右廂現為丹雲社區長壽俱樂部交誼中心，出了側門，廟東有一「萬善同歸」墓。

　　站在寺前，想起「慈悲」兩字，想起了「地藏庵」、「文武大眾老爺」、「公墓」地名，「萬善同歸墓」，不禁感嘆良多，愚蠢的人類，無時無刻不爭名奪利，想當初此地不正是一「殺戮戰場」嗎！話要從頭說起了：

　　清初淡北一隅，閩粵移民，潛渡來此，披荊斬棘，以耕以耘，但求溫飽。康熙以來，因人煙稀少，野有閒田，尚能各安其事，固無所謂械鬥之爭。惟至乾隆以降，遷民踵至，人多地寡，加以清廷政綱疏闊，官衙少，吏役少，移民之間便頻生磨擦，爆發了分類械鬥的情事。

　　新莊最早的戰禍是在乾隆五十一年。當時天地會北路人林小文，響應林爽文變亂，於是年十二月攻下新莊，焚毀了巡檢衙門和許多民宅。到了嘉慶九年，同安大海盜蔡牽率領六十餘艘海船，佔據八里坌，由陸路攻進新莊，大肆焚掠而去。

　　嘉慶十年以後，淡北械鬥之風日盛，閩人和粵人鬥，漳人與泉人鬥，一府之中各縣人往往相鬥，整個台北盆地陷入混亂，新莊常遭池魚之殃。道光十四年，新莊閩人和粵人械鬥，粵人戰敗，變賣田產，遷往桃園、中壢。道光二十一年，再度爆發械鬥，粵人徹底離開，台北盆地才完全由閩人所佔有。可是3年後，漳泉移民間，又發生械鬥，在這次械鬥中，泉州人佔優勢，漳州籍豪

族林本源家，也被迫從新莊搬到大溪避難去。

咸豐三年八月，漳泉四縣惡鬥，眾人之間又出現頂下郊拼，燒毀了八甲、新莊；翌年再鬥，居然焚掠新莊丞署。咸豐九年，其鬥更熾，次年枋橋等地漳人，連破新莊、西盛等泉莊，焚燒殺掠，村里為墟。其餘波遠及北投、桃園、大坪頂，新莊受禍尤慘，新莊的同安人舉族遷往大稻埕，導致後來大稻埕的興起。同治元年，天地會黨人戴潮春變亂，新莊人楊貢攻佔在新莊的艋舺縣丞署。

械鬥之下，街眾人民逃亡四散，宅屋被火燒毀，混亂之下，寇盜充斥，動輒白晝攻家截途，肆加搶劫，如新莊、滬尾、板橋、雞籠、三貂角等地受禍尤多。亂平後，人民回到故居，無力重建家園，更加深怨恨，更難妥協，惡性循環之下，再怎樣勸喻、調解、彈壓，都只能收到短期效果，稍一衝突爭執，不久爭端復起，戰火重燃。一直到了光緒元年，台北建府後，一方面官府力量加強，一方面外侮日亟，一方面地利大興，茶、樟腦廣植郊區，獲利頗鉅，而地方械鬥遂不復聞，喧鬧了近百年的械鬥才真正告一段落。

站在寺前，「煮豆燃豆萁，相煎何太急」，撫今思往，這句詩感觸最深，台灣同胞能不團結嗎？還要再來一次分國、分省、分地、分族、分人、分黨、分類械鬥嗎？我們身處台灣孤島，有這動亂的本錢嗎？我不又想起了遍散在台灣各地的有應公廟、大眾爺廟、萬善同歸墓……想想它們是怎樣來的！

新莊的老古鐵路

　　光緒十年中法戰爭，淮軍名將劉銘傳臨危受命，督辦台灣軍務，台灣倖得保全，大挫法軍銳氣。光緒十一年，下令改台灣為行省，以劉銘傳為首任台灣巡撫。劉在台灣清丈田畝，整頓賦稅，開礦築路，設商務局、軍械局、礦務局、撫墾局等等，使台灣呈現欣欣向榮氣象。其中影響新莊發展最大的，則為鐵路的興築。

　　鐵路與電報為代表代物質文明初期二大動力，劉銘傳認為修築一條貫通台灣南北的鐵路，這一條大動脈，不僅使台灣建設海防工作方便進行，有助於開發內山，繁榮商務，更可以鐵路橋替代各大河應興的橋樑工程，節省修築橋樑費用，於是乎在光緒十三年迅即動工。台灣鐵路的完成，是逐段完工的，如基隆、台北間6站（八堵、水返腳、南港、錫口），逐年逐段築成，直到十七年秋全路完工。

　　十三年，台北新竹段也開工；十五年底，鐵路穿過新莊平原，從大橋通到坡角，十七年過龜崙領到桃園，十八年過中壢，十九年過大湖口到達新竹，總計台北、新竹間有 10 站（大橋頭、海

山口、打類坑、龜崙嶺、桃仔園、中壢、頭重溪、大湖口、鳳山崎等），從台北到桃園鐵路，大抵依今日重新路與新莊、桃園段的台一公路而行，這條鐵路的興築挫折艱難很多，其中尤以淡水橋，和打類坑到龜崙嶺的一段。

淡水橋臨大稻埕南之淡水河上，因河幅太闊，德籍技師建議架設鐵橋，但因經費問題，乃改由粵商張家得承包，架設木橋。橋樑靠北岸一段，採鐵製旋開橋式，下以石柱支撐，可以左右旋起，每天定時啟閉，便利船舟通行。這橋僅供人馬通行，而鐵路車軌止於兩端，火車駛抵橋頭即停止，人貨由橋上接駁通過。由於橋下水淺沙深，橋基不易固著，一遇風雨大水，又易沖毀，工程進行相當艱巨，迄光緒十五年八月始告竣，後於光緒二十一年大加整修，不料兩年後颱風洪水之襲，全橋竟給沖毀流失。

鐵路從此而南，至打類坑之間，將近 7 英里的鐵道，正處於平坦開闊的新莊平原上，是相當順利的一部分，海山口（新莊）站是全程中，僅次於台北、基隆的第三大站，也是客運的第二大站。當時大稻埕到打類坑之間的火車由一輛機關車牽引五輛客車廂或貨車廂，每天往返兩趟，通常是上午 7:30，下午 1 時開車，過年逢節停開。不過當時中途乘客可喚車停而上下，是以車班時刻不準。車資是每經一站，頭等收銀 1 角 5 分，二等 1 角，三等 5 分。頭等是專車專廂，是縉紳閨秀乘坐；二等是在車的一端隔出一間客室，可坐 4 人，大客廂是三等，兩邊置長椅，中央設一長檯，以便放置小件行李。官兵因公憑證乘車免票，4 歲以上未滿 12 歲的兒童，及五官失能的殘障人士均買半票。貨物運費，凡 1 人帶 100 斤（稱 1 擔）加一張票，200 斤加兩票，依此類推。但若是茶、米、魚、蔬等 200 斤以下加一票。

　　這條鐵路不但是全台僅有，也是中國華南地區惟一的一條鐵路。所以很多人因為好奇而搭乘。鐵路貨運比渡船安全迅速，尤其零擔貨物，人貨相隨，起卸便利，對於新莊地區的蔬菜米穀販銷尤其有利，時人無不讚嘆它行速價賤而充分利用。

　　這條鐵路使衰微的新莊重現生機，但好景不長，日據時期又出現了變化。1985 年和 1987 年的兩次颱風，洪水將整座台北橋破壞，海山口附近河岸陷落，龜崙嶺路堤崩潰，全線停車，迫使路政當局全盤檢討，決定改走板橋路線，原因有四：

　　一、淡水橋幅廣，船舶往來頻繁，必需設置活動機關，板橋
　　　　線無此顧慮。

　　二、淡水河岸至打類坑七英哩的地區，正處水害中心，海山
　　　　口附近，每逢大料崁溪山洪爆發，河岸漸次陷落，影響
　　　　路線安全。

　　三、龜崙嶺太陡，機車經過這兒只宜掛一節車廂，下雨天則
　　　　要兩個機關車，一在前拉一在後推，否則容易滑落，限
　　　　制全線的搬運力，不利於路線保養和運輸營業。

　　四、板橋線可以縮短 2 英哩距離，既避開了龜崙嶺陡坡，也
　　　　減少洪水為害。

　　於是板橋線從 1899 年開始施工，到 1901 年（光緒二十七年，明治 34 年）八月廿五日完工，新線通車。而前一天——八月廿四日，新莊鐵路封閉廢止。新莊賴以繁榮的淡水河淤積，賴以重振的鐵路也關閉，令人不得不嘆時運不濟，從此以後，直到今日，只有端賴縱貫公路為對外的交通動脈。縱貫線大抵與原來鐵路並行，1903 年又開築新莊至板橋間公路，次年開築新莊至林口的公路，並整修新莊至桃園道路。此後不必繞道龜崙嶺、桃園、即可

直接由新莊經山腳（今泰山）到林口，不必繞道艋舺，不用渡船可直達板橋。

除了公路外，還有輕便鐵道——台車道。新莊最早的台車道，是桃園輕便鐵道公司，在民國 6 年沿著舊鐵路舖設的新莊——桃園線，民國 11 年，台灣製糖台北製糖所舖設了新莊至橋頭路線，以後又完成了到樹林的台車道。台車由一人推送，可載 4 人或 4 百斤的貨物，在當時也是一種便捷價廉的交通工具。

站在板橋的新海橋頭，遠眺三重、迴龍，很難想像當年機關車冒著縷縷白煙，奔向縱貫公路，新莊這一頁交通滄桑史，叫我從何說起呢？

新莊的老地名

　　新莊在清末光緒二十年隸屬淡水廳興直堡及擺接、八里坌二堡的部分；日據前期屬台北縣新莊辦務署，後期改隸台北州新莊郡新莊街，光復後改為台北縣新莊市。新莊在雍正十年左右，因河港機能，發展成為台灣北部一個極為繁榮的商業農鎮，嘉慶末年後，河床淤淺，河岸崩陷，港務轉移艋舺，以致衰微。不過從日據時期起，工商漸興，光復以來迅速發展，已成為台北市的一大衛星工業都市。新莊這個淡北首善之區，自然也留下不少的老舊地名，茲介紹於下：

　　海山頭──清代海山莊指的是鶯歌石、三角湧一帶，海山頭位在入口地帶，因此得名，即今海山里一帶。「海山」一名的由來據說是福州府海山島地名的移用，則當年新莊、鶯歌、三角湧地區應有福州海山人的移民。

　　公館口──今全安里，清代在彭厝庄及中港街，設有隆恩皇莊公館，徵收租息，本里位居其外方，故稱公館口。

　　車仔頭──今文衡里，為往昔陸運輻輳之地，設有停車之地

而命名，今稱文衡乃因有武聖帝廟，而關公有文衡帝君之稱。

中港厝——今新莊中港、恆安里及榮和、文德二里部分。其地瀕臨從新莊北流至獅仔頭的塭仔川岸，往昔從大漢溪民船可溯航抵達現在中港里福德宮附近，這一帶原是淡水河氾濫，地勢低窪區，移民稱之為「塭仔堀」。其地名由來，可能因在大漢溪支流內的港口屋宅而名，過去船舶輻輳，商況鼎盛，故一度以中港街為新莊的代稱。

頭前——即今頭前、思源、化成、福基等里。此地居新莊最北，因聚落位在新莊前方，故稱頭前莊。此地昔為漳泉械鬥慘烈之地，墳墓累累，埋葬當時傷亡者，現已遷移至丹鳳里。化成里地名源起於清代提督陳化成其人而來。

營盤——今營盤里，位在接近林口台地和山仔腳處。清雍正七年龜崙道路開通後，在嶺口要衝之地設汛塘，有軍隊駐紮，稱龜崙嶺塘，以維持行旅安全。此地區由營盤口、營盤前、營盤邊等散村所聚，都是以營盤所地的相對位置而得名，是台北盆地大漢溪流域的交通孔道。

陂角——今丹鳳、後港二里部分，位於林口台地東側塔寮坑谷地內，清代稱陂角店莊，分頂陂角與下陂角。地名起源於溝圳潴水灌溉七十二分之田，附近村落即建在七十二分陂的角落邊而得名，至日據初期改名埤角。我們從境內慈悲寺推知，此地極有可能當年閩粵族人為爭奪圳道水源而發生過械鬥。

柏仔林——亦作櫃仔林，今柏林里、後港里部分，介於林口台地南段東麓和大漢溪之間，這一帶是乾隆中葉，張必榮、張沛世所築永安坡（長厝圳）灌溉區域。此地盛產柏樹，烏柏葉子可以煮來作黑色染料，種皮可取臘作燭，是有經濟價值的樹木，因

而得名。

西盛——今西盛里，介乎大漢溪、林口台地與山仔腳山塊間。乾隆中葉，張必榮、張沛世合資，在三塊厝（今樹林鎮北園里）下依擺接溪（即大漢溪）攔築大陂，遇溝製梘以通，灌溉西盛等沿岸的農田。西盛地名起源不明，有可能是「西勢」的近音字，因為此地位在台北盆地的西南部邊緣地帶。

十八份坑——今丹鳳里一部分，在林口台地東側塔寮坑谷地內，《淡水廳志》記載：「十八分埤，在海山堡十八分莊坑口，……業戶林啟泰等圍築潴水，灌溉田畝，今浮坍成田，仍業戶承管，……亦引山泉自灌。」所謂十八分指的是該埤所灌溉區域內農田的鬮分，以灌溉的鬮分做埤名，因在有十八分埤的坑谷內建村而得名。

興直——今興漢里，昔稱興直莊，按清代興直堡，轄淡水河以南，大嵙崁溪（今大漢溪）流域，堡名即起源興直莊，而所謂「興直」即是「興仔」，也就是指「新興」的村莊。

三重市

三重原名三重埔

　　蘆洲之北是五股鄉（原名五股坑），五股鄉世居之民，以原籍泉州安溪最多，其中有少數的同安人。蘆洲之南是三重市，便是同安人的天下了。三重市位居台北盆地中心，大漢溪由南而北，繞經本市東南邊，與東來的新店溪會合之後，滙入淡水河出海。其東邊臨著大屯山，北望觀音山，西有桃園台地，全境地勢平坦，四週逐漸拔高，呈現典型的盆地特色。

　　三重市東面即以淡水河與台北市延平區、大同區為界；南面隔大漢溪與板橋市遙遙相望；西連新莊市；北接蘆洲鄉和五股鄉。但是前清時期，三重與大稻埕以一水之隔，桅檣帆影，往來兩岸，熱鬧非常，幾乎已到了不分彼此的地步，也因此同治年間台北茶葉興起，遠近洋商接踵來台，陸陸續續在大稻埕的六館街（今南京西路）設立茶行，從事茶葉的營運，極一時之盛。又當時因為包種茶中有一種「花茶」，需要香花薰製，於是台北近郊，如加蚋仔、八甲、大龍峒、艋舺、三重埔一帶，競相栽種茉莉、素馨（俗稱秀英）、梔子等香花。種花農戶，收益殷富，當時這

些地區的花戶流傳有「金錶鏈同牛索並大條」的諺語，說明了他們的富裕與騷包愛秀。

三重市原名三重埔，閩南語的所謂「埔」，指的是邊際的原野，當時多屬未開闢的草地荒埔。至於為何稱「三重」，原來清代到台北地區開墾的閩粵移民，絕大部分是由八里轉到新莊登記，然後以新莊為中心，再逐步地邁向四面八方發展。從新莊往回朝北走，經過的第一個平野就是「頭重埔」，第二個是「二重埔」，再來自然就是「三重埔」的。

日據時期，三重市隸屬台北州新莊郡鷺洲庄的三重埔與二重埔，由於興建了台北橋，與台北市相連，交通便利，市況日漸繁榮。民國 34 年台灣光復，鷺洲庄改名蘆洲鄉，三重市仍隸屬蘆洲鄉。但因三重埔與台北市地緣最近，往來便利，各地商人紛紛來此開設工廠，工商更趨興盛，人口增加，遂於 36 年四月一日與蘆洲鄉分治設鎮，始稱三重鎮。48 年建了中興大橋之後，三重更是繁榮，人口大增，於是在 51 年四月一日升格為縣轄市。

三重是台灣光復之後才發展成都市，以前是標準的農村，人口也不多，所以古蹟甚少，古老壯觀的「五穀王廟」，便成了惟一代表三重市的珍貴古蹟。

三重惟一的古蹟

　　五谷王廟是三重的惟一古蹟，堪稱彌足珍貴。谷是穀的俗字，所謂「五谷王廟」即是「五穀王廟」，但正式的稱呼是「先嗇宮」。

　　先嗇宮原在二重埔三崁店，創建於乾隆二十年（1755）奉祀神農大帝。由於廟址三崁店仔近淡水河，屢遭洪水淹沒，及遷至五谷王街現址，廟雖簡樸，然香火鼎盛。至道光二十年（1840）在林茂盛的倡議下重修，增廣規模，始有前後二殿。嗣因年久失修，棟樑剝蝕，於民國 14 年由林清墩邀集地方紳耆募捐改建，歷經一年餘完成，美侖美煥，煥然一新。

　　光復以後，於民國 57 年增建，民國 65 年在連清傳推動下，為配合地方繁榮及推行中華文化復興運動，乃提議擴建後殿，歷時三年完竣。今天所看到的先嗇宮，廟貌巍峨，殿宇廟大。大殿奉祀神農大帝，右廂奉文昌帝君，西廡祀延平郡王。穿過正殿，殿後有一龍池，其背後即擴建之後的後殿，樓高 3 層，雄偉壯觀。1 樓供作社教活動中心之用，兩邊分設圖書室、勵學室、閱報室。2 樓奉祀黃帝，其雕刻是現代大理石。3 樓奉祀也是神農大帝，

位在洞穴形的石形中。後殿兩廂亦三樓建築，設有香房，清靜幽雅，極其寬敞。

先嗇宮除了上述較現代的建築外，還保有若干古匾、古聯。如門柱的「神惠無疆尋麻四野炊魚蘿，農功罔極香火千年護鷺洲」、「先帝明農啟發群蒙知樹藝，嗇夫奉幣告成百穀薦馨香」、「二水平分映射鷺洲月、重埔人望遠羅鳳髻山」。大殿上有道光三十年立的「稼穡維寶」及「靈被黎六」的古匾，並有咸豐元年的木刻對聯「先五百歲為聖人神於樹穀，頌億萬年之帝力澤在明農」，此外，尚有不少清朝時的古聯刻石，值得我們一一品鑑觀賞。

另外，提起一年一度的三重大拜拜，遠近馳名，令人印象深刻，其實便是五谷王廟的神農祭典。每年農曆四月廿六日時，三重市整個沸騰起來，車水馬龍，路途為塞，據說全盛時，台北有三分之一的人越過台北橋去大吃大喝，可見熱鬧非凡，規模之大。不過，嚴格地說，此廟並不在三重埔，而是在二重廟，所以正確說法應該是「二重埔大拜拜」才對，如今也改不過來了！

先嗇宮裡的神明

先嗇宮奉祀的主神是「五穀先帝」，其實就是神農大帝。此神的別名很多，計有五谷仙帝、五穀王、開天炎帝、先帝爺、粟母王、藥王大帝、田祖等等。我國一向以農立國，閩粵移民到台灣謀生也是從事農業拓墾為主，因此供奉神農大帝的廟宇處處可見，根據統計，全省總收約有八十餘間，而三重的五谷王廟便是其中香火最盛的一間。

傳說中的神農大帝教導人民怎樣播種五穀，又叫太陽發出光熱，使五穀孕育生長，從此人類不愁衣食，大家感戴他的功德，便尊稱他為「神農」，傳說中他的形象是牛頭人身，符合了農業生活的需求。傳說他誕生時，在他周遭出現了九口井，九口井水相連通，若是汲取其中一井的水，其他八井的水都會波動。又說當他正煩惱如何教人民播種時，便從天空降落許多穀種，他把這些穀種收集起來播種，以後人們才有食用的五穀。又有一說，有一隻美麗的紅鳥，嘴裏銜了一株九穗的禾苗，飛過天空，穗上的穀粒掉落地上，炎帝把它們撿拾起來播種，以後長成嘉穀，這種

穀實，人們吃了不但而可以充饑，還可以長生不死。總而言之，都意味上古的中國人民，已經學會把野生的穀物用人工栽植了。

炎帝不但是農業之神，同時也是醫藥之神。傳說他擁有一條神鞭叫「赭鞭」，用來鞭打了各式各種的藥種，分辨它們有毒無毒，或寒或熱，各種性質自會呈現出來，再根據藥草的不同藥性，給人們治病。也有傳說，他親自嗜百草以辨別藥性，曾在一天中午中過 70 次毒，最後嗜到了一種有劇毒的「斷腸草」，終於腸子斷爛，犧牲了生命，所以後世還留傳有關醫藥這方面的遺跡，據說在山西太原的神釜岡，還存在著他嘗藥的鼎；又說在成陽山（又叫神農原、藥草山），還可以找到神農鞭藥的處所。

不僅如此，他看見人民衣食雖然滿足，但器物用品不夠，於是又成立市場，在日正當中的時候，聚集在市場以物易物，互相交換彼此需要的生活物品。

神農大帝是這樣的偉大，所以後世人們作「蠟祭」祭祀他。所謂蠟祭據禮記記載有 8 種；(1)先嗇（指神農）(2)司嗇（指后稷）(3)農（指田地）(4)郵表畷（指田間廬舍）(5)貓虎（能食鼠抓豕）(6)坊（即堤坊）(7)水庸（庸指城牆，水指護城河）(8)昆蟲（螟蝗之類，祝其不害稼農），可見所祭皆與農事有關，不外乎祈求五穀豐登，災害不作，而神農大帝之祭，名列首位，就可以明瞭他在人們心目中的地位了，而「先嗇宮」之名為「先嗇」，出處也是極其典雅幽遠。

此外，先嗇宮左廡祭祀的延平郡王這尊神像可大有來歷。在中興大橋下附近的成功里，過去叫竹圍仔，原有一間嘉慶年間創建的延平郡王祠，因為竹圍仔靠近淡水河，常遭水災，這座祠廟也不幸遭毀，人們遂將神像移祀先嗇宮，說起來也有近 200 年的歷史了！

台北橋的故事

　　淡水河流經大稻埕，形成了與三重市的遙遙相對，一水之隔，桅檣帆影，往來不絕。從前兩岸風光絕佳，朝暾夕暉，砧聲釣影，怡人耳目。北望觀音、大屯諸山，則岫雲繚繞，一時之間，郊原疏林，竹籬茅舍相映成趣，而風帆，水禽、擺渡也成了一番淡雅的悠閒。

　　光緒十四年（1888）台灣巡撫劉銘傳決定興建鐵路。當時的鐵路，起站設在現在台北中興醫院附近，然後經過鄭州路到過去的後火車站，轉入重慶北路，然後在離台北橋不遠的下游地方，計劃經大稻埕越過淡水河往南行。由於河幅寬廣，德國工程師建議架設鐵橋，以保證安全。但因當時經費不足，改用木建，便由一廣東人張家得承包工程，費銀七萬元。

　　於是，在北岸設立了鐵製的開關式橋樑，它的關閉部份約七公尺半，下面用石礅作支柱，按時開閉，方便巨型船舶出入，而橋上僅通行人和車馬。至於火車，只能分別到兩岸為止，人貨經由橋上接駁互換，非常不方便，但以當時的工程技術來講，也只

能做到這樣了。橋在光緒十五年八月竣工，定名為台北橋，長 521
公尺，為當時北台之冠，傲視全台橋樑。當年火車走的路線，駛
經三重今日的重新路，往新莊、龜山到桃園，不料以後出了狀況。

　　台北橋在光緒二十一年曾整修過一次，到了光緒二十三年，
居然被暴發的山洪沖損而流失，從此兩岸又只有靠渡船聯絡，行
人大感艱困。一直到了大正 8 年（民國 8 年），才重建木橋來濟
渡行人，這橋到了第 2 年才落成。落成典禮那天聘請大橋頭鄭木
（俗稱大麵木）祖孫三代夫妻參加開通典禮，以象吉祥，卻那知
5 個月後，連遭風雨肆虐，又將這座台北大橋沖毀流散。而鐵道
也改為經萬華、板橋往桃園，並將三重埔鐵路路基改為公路（今
縱貫公路）。

　　後來為了加強軍運，必得再重建大橋，台灣總督府特撥鉅
款，就在原址興建鐵橋。共費時 3 年 7 個月，終於在大正 14 年
（民國 14 年）六月全部落成通車。橋身長四百三十四公尺半，
用七連鋼骨水泥混凝而成。建好的新橋宛如長虹臥波，橫跨在淡
水河上，不僅交通了台北、三重，也成為遊人眺望的勝地，蘆洲
詩人李世昌曾有一首「台北橋晚眺」七律描寫其旖旎風光：「散
策虹橋夕照幽，臨江無限感浮沈。潮分關渡迴青帶，雪積屯山現
白頭；雁字橫斜書遠浦，燈光閃爍放巍樓；河邊日著砧聲急，極
目觀音月一鉤。」

　　民國 48 年，由於台北橋已無法負荷交通流量，乃有中興大
橋之建，是當時東南亞最長的一座預力水泥橋。民國 56 年又改
建台北橋為水泥 4 線快車道。除了這兩座橋外，尚有高速公路大
橋、忠孝大橋、重陽大橋銜接台北市。

　　今天，站在台北橋上，只見橋下淤沙日積，黑水滾滾，再也

無法散策蹀躞，觀賞四週美景。而三重埔改市之後，工廠林立，過去的平疇綠野，全為住宅大樓取代，早已沒有了鄉村的清幽閒靜。而橋上人來車往，濁塵滾滾，更難以憑欄尋勝了。惟一可堪憑弔的是，當淡水河退潮時，可在台北橋西側橋下看見清代木橋所留的石柱。

　　想想，無論從歷史、從建築、從鐵道史等等觀點上看，台北橋都足以傲視台北──「淡北堪推第一橋」，但是如今呢？這其間的興廢滄桑，叫我從何說起呢？

三重市的舊地名

　　三重市在淡水河西岸，輪廓略呈新月形，原名三重埔，地名起源於後莊圳以東第三段墾埔地。清代三重埔莊統括下列舊地名、舊聚落，可以充分了解當年鄉村的特徵：

1. 後埔仔庄——今德厚里，因位於五谷庄後方埔地。

2. 竹圍仔庄——今成功里，因瀕大漢溪，常遭水患。嘉慶年間，為防禦洪水，在河岸種植刺竹而得名。本里在中興大橋附近，原有嘉慶年間創建的延平郡王祠，後來毀於水災，神像移祀先嗇宮。

3. 菜寮——在淡水河西岸，台北橋頭之南，原是種菜者居住而得名。

4. 田心仔、過圳——過圳在二重埔，向東過後莊圳處而得名。田心仔是聚落建於農田中心而得名。今天的過田里即是合併二地，各取一字為里名。

5. 同安厝——位於菜寮南方，昔為泉州府同安縣林姓居民入墾築屋成村之地，因此而名。

6. 大竹圍──今中山、國隆、重陽、大園、大德等十數里。據說道光年間，有漳泉籍移民入墾此地，形成一大村莊，其居屋外圍徧植竹林，故稱大竹圍莊。

7. 長泰──初期移民來自福建漳州府長泰縣的陳、林二姓居民而得名。

8. 六張──今六和、萬壽、介壽、幸福等十數里，位於台北橋北方，這一帶住昔墾成田園約有 30 甲，故稱六張犁，省稱六張。其中的錦江里為當年栽植茉莉花，提供大稻埕製茶業者作香料的出產地。

9. 車站頭──今厚德、永安等里，為泉州同安、安溪人所開墾，因往昔地當三重埔赴蘆洲、八里等地的交通要地，故稱車路頭。

10. 份仔尾──今慈化、慈生、慈福等里，與蘆洲為界，是當年拓墾完闢分土地的末端，因此得名。

11. 簡仔畬庄──今福祉里，地名起源可能出自當年有個叫「簡仔畬」的人開墾此地。

12. 溪尾──今溪美、福隆、五常等里，位居三重市西北方，地勢低，可能是當年某條小溪水溝之末端。

13. 三張──今厚德、瑞德、尚德等里，地名係由三張犁省稱而成，即墾成面積有十五甲之名。

　　三重埔以西是二重埔，包括有：大有、頂崁、陡門頭、頂田心子、五谷王、中興等村落。其中陡門頭那即設有水閘的地方。五谷王即因境內有五谷王廟而名之。

三峽鎮

得天獨厚說三峽

　　三峽鎮位在台北縣的西南側，西接桃園縣大溪、復興鄉；東面與烏來、新店相交；北與土城、樹林、鶯歌鄰接。全鎮境內有三條河縱向流經山勢崎嶇的地形，帶來瀑布、溪水的自然景觀。就整個三峽地形而言，南方多瀑布，例如北插角瀑布群、雲森瀑布群等；北方則是成福溪、駱駝潭等小溪風光，全域僅有北部大漢溪（大嵙崁溪）沿岸一帶有狹窄氾濫平原，餘多屬 1 千公尺以下的丘陵、山地所盤繞，塑造了三峽秀麗的山川景緻，其中如熊空山、逐鹿山、卡保山、滿月圓山、東眼山等，都是有名的爬山勝地，加上行修宮、忠義山莊、長榮農場等穿插其間，成為台北縣一個旅遊休閒的重點地區。

　　而且三峽鎮原是大嵙崁溪、三峽溪、橫溪所圍成的地塊，昔日為港口匯流地區，有負山帶水之地勢。市街臨三角湧溪，北渡有獅潭之險，西南北負鳶山，西濱大嵙崁，西北與鶯歌隔水相望；南臨象瀨，右倚熊空等大山，重山複水，地理絕佳，所以與鶯歌地區在早年同稱為「海山莊」，三峽之所以在早年就發展為染業

重鎮，撫番要區，自然和它的優越地理形勢有關。

　　如上所述，三峽背山面水，處於平原和山地交接處，內山盛產林木、樟腦與群生野獸等資源，近山一帶廣植可製成染料的大菁。氣候溫暖，雨水充沛，適合茶樹生長，再加上煤礦的蘊藏，整個三峽的自然資源極其豐富。另外又有便捷的河運交通輸送，使三峽成為台北出入桃園的一個門戶，並且是淡水河上游重要的內陸河港和物質集散地。不僅此，三峽背倚鳶山，不但可以防禦土著的攻擊；三面環水，又成為歷次械鬥動亂之中，易守難攻的天然防線，這些地理的優勢，都是支持三峽發展的有利因素。因此在清代乾嘉年間，三峽已是店舖林立，商販梭織的熱鬧街莊。

　　因為這些得天獨厚的地理環境，自然資源，三峽很早就產生了茶業、樟腦業、染布業與煤礦業等古老行業。其中染布業之風行，在現今三峽街口，尚可看到遺跡，寫著「××染坊」等，尤其在民權街與中山路，這裏的商店招牌，大都還保存著「舖、行、坊、號、記、店……」等的市招店名，悠遊其間，古意盎濃。此外在今三峽教會座落地點，正是當年茶葉、樟腦、煤炭等山產集散中心，也是昔年的渡船口岸，更有輕便鐵道直通大豹（今插角）、有木等內山的各地。在中埔，今天主教堂座落附近的三峽溪旁，是著名的米粉埔，所產的米粉，不輸新竹米粉，在日據時代，曾進貢為日本天皇所品嘗。

　　總之，整個三峽可以參觀遊覽的古蹟實在太多了，只可惜因為山林的砍伐與河川的變遷，如今三溪已無舟楫之利，昔日市衢繁盛之貌，溪上帆檣林立之狀，已全不存在，再因近年的都市計畫、道路闢建拓寬，山川景色或許依舊，人文古蹟卻日愈稀少，讀者朋友們，探訪古蹟請趁早，當你們到三峽遊山玩水時，不妨走馬看花去拜訪一下三峽的古蹟吧！

鄭成功炮打鳶山

　　三峽的金敏仔地區，地臨插角，背負奇山，形勢險固，它的前面有一座鳶山，隔著大嵙崁溪與鶯歌山相對，數峰拱峙，好像飛鳶展翼，所以得名。

　　在地質史上，鳶山是個相當古老地塊，大約距今三百萬年前，因造山運動，台灣被推擠出海面，三峽附近地層隨之隆起成山。經過長時期的風化侵蝕，形成了鳶山。而三峽溪與大漢溪也在地形變化中逐漸形成，溪流不斷往下沖擊，在下游平緩淺灘堆積成河階、沖積平原。經過風化作用，變成平坦肥沃的土壤，適合人們耕作居住。因此在三千到二千年前左右，在三峽地區的丘陵斜坡或台地，曾有聚落出現，例如橫溪的柴埔山，三峽溪的鵠尾山、上帝公山、犁舌尾和菁學埔等地。這些新石器時代的居民在此居住，使用陶罐、陶缽做為炊煮、儲存用具，同時製造各種石器作為農耕、捕魚、狩獵的工具。

　　如今這些聚落均已消失湮沒，只留下殘存的考古遺址。以後又成為平埔族霄裡社（在今桃園八德鄉）、龜崙社（今桃園龜山

鄉）、武勝灣社（今新莊一帶）、擺接社（今板橋、土城一帶），以及泰雅族大豹、詩朗等社居住活動的地區。這些番社是屬於平埔族中的雷朗族，分佈在淡水河南段，新店溪以南，很有可能就是上面提到新石器時代原始住民的後裔。

相傳漢人發現三峽是在明代初年，有一漢人鄭中貴（一說是王中保），由南部到雞籠時，曾溯淡水河到上游，發現了南方鳶山和東方的獅頭山。當然這個傳說相當渺遠不可靠，較確切的史實是：明末清初，渡海來台開墾的漢人逐漸溯河而上，來到三峽與鶯歌屯墾開發。當時三峽是平埔族霄裡、龜崙等四社的公共狩獵地，漢人在此開墾，須經四社同意，並繳納租粟。

明永曆十五年，鄭成功收復台灣，不久鄭氏部隊進駐南崁（今桃園蘆竹鄉），並推展到鶯歌和三峽。今天的南崁可以說是一個沒落的漁港，在當年可是北台一個重要軍事港口呢！原來昔日的淡水上游是大嵙崁溪，從石門流到南崁出海，並不像今天是從雪山的北部流經石門水庫，經過三峽、鶯歌、樹林、台北等地，最後到淡水鎮出海。南崁位在淡水河的出海口，當然是兵家必爭之地。以後河道變遷，大嵙崁溪與淡水河合流，一直通到淡水出海，如此一來，南崁頓失重要性，沒落至今。

話說鄭氏大軍前進到現在鶯歌鎮同慶里、尖山里一帶，下令軍隊暫時休息。由於連日天雨，山路泥濘，大家就將草鞋上泥巴刮除出來，棄置一旁。由於軍隊人數不少，大家一邊刮除，一邊堆積，泥巴便堆成一座土山，這就是今天「尖山」的由來。不久繼續往北前進，來到現在鶯歌石下，突然四周湧起黑霧，圍住全軍，鄭成功心知不妙，下令往東南方向走，來到三峽的鳶山附近，又被濃霧籠罩，又得馬不停蹄往北轉進。終於來到樹林鎮的太平

橋（今彭厝里一帶），此時煙霧漸散，但已失踪多名士兵。鄭成功下令徹查此事，才知附近有鶯歌精與肉鳶精（即老鷹）盤據山中作怪，施放濃霧毒煙加害過往行人旅客。鄭成功聞知大怒，下令抬出龍碩大炮，開炮射擊，頓時灰飛煙滅，雲消霧散，事後察看，發現對面山上一座像鸚鵡的山石的嘴部斷了，像老鷹石頭的頸部裂了，顯然妖怪中砲而死，從此不能為害人間了。

這是三百年前的神話故事，後人為紀念此事，當年鄭軍撤退所站立的橋樑之為「太平橋」，那兩塊石頭正是今日大家所熟知的「鶯歌石」和「鳶山」。不過，故事可並沒有因此完結。一直到今天，地方居民還說不能碰觸這兩塊石頭，否則必帶來災殃，六畜亡斃，瘟疫流行。除了這傳說外，甚至說以前三峽、新店、大溪盛產的鱗魚（即香魚），原本沒有，是鄭成功命人引進。

其實以上種種傳說都是無稽的，鄭成功從未到過台灣北部，是鄭克塽時曾派左武衛何祐將軍為北路總督，智武鎮李茂將軍為副，北戍雞籠、淡水一帶，防禦清軍。防禦之餘，進而開山撫番，是北台開墾先聲，因此台灣中部北部有關鄭成功殖產興業的傳說故事特別多，不像南部偏重有關鄭成功軍事攻伐的傳說故事多，即是這原故。當然，這也反映了鄭成功這位開台英雄在台灣老百姓心目中的地位。

三峽老街的故事

　　三峽原為平埔族及泰雅族居息狩獵的地方。明末清初，渡海來台開墾的漢人漸多，他們溯溪而上，逐漸墾向淡水河上游地區。相傳康熙二十四年有泉州人陳瑜獲得開墾海山莊（約今樹林、鶯歌、三峽地區）的墾照，由南部招佃北上，先到今鶯歌的南靖厝開墾（今三鶯大橋兩岸地區，因來的人多是南靖人，所以稱此地為南靖厝），以後漸拓展到鶯歌、尖山、二甲九及三角湧附近。乾隆十年開鑿了隆恩陂，灌溉農田水利，使溪南里、溪北里一帶盡成良田。乾隆以後，陸續有移民由鶯歌方面越過大嵙崁溪到此開拓，乾隆十七年，有安溪人李國開居住於公館尾一帶開墾。二十年安溪人董日旭也來到此地屯墾，墾地遍及公館尾，公館後、礁溪、八張、中埔等地，並設有穀倉及課館（俗稱公館，為辦公處所）。公館後即今秀川街一帶，此地可說是三峽最早的聚落，因為當年李國開在此地落戶開墾，現在巷內住家仍以李姓居多。此外乾隆十年左右有墾民自南靖厝引水開挖陂圳，灌溉劉厝埔、麥子園及隆恩埔。柑園一帶也有移民開鑿石頭溪圳，引大

斜崁溪的水灌溉有五、六甲之多。而橫溪一帶的溪南庄也有林姓族人來此開闢，並常與土著起衝突，以後又陸續來了陳、劉、蘇三姓移民至此，合力墾拓。迨乾隆末年，陳亮、羅廣祿等人已向東南山區推進，十三添、犁舌尾一帶的四社公共捕鹿地也獲允開墾，並繳納租粟，惟不免時有衝突，屢傳「番害」。總之，到乾嘉之際，三角湧平地已闢，而以十三添為界，過此為土著控制居住的山地，漢人不得隨意越界。

　　早期來到三峽地區開墾漢人，以泉州安溪人最多，嗣後定居繁延，發展成今日的五大姓：陳、林、劉、李、黃。他們不但帶來故鄉的生活方式、宗教信仰，同時也在開墾過程中為爭奪田園、水利與漳州人、客家人，原住民發生一連串的械鬥。由於安溪僻處山區，土地貧脊，住民多以種稻、植茶為生，所以安溪人擅長製茶，安溪鐵觀音聞名各地，移民外移到台灣，大多住在和安溪景觀相同的丘陵河谷地，茶園遍佈三峽、木柵、深坑等地。乾隆42 年為爭奪農地，與柑園，劉厝埔的客家人發生械鬥，客家人敗走中壢地區。不久又與樟樹窟的漳州人不和，幾番械鬥，漳州人敗遷桃園。經過一連串械鬥爭奪，三峽終於成為安溪人的天下。

　　安溪人從鶯歌方面不斷越過大斜崁溪來到三峽，開墾陂圳，耕作農田、修築道路，不久村庄分佈漸多，道路連通，整個環境漸告安定穩定後，代表安溪人信仰中心的祖師廟終於在乾隆 34 年建成。在公館尾的李氏族人也在乾隆四十二年創建上帝公廟，位於街上的媽祖廟（興隆宮）及福安宮也分別在乾隆四十、五十年建廟。簡單地說，乾隆末年，三角湧地區人口日增，農產豐收，交易熱絡，加上諸廟的興建，促進各庄民眾的密切往來，三角湧因地利水運之便，成為庄民市集交易的熱鬧街肆，當時住民多以

耕作為主，以伐木製炭、採藤為副業，交易多是露天行店，交易貨品以農產物（如五穀雜糧、禽畜、魚類、蔬菓、炭薪等）或手工藝品為主。乾嘉時期林立的商舖，吆喝的小販，已成為三峽的街景之一。

　　嘉慶初，有陳金聲繼續開闢中埔、十三添等地。乾嘉以後，地無閒田，開闢區域逐步逼進原住民領域，衝突自然時常發生，村民在村落外緣設有隘門等防禦措施。由於三角湧近山出產可製染料的大菁，清澈的三角湧溪具備可染布的良好水質，加上淡水河河運之便，可先由大陸東南沿海各省批進白布匹，渡海運到淡水河下游港埠，再運進三峽，這些有利的條件，造就發展染布業，道光以後，三峽的染布聞名台北。道光五年，官方在三角湧近郊──山員潭子、十三添、打鐵坑、成福山等地設腦寮，熬製樟腦。同治七年，英國商人杜特由安溪運來茶苗，銳意經營植茶，拳山、海山兩堡的茶樹栽植擴展到十三添庄。八年，又擴及橫溪、成福、鳶山、福德坑等地，於是促成三角湧街的興起。總之，道光年間，移民紛紛湧入成福、十三添等地，築路架橋，打通三峽到新店、桃園、大溪的通道，使三峽人口激增，儼然成為附近的重心城市。據說三角湧的店屋最早是始自三角湧街的北端（祖師廟以南），同光年間，有外商來此植茶販賣，採購樟腦，又繼有劉銘傳撫墾的措施，相續不斷的殖產開發及商業貿易，造成街肆快速發展，三角湧街遂向南擴展，成為熱鬧的街肆，也就是今天的民權街，其範圍大抵是今三峽、公館尾一帶。

　　民權街──三角湧街，三峽的老街，三峽最早的市集中心，這是它興起、發達的經過，以後又如何慘遭焚燬，而改建，而沈寂，我們下一篇再談吧！

老街的嗚咽

　　三峽溪畔的清水街、秀川街，是三峽最早的聚落地點，至乾隆末年，出現了三峽最早的交易街市三角湧街——也就是民權街。至同光年間，因產物豐富，成為平地與山區物資集散之處，使得街道不斷往南延長，朝著山產來源的方向一直擴建。由於受到西側鳶山，和東邊中埔溪的限制，至此已達盡頭，除非再越過中埔溪，或是轉往街的北方，因此今三峽座落地點，正是當時茶葉、樟腦、煤炭等山產集散中心，也是古三角湧的渡船碼頭，另外一個碼頭則是宰樞廟的廟口前方，可惜滄海桑田，因溪岸一再沖蝕改變，真正位置已無法確定。

　　惡運降臨了！光緒二十一年三峽居民英勇的抗日，予以日軍重創，日軍於是血洗三角湧，七月廿四日縱火焚街，數小時後，繁華市街，化成廢墟，達一千五百餘戶。三角湧街在戰火浩劫之後，原來逃至附近山區避難的庄民，在日人採取安撫措施下，重回家園整建。經過10年的整建，總算慢慢恢復舊觀。

　　大正4年（民國4年）新任支廳長達脇良太郎到任，見原有

街路雖已重建，卻依然像清領時代一樣，街路狹小、曲折、寬窄不一，屋簷高低參差不齊，且無排水溝，可真是不整潔、不衛生，於是進行「改正」。翌年推動街區改正工作，把曲折不規則街道修直，拆掉亭仔腳及部分房屋，拓寬路幅，新建騎樓採用磚道，重設門窗及拱式牌樓，於是街面整齊劃一，街貌為之一變。今天三峽的街屋，除了少數日後又有增改之外，大部分都是這次改正下留存至今的產物，也就是目前我們稱之為老街的街區。三峽老街，有民權街及中山路兩條，其中民權街從清水祖師廟側的長福街與民權街交角處起，往西南方向一路下去，至三峽溪的支流中埔溪畔為止（144 巷），長約 260 公尺，即一般觀光旅客熟知的三峽老街。中山路則是三峽通往鶯歌的主要道路，由於街道寬闊，兩旁街房改建情形普遍，於今僅有三十餘幢街屋尚保存風貌。

　　街屋改築之際，適逢第一次世界大戰發生，需物孔殷，三峽自然資源豐富，地方人士為圖開發內山產業，於是有輕便鐵道的敷設，及運送木材、茶葉、煤炭等物產，及人員的運輸。今天從民權街穿過福安宮，左轉中山路，便是日治中期輕便車（台車）的行駛路線。在路面上鋪設輕便鐵軌，用來載送乘客和物產前往鶯歌，轉縱貫線火車南下北上。由於輕便鐵道有助山區產業開發，帶動相關行業發展，因此鐵道遍及三峽市街、山間，長達八十六公里，當時輕便鐵道路線有五：

　　　（一）三峽到鶯歌：1914 年（民國 3 年）通車。為加強三峽
　　　　　　對外聯繫，1920 年由單線改為雙線行駛。
　　　（二）三峽到成福：1918 年開始營運，1920 年延伸至九鬮、
　　　　　　大寮等地，以運送茶葉、煤炭為主，後來改為客貨線，
　　　　　　兼送人員。

（三）三峽到有木：1918 年鋪設，是當時「三井物產合名會
　　　社」專用路線，由山區產地通往八張的集散場，再接
　　　上鶯歌線。

（四）橫溪到媽祖田：1922 年營業，長 3 公里。

（五）炭礦專用線：主要是沿鳶山山麓，由金瓜坑抵三峽一
　　　線。其他有麻園至圳子頭；礁溪至添合；九鬮至鹿母
　　　潭；大寮茶場到內車頭；礁溪阿四坑至白雞路線等，
　　　由各煤礦主私設。

　　當時三峽在三井合名會社、海山輕鐵株式會社、靈泉商會炭
礦專用線、三峽炭礦等公司鋪設鐵道下，帶動各行各業發展。日
治晚期，三峽市街有商店三百多家，商況殷賑，市況繁榮，市街
由原來的三峽、公館尾，往公館後（今日民生街、中山路、八張
民族路）一帶擴展，成為全庄中心，甚至鄰近地區，如鶯歌，桃
仔腳、溪墘厝、石頭溪、南靖厝也是以它為物資集散地。今日走
在中山路上，會看到許多機關、學校的建築，也就說明了日治中
期在中山路一連串的政教設置，使中山路成為公共行政的新街
區，但是民權老街開始沒落了。

　　民權街在光復後仍維持了一段繁榮歲月，其後三峽因公路完
成通車，促進沿線地區發展，民權街商業地位遂由靠近公路的民
生街取代，許多商家均轉往新地段開張。走在熱鬧的民生街，右
轉三峽拱橋，不禁沈思，這座建於 1933 年的美麗拱橋的落成，
正是宣告了三峽水運時代的結束，取而代之的是火車、客運汽車
的陸運；而水流日淺，使得傳統染布業漸告式微，熬樟伐木也因
開採殆盡，產量衰減，只有茶葉、煤炭繼續生產。今日的三峽以
柑橘、竹筍、生薑等山區產業為主，街市的重心正式移轉到對外

交通便利的民生街及其外圍，真是變化太大了。

　　物換星移，回首淡淡眺望了一眼民權老街，突然覺得它沉寂下來，一條寂寞的老街。不過，近年老街重新整修，恢復舊貌，假日湧進各地觀光旅客，人滿為患，而在此開設店舖，販賣各式傳統物品的商家，幾幾乎全是外地來此租屋者，並非是本地住民，而且租金大漲。我再度冷冷回首望了一眼民權巷街，突然覺得它很陌生，突然覺得它還是沉寂一些，寂寞一些，反而是一件好事，也許這是思古幽情的心理在作怪吧！

三峽老街的染坊

　　走在民權街上，處處可以看到老店舖、老商號，其中以染坊最多，如41號的林茂興染坊（2樓簷下塑有「林茂興號自辦外洋各省疋頭督染發售」字樣）、53號的金聯春染坊（2樓簷下塑有「本染坊不惜重資精選原料嚴督加工製造發售」字樣）、56號李義發染坊、62號周勝發染坊商、吳服店（吳服店乃日文洋服、布行之意）、69號陳恆芳染坊、72號成和染坊、76號林榮祥染坊、78號老元吉染坊、80號為清末秀才林金井所開設的林元吉染坊、96號的林吉發吳服商店等等，可以想見當年三峽布業的盛況。三峽一方面近山一帶生長製造染料的植物「菁欉」，一方面清澈的三峽溪是漂洗，日曬染布的最佳場所，再則利用溪水河運之便，由下游港埠運進布匹，這些有利的條件湊合在一起，造就發展了三峽染布業，成為三峽的行業特色。

　　菁子種類有二：一是木藍（又稱本菁、菁仔、小菁、布菁、圍菁、月眉潭子），摘葉製澱，專供染料之用。一是馬藍，別稱大葉冬藍，台灣俗稱大菁、蕃仔菁、山菁、田菁、江山子，自生

於山野的岩石隙縫或濕澤之地，價值低於木藍，莖多作燃料，葉作肥料。往年布帛染色，主要以黑色、淺藍、紫花為主。染布的染料，都以天然染料為主，藍色的染料以木藍、山藍為主，黃色用姜黃、鬱金、紅色用蘇木、檳榔的果實，茶褐色染料則取自薯榔、茄萣、芭蕉、車輪梅等物的汁液，而其中以菁樹最重要。

大菁是當年台北運銷大陸的大宗貨色，產地遍及深坑、新店、青潭、三峽，及大屯山區。道光二年，有翁姓者至三角湧成福一帶大量栽植菁樹，收成後部分充作染布，部分輸出大陸，並從大陸輸入布料，售與本地商民，開發了本地染布業。菁樹染料其提煉方法是：菁仔初開花時，將菁欉帶葉連根拔起，倒入大坑，使其自然發酵，枝葉腐爛，汁液流出。然後再丟進菁桶，每桶疊落約 2、3 百把，灌足清水，用竹棍木槌攪拌舂打約 2、3 小時，等葉子不存，水面浮現藍粉，取出菁把，便可以用來染布。若要製成染料外銷，則另外加入石灰，再用木棍槌打攪拌 1 小時，待藍粉石灰沉澱，水已清清，拔起桶側孔栓的木塞，放掉清水，把桶底的半液狀菁泥（又稱藍靛泥、藍澱）桃至土礜，撒佈於內，日間曝曬，夜間用蓆蓋上，2、3 天後乾燥，裝入竹籃，吊置 1 日，消盡水氣，就是可以外銷的染料了，如欲貯藏，須用土密封。以上是採用較多的發酵法，另外有煮沸法，煎成塊狀如豆腐大，可以大量快速生產，純供外銷用。

染坊就是染布店，早期染布業都是自染自售，門市兼批發。其染布過程為：先以薯榔和動物骨膠煮染素布，使布成為淺咖啡色，稱之為打底，方便進一步的浸染上色。把打底後的布放入菁桶浸泡，不停翻攪，使染色均勻，撈出後披掛在布埔曬乾，再浸入染料中染色，取出再曬乾，如此不斷反覆至色彩滿意為止，最

後再加糊料曬乾，整個時間約在 7 天至 10 天左右。染色後的布，挑到溪邊，用溪水漂洗。洗淨的布，由兩人各拉一邊，晾在溪埔地曝曬，黃昏之前再折疊挑回，第 2 天再曬，直到曬乾為止。曬乾的布，由繃布機捲緊上軸，避免布在壓碾時鬆脫。把捲好的布放入踏櫃，一人拉布，一人手抓橫木，站在踏石上來回碾動，藉著石頭的重壓研平，使布匹平整亮滑，織目細緻平密不脫色。

利用溪水河運之便，由大陸的江浙、粵東，經艋舺運來白布染色。同樣地，染好的布及藍澱也可順流運到艋舺，再外銷到廈門、漳州、福州、上海等地，當年三峽的染布歷久不變不脫，提及「烏百永」黑布，人們可頂著大姆指說聲：「勇」。1890 年人造藍靛製造成功，光緒年間起，歐人開始使用人工合成染料，並大量傾銷我國，菁樹此一土產染料漸為淘汰，三峽製染業開始走下坡。日治中期，在西式、日式和服的影響下，傳統服飾市場逐漸萎縮，三峽染布業才告沒落。

染坊外，57 號的洽和油舖，是當年的油車廍，兩間店面合成一個立面，面寬最闊，突顯當年行業的風光。榨油是個古老行業，自古已知用胡麻、黃豆、菜子、茶子等榨食用油，用烏桕子、桐子、蔥麻子等榨燈油、車油。榨油方法除磨法、舂法外，一般多使用壓榨法採油。以茶油為例，先用平底鍋以文火慢炒，炒熱茶子，透出香氣後，上碾碾碎，過篩取細，入釜蒸熟，裝入大包。其中炒、包是一門學問，炒時要辛勤攪拌，火候不到，採不到油；火候過久，則減喪油質；等到炒得差不多，迅速疾傾入包，用稻穗包裹成餅形，倒入傳統臥式木榨油車，置油包於中間凹槽至滿，再用大木槌連連撞入木楔子，擠軋出茶油來。

此外，在中埔，即今天天主教堂座落附近的三峽溪旁，是著名

的米粉埔，早在日據初期，三峽米粉乾名滿全台，遠盛過新竹米粉，到了大正年間，進貢日本，得天皇品嚐而名噪一時，已故名畫家李梅樹先生，還特地為此設計了一幅三峽米粉的商標設計。三峽米粉特色是細白透明，久煮不斷，又Q又滑，人稱「水仔粉」，其中又以八張陳家「長美號」所製造最為有名。米粉的做法是：將米洗淨後浸於水中，再摻水磨成米漿，然後盛入布袋榨去水份。脫水後的粿胚，搗捏至有粘力，再捏成拳頭大圓塊，放入蒸籠蒸半熟。取出用臼搗均搗軟弄平後，放入低有數十小孔的壓榨機，底下置有大鍋，隨即擠出，掉入鍋裏沸水煮過，見其適度，撈起移入旁邊冷水桶中，待冷卻後，排披在竹簣上，拿到外面曬乾即成。三峽米粉之遠近馳名，即是下水煮後迅速撈起的火候時間控制，如此粉雖會脫落少許，製成後卻較為細白滑韌。可惜這項手藝後續無人，如今已失傳。

三峽傳統的老行業

　　道光五年（1825）；台灣府在艋舺設立軍工廠，及軍工料館，兼辦樟腦業務，在深山私製的樟腦均由軍工料館收購，不得私售。三峽多山，自古以來便遍佈原始樟樹林，所以道光五年始，三峽居民在近郊的山員潭子、十三添、打鐵坑、成福等山地設有腦寮，砍伐樟樹來熬煉樟腦。到劉銘傳推動撫墾事務，製腦業達到巔峰，三峽成為北台灣重要樟腦產地之一，並且設有腦局倡導煮製樟腦。

　　樟腦在台灣俗稱「栳」，用途極廣，除了做為防蟲外，還是製作香料、醫藥、無煙火藥材料。由於台灣與日本是世界主要的兩個樟腦產區供應地，自然壟斷全世界的樟腦市場，在清末樟腦、茶、糖為三大輸出品。1869年發明賽璐珞的合成塑膠，樟腦是其中重要原料，因此清末、日據時期對樟腦的煉製，更是不遺餘力，成為日本據台財政的四大歲收之一。日據時期，為了鼓勵採樟，對於熬樟腦的工人──腦丁，給予最優的待遇，免其勞役，採購糧食更不受限制。

　　樟腦採自樟樹，台灣是世界天然樟林主要分佈區，以中北部居多，南部較少。樟樹種類在台灣有本樟、芳樟、陰陽樟、栳樟、油樟、牛樟、白樟等種，民間則籠統分成香樟、臭樟兩類，其中適合熬樟腦油的只有本樟、芳樟兩種。清初台灣中北部樟林分佈廣泛，遍及山地平原，我拓台先民常砍下樟樹，清出空地種植水稻，成為開墾初期景觀，所以樟腦業者可以說是拓墾前鋒，也就是說，可以樟腦業發展所在地，代表開拓的第一線與最前線。

　　同治年間，因洋人至大嵙崁（今大溪）、三角湧、咸菜甕（今關西）一帶大量採買樟腦，三峽一躍為全台最主要的樟腦集散中心。可是經過多年的採伐，三峽近山墾伐殆盡，不得不再往內深入，便與山區的泰雅族起了衝突，從光緒二十六年起，時常發生衝突，產量遽降，到日據大正年間，三峽樟腦已明顯地走下坡了。

　　光復後，由於人造樟腦的普及，和樟樹的日稀，三峽製腦工廠越來越少，僅位於中正路大同橋頭的「永泰製腦廠」，所用的樟木多由花蓮、羅東運來，數量少，樟木也遠不如昔日粗大，含油量高。朋友們有興趣，不妨前往該廠參觀提煉樟腦的方法，了解一下這「古色古香」的老行業。

　　同治四年（1865）英國商人杜特（John Dodd）來台灣視察樟腦產地並收購樟腦，見文山、海山兩堡茶欉繁殖，且氣候、土質均佳，翌年由安溪縣輸入茶苗，鼓勵農民種植，銳意投資經營。至七年，在拳山、海山兩堡的茶樹栽植擴展到了十三添庄，八年又擴及橫溪、成福、鳶山、福德坑等地，三峽居民原本多是安溪人、永春人，擅長種茶，加上此地氣候和山坡地形適合茶樹生長，不久三峽滿山野都是茶園。當時茶葉採收後，先由茶農在本地加工成粗製茶，以街市為集散地，透過採辦捆客，送往大稻埕，精

製包裝後，再銷往歐美。

　　三峽以龍井茶聞名，其茶樹是「青心柑種」，新鮮茶葉採收後，要放置室內平舖晾曬，不能受日照，和其他茶葉以日光凋萎不同。在製作上除了一般炒、揉、烘以外，還多了一道碾壓的步驟，使龍井茶身形扁平狹長。製茶時要隨時注意烘、炒的時間和溫度，否則茶葉太酥，在碾壓時容易碎裂，無法成形。

　　清末到光復初年，是三峽茶的黃金時期。今日三峽已大為減少，只有在成福、九鬮一帶，每年從二月春茶收成，直到十月秋茶結束，每天上午，成福街上都會有類似趕集的茶市交易。簡言之，沿著橫溪兩岸，採茶製茶，和茶市的交易仍相當熱絡，每年春秋兩季，是三峽龍井茶產期，讀者們可以到三峽一嚐顏色澄黃，味道初苦後甘的龍井茶。

　　同光年間，三峽因樟腦、茶葉，及劉銘傳撫墾的經營下，造成街肆快速發展，遂向南朝著山產來源的方向延伸擴建，成為一個人口約二千人的市鎮。伴隨著對山區的開墾，木材業也跟著興起。1908 年，日本的三井合名會社取得三峽山區一萬多甲地的事業經營許可後，開始大規模的開發山林。當時由內山運出的原木，先集合在八張的集材場，再標售給製材商人，製成茶箱、木料等，銷往台北、基隆，當時木材以杉木及各種闊葉木為主。

　　1933 年三峽有製材廠五家，木工傢俱製造業十多家，盛極一時。到民國 50 年代，因為山區樹木砍伐殆盡，逐漸以南洋進口木材代替，三峽製材業才逐漸走下坡。今天三峽製材業多散在郊區，在仁愛街救生醫院對面，還可以見到一家老製材廠。

　　除了上述樟腦業、茶業、木材業等，日據時期三峽的煤業也盛行一時。三峽煤田分佈，由新店溪西岸延伸到三峽、大溪交界

處，面積有 1 萬 5 千甲之廣，是台灣北部主要煤礦區之一。第一次大戰期間，煤價飛漲，煤業大盛，地方人士為圖開發內山產業，於是有輕便道的敷設。大正 7 年（1908）後陸續有三井合名會社、海山輕鐵株式會社、雲泉商會炭鑛專用線、三峽炭鑛等所屬輕便鐵道舖成，皆經由三峽市街接鶯歌縱貫鐵路北送，一時礦工大增，1908 年礦業大亨顏雲年首先取得三峽採礦權，更是極力推展，到了日治末期，三峽已有八大礦區，礦工上千人的局面。當時三峽市街有商店三百家，市街也擴展到今日中山路、民族路、民生街一帶，甚至鄰近地區如鶯歌、桃仔園、溪墘厝、石頭溪、南靖厝也是以三峽為物資集散地，三峽成了工業重鎮，為人嚮往的淘金地。此後開採盛況一直持續到民國 65 年左右，才告走下坡。現在只剩一家利豐煤礦，還在開採之中。

　　回顧三峽的老行業，從早期的染布業→熬樟伐木→茶葉、煤炭，到今日靠柑橘、竹筍、茶葉等經濟作物維持，三峽的確是沒落了。雖然第二高速公路經過三峽，並在鳶山里設有交流道；台北大學也在隆埔里設校，恐怕助益有限，反而將在一連串的改革建設中，喪失原有傳統風貌，今後如何兼顧歷史古蹟、自然景觀的維護，必是三峽將面對的一大課題。

三峽老街的建築

　　台灣有很多建築物多是成群地出現，從這些多彩多姿變化多端的村落建築中，我們感覺到生活的實質環境是自然的一部分。換句話說，聚落型態在移民生活方式與地理環境影響下，產生若干不同聚落型態。清代淡水河流域聚落很多，其相同特點幾乎都是以淡水河為其聚落發生與成長之生命力。這些聚落形態都不一樣，有的是因漢人與原住民貿易而形成，有的是大量移民才發達，有的是茶葉的輸出，洋行的設立才繁盛起來，有的是山區礦產而出現，這些聚落的市街結構與地形有密切關係，當然也有各籍移民所建廟宇作為聚落中心；街道有的呈線型發展，有的成星狀發展，有的有計劃發展成格子狀。三峽市街原本是福安宮與八張土地公祠之間發展起來，歷經光緒二十一年焚街才改變原貌，至大正 5 年拆除重建，面貌一新，今天所見到的老街建築是日治以後才重建的。

　　中國傳統民宅中，除了三合院、四合院等院落式的格局外，還有一狹長式的市街商店住宅，戶戶有共用的牆壁（共同壁），

而且面對一條街道，三峽老街便是典型的長條形街屋，屬於店舖
形住宅區。三峽老街的建築，從民國初年留存至今，仍然保有完
整外觀，整條街道寬窄適中，氣勢連貫，面對同一條街道，對街
人家的聲言笑容可以跨街傳送，配合拱形騎樓造成的光影變化，
住在同一條街上顯得既溫馨又親切。街屋建築兼有店舖及住家兩
種功能，店舖在前，住家在後，因此有很長的進深。在市區昂貴
的土地集居，每一戶門面寬度有限，故長向發展是必然，基於商
業考慮，老街店面狹窄屋身極長，屋屋相連，形成一條長達 260
公尺的街肆，但由於近山，受地形影響，屋身進深從七十公尺至
十餘公尺不等，並不是劃一長度的。老街屋的規劃極適合住商合
一，前門臨街做店面，銷售貨品。屋內是小型工廠，製造存放商
品。後門直通溪邊，便於貨物的輸送起卸。由於兩側皆是公壁，
不能開窗，因此除室內開天窗外，每兩進之間設有天井以便採光
通風。天井是白天家庭婦女工作地方，天井一側為牆，另一側為
護龍式的廚房。另外為求空間的充分使用，街屋多半採用夾層半
樓（閣樓）或兩層樓形態。以下我們便以 53 號金聯春染坊為例，
說明其內部結構：

　　金聯春為二進二樓屋宇，面街的一進是店面，具有可以拆卸
開闔的門面，中間是走道，兩邊檻窗有擋板可撐出，做為擺置貨
品之用，人則立於檻窗內做買賣，是一個買賣交易的空間。一進
後面是繡布、賣布場所，設有賬櫃、布櫥，是工廠兼大批交易商
談空間。二進是飯廳兼染布工作間，二進後是存放菁料和白布煮
澀的地方。一進的二樓前為奉祀祖先的公媽廳，後為主人房。二
進二樓為子女房，兼做囤放布匹地方，最後的小閣樓則是染布工
人的休息間。屋後溪流是洗晾染布場所，溪埔地又種有製料的菁

樹，因此不論生產、銷售、運送都極為方面。

老街街屋的內部空間規劃及外面的亭仔腳、女兒牆，都是閩南式的建築，但大正年間改建牌樓立面，則摻雜了西方巴洛克式的建築風格。日治後明治 40 年至大正 6 年（1907～1917）時期是紅磚造全盛時期，重要建築物都採用紅磚造，形式上模仿文藝復興巴洛克式，立面上充滿了豐富的巴洛克裝飾，屋頂的山頭形態特別考究，有梯形、半圓形、三角形及曲線形四種主要形式。建築物多有石砌的台基，牆面以紅磚為主，再以水泥或洗石子仿石條纏繞牆身，造成一種紅白相間的華麗效果。這是因為當時的日本正全力吸收西洋文化，本地匠師耳濡目染下，起而仿效，造成屋身是閩南式，而立面是巴洛克式的建築。

巴洛克（Baroque）是歐洲十七世紀中葉興起的一股風潮，是文藝復興後期的建築代表。巴洛克一詞原意是不合常規、怪異的，用在建築上，脫離了對古希臘建築的模仿，顯得不規則、大膽、富變化，並且裝飾華麗，以裝飾性的轉換和複雜化，突出風格特色。巴洛克式裝飾雖然繁複多變，但在立面上，仍採古希臘時期的三段式做法，下為台基，中為列柱，上是山牆。而台灣長條形街屋的立面，在原有的亭仔腳、磚柱的配合下，很自然流暢的吸收這種三段式建築，和各種裝飾文樣。只不過台灣的立面部分頗像我國傳統的牌樓，像是一面做好後再放上去的牌面，花草、柱式更摻雜了中式、日式的圖樣，顯得多采多姿。我們在觀看老街建築立面時，不妨從以下幾處觀察起：

（一）**女兒牆**：指在屋頂正面加蓋的小牆，有單匾額框實心、漏空磚砌、中間實心兩側漏空、三個匾額框等型。

（二）**柱頭**：柱子上方所作收頭線腳，習慣以磚片相疊，做

突出或縮入的設計，稱為磚疊澀線腳。另外還有仿自古希臘的多立克式，柱頭由方形頂板下接饅形墊石組成。科林斯柱頭上有葉板飾、棕葉飾等花草；以及三環式柱頭。

（三）**柱身**：有方形、圓形、半圓帶凹槽、亞字形。

（四）**柱腳**：多數在底部將柱腳磚往外突出，成為柱礎，另有八角形、圓形柱珠。

（五）**山牆**：樓頂突出部份，是裝飾重點，有各種豐富形狀，粗分有梯形、半圓形、三角形、曲線形。

（六）**收頭**：在牌頭面裝飾性柱子上端收頭，有磚疊澀、平頂形、圓球形、瓶形、獎杯形、葉紋形。

（七）**匾額**：在長方形的匾額內題號，包括店號、姓氏、姓名、行業等號，而且保存了舖、行、坊、號、記、店等的店號。

（八）**裝飾文樣**：主要集中在山牆及窗台下方，有中式花草動物、文字，仿日式家紋，和西式文樣。

逛完老街，如果還有興趣，不妨溜躂民權街北端、中山路、民生街一下，這裏也有許多零星的紅磚洗石子建築，其間不乏精彩的裝飾立面，如武功商店、進賢醫院是。目前這些建物還在使用，只是有些居民往往在外壁塗漆粉刷，或任意添建，反而破壞了西方古典建築的嚴肅典雅的古樸美感。

宰樞廟與幾所老廟

　　台灣各地開墾過程幾乎毫無例外的是：當墾民初抵一片原野，優先考慮此地的自然條件如土地、水流優劣情形，當這些維持生命的條件滿意後，接下來考慮到的是移民社會中複雜的社群關係──特別是對生命的威脅，因此出現了種種防禦措施。通常利用地理環境栽植一層、二層竹林，堆土為城，傍水以居，其後進一步建立隘寮、隘門、隘柵，派人把守作為防禦據點，也有在街道轉折處設槍櫃，於住戶牆中開銃孔保護自身安全。三峽為港汊匯流之區，市街臨三角湧溪，西南背負鳶山，西濱大料崁溪，西北與鶯歌隔水相望，東南倚熊空山，地理形勢負山帶水，富交通水利方便，自然很容易被移民選為開拓之地，早在乾隆年間便已開發。

　　面對著居民五方雜處，有分類械鬥，有「番人」出草，移民可採取實質的、有形的防禦，例如建隘寮以防守。但是山崩、地震、颱風、瘟疫等等這些無法預知或不能解釋的災禍或現象，人們只好歸之於神鬼的作祟，為阻止驅逐邪魔惡煞的入侵，移民多

安置石敢當、刀劍屏、風獅爺、八卦牌，白虎鏡等以防禦，更多的是建寺廟奉祀神明以祈福攘災，三峽的寺廟就是在這種背景下逐步興建起來的，也代表了三峽這地方墾殖有成，居民才有能力建廟安居。

三峽最早建立的廟宇是位於與八張交會處的土地公祠，位在通往大溪的古道，據說建於乾隆六年（1741），俗稱頂街福德祠，與長福街口的福安宮，一在街頭，一在街尾。這座土地公祠位在當時開墾的邊緣（也是最前線），是鳶山頭臨著土地公坑溪的山壁旁，並且設有隘門，過北即是往深山之徑，所以往山裏伐木、採藤者，入山之前都會先拜土地公祈求平安。而附近居民若有家畜走失前往禱告，據聞翌日必會歸來。這座廟曾在咸豐年間，民國17年修葺過，光復後也修繕過，最近一次紀錄是民國65年，卻不料近年拓寬馬路，居然將這座三峽最古老土地公祠拆除，令人扼腕不已。

再次是創建於乾隆三十七年（1772）的祖師廟，興建於乾隆四十年（1777）的興隆宮，我們將於另文介紹，此處不贅。

緊接著興建的是建於乾隆四十二年（1779）的宰樞廟。宰樞廟是由三峽最早聚落的秀川街、清水街（昔日的公館尾）李姓族人所建，奉祀玄天上帝，又稱為上帝廟，是屬於李姓私廟。不過根據李姓族人提供的一份資料，是由李姓七大房後裔籌建，逐年由各房輪流擔當祭典，每年農曆三月初三是祭典日，舉行宗親會，會後宴敘，流傳到今。觀看宰樞廟，古舊樸素，正殿設有三川門，左右兩門雕花、裙板、條木的雕刻，手工頗細，上有「宰樞廟」匾額。廳內有「俾爾熾昌」一匾，神龕供有玄天上帝及福德正神、土地婆。神龕上題聯：「玄天原有象，處處星辰光極北。

上帝本無私，時時斗柄耀隴西」，也說明了三峽李姓是從隴西輾轉遷來。廳左右有兩扇小門，門框上有特殊木條，廳內牆面構造，係以土埆建成，外敷水泥，並以藍白兩色漆成磚形，稍嫌色彩庸俗。

　　宰樞廟是李姓族人的私廟，雖無甚看頭，但廟前位置卻是當年航運碼頭，想當年為南北水陸交通孔道，溪面帆檣林立，如今三峽溪只溪中一點平溪流水，令人不勝滄桑之感。閒散走著仍維持清代舊尺度「牛車路」的秀川街、清水街，這條沿著溪水防禦發展出來的老街道，頗有逛「後街」的味道，有榨菜油的，賣膏藥的，老人茶館、齊聚此處。遠遠的，似乎響起一曲月琴，正在幽幽咽咽敘說這個老聚落、老街道、老碼頭的故事，是的，「再思想起……」。

　　位在長福街口的福安宮，創建於乾隆五十年（1785），供奉福德正神，曾在嘉慶二十五年、光緒二十五年修過，歷史悠久信徒極眾，南端即是八張土地公祠，三峽市集便是這兩座土地公祠之間發展起來，可真應了「街頭街尾土地公」的俗諺。福安宮僅單開間一落，旁有精美磚刻，彌足珍貴，門楣題詞「福相壽身克念明德，安居樂業格思正神」，廟門則有三幅對聯，其中一幅「福臻三峽財源浦一方，德被獅潭正氣憑安民」，由於福德正神素有財神之稱，為生意人所膜拜崇信，看著廟門前民權街的古店舖，就可以明瞭何以數百年來香火仍然長盛的道理，不過近年拓寬馬路，竟也拆除，如今神像侷促一旁小屋，正待有心人捐款重建，而一些古物幸收藏於祖師廟內、不知何時重見天日了。

　　另外在鳶山內有一獅頭巖仙公廟，光緒年間建，供奉呂洞賓、地藏王、大聖爺，距今也一百多年，據說鼎盛時，廟前小店

林立，香客不絕，曾幾何時，年久失修，香火不再，近年改建，已失古貌。

　　三峽鎮的古廟除了上述以外，另外白雞山行修宮（即恩主公廟），長壽山天亨堂（屬先天派齋堂）的新廟名剎，更是眺望遠攬的絕佳勝地，讀者朋友們莫忘了順道一覽。

百年來的三峽教會

　　三峽住民絕大多數是福建省泉州府安溪縣人，他們皆以祖師廟為信仰中心，具有根深蒂固的信仰，所以馬偕在同治十二年（1873）首次到達三峽佈道，吃盡苦頭，馬偕在日記中記著：「走路、涉溪至三角湧，住在寮仔過夜，景緻甚美。但番人常下山獵取人頭顱，我們佈教、醫病，拔壞牙齒，此地民眾非常反對。」那時有一個宗族的族長把他的店舖後面一間房間借給馬偕，居然有許多人狂呼威嚇，威脅要把馬偕等人拖到山裏，堵塞嘴巴，挖掉他們的眼睛。反應如此的猛烈，馬偕不得不移居市鎮郊外，但還是常被居民包圍恐嚇。

　　光緒二年（1876）十月五日終於開設了三角湧教會，是他在台灣北部傳教初期所設立的第 13 所教會。光緒五年十二月建立了第 1 間禮拜堂，可惜已無法知曉座落地點。此後馬偕數度到三角湧作醫療佈教，拔了 248 顆壞牙齒。傳教的工作並不是很順利，每個傳教士去駐堂都被洗劫一空，甚至光緒九年，馬偕和若干門徒在禮拜堂講道時，被暴民投擲石頭，差點死去；那天晚上被二

百餘人包圍住禮拜堂，每個人都拿刀拿槍，準備殺掉他們。馬偕寫信託人帶到淡水求援，帶信者也被搜捕，燒掉書信，一晝一夜不敢開禮拜堂大門，直到翌日才被官吏探知此事，派兵解圍，護送到艋舺。光緒十年中法戰爭更是一大打擊，許多教徒被誣指「通番造反」，慘遭迫害，例如三峽一位教友陳乞來，被灌吃人糞，甚至被削掉耳朵、砍斷手筋足筋。7 所教堂也被燒燬，事後重建，馬偕在尖塔塔台上裝飾火燒荊棘圖樣，並題以漢字「焚而不燬」，即拉丁語 Nectamen Consnmbatuv，以示台灣長老教會是自逼迫中洗鍊出來的教會，這個火燒著荊棘圖樣如今已成為台灣長老教會的標誌。再者，乙未割台，日軍進佔三角湧，後因居民抗日熾烈，而有七月廿四日縱火焚街屠殺居民之報復，據說三角湧教堂同遭此禍而被燒燬。五年後，在林炎提供之地另建新堂（今民權街 178 號），據說該堂是日本政府對三峽教會的賠償建物。本地教徒更在居民以為通敵，日人則以為鄉民藉教會抗日之雙重迫害下，被殺和失踪者達 7 百多名，可見佈教之艱辛。

從建設教會經過 20 年的奮鬥，情況終於改善了，民眾對信徒和傳教者的偏見較少。三峽的治安也進步，土匪的巢窟被廓清開墾了，不再那麼囂張咆哮著「你們靠官，我們靠山」。光緒二十六年一月，三角湧教會開始建堂（該堂何時竣工已無法知曉），三峽教會進入黃金時代，馬偕最後一次往三角湧時，三角湧的居民護送他及門徒到相距六公里半的另一個禮拜堂，還有一個樂隊領路歡送呢！而首任進駐三角湧的陳和牧師，更是三峽教會最久的一位牧師。其後歷經陳來成、郭貞、李滾泉、陳榮宗、陳旺、駱先春，至袁鄒富，可謂三峽教會的黃金時代。這段期間，三峽地區的傳道工作，不再有暴徒的侵害，工作不斷地展開，例如土

地公坑、媽祖田、成福、柑園、鶯歌等地，設有固定時間前往佈教，教會迅速地成長，因而有感舊禮拜堂已不敷使用，在陳榮宗傳道師首倡之下，建堂熱潮從此萌芽。直到 1927 年四月長老督會議決召集長執會商議籌募建堂基金，歷經十多年的奉獻，終於在 1938 年十二月完成建堂用地的交涉，決定申請建堂。卻不料好事多磨，先是該年適逢日本發動七七事變，遂耽擱下來。光復之後，經濟蕭條，通貨膨脹，幣值下跌。一直延擱到民國 39 年元月新春，特請偕叡廉牧師主持破土，著手建堂，至 41 年八月完成，從此移入新堂禮拜，即今日位在八張的新教堂，是三峽教會的第 3 間禮拜堂。

新教堂對面山邊階梯上面有一座老屋，是三峽教會第 2 間禮拜堂，房子小且濕氣重，我們姑且稱之為舊教堂。舊教堂後面是山，前面有一條通往大豹，延到鶯歌的輕便車道，屬於三井會社的產業道路，總站設在今教堂對面，辦公室即是今教堂位置，其對面是興實合作公司。這條輕便鐵道從三峽築到大豹，載著杉樹、樟腦、煤炭、茶葉，來回運送，教堂位在鐵路旁，聲音吵嘈，影響聚會，一天之中有 6、7 個小時都是隆隆車聲。舊教堂靠山，所以常見蛇類出入，春夏兩季常有龜殼花、錦蛇、半枝甲、過山刀在教會周圍竄來竄去，甚且竄入宿舍榻榻米蜷伏，竄入雞舍吃卵。靠近山邊的宿舍未免被濕氣所侵蝕，被白蟻所蠹蝕，屋樑書籍常因而報銷。幾年前舊教堂翻修屋頂時，甚至發現大樑底下有一半截墓碑，原來當年建堂時被三峽居民作祟，這些都是當年的趣事與痛事。

總之，今三峽教會座落地點，正是當年茶葉、樟腦、煤炭、杉木等山產集散中心，也是古三角湧的渡船碼頭，且有輕便鐵道

直通大豹（今插角）、有木等內山各地。站在教堂前面，回思這一百多年來教會發生的種種故事，以及地理環境的變遷，能不有感而發嗎？

興隆宮的滄桑

　　三峽次於祖師廟的古廟，據說是創建於乾隆四十年（1775）四月的興隆宮，惟據該廟沿革記載是乾隆十四年（1749），孰是孰非，已難判斷。興隆宮位於三峽民權街50號，供奉天上聖母，俗稱三角湧媽祖廟。

　　興隆宮是福建永春人渡海來台，在三峽拓荒墾殖有成，為感念媽祖庇佑，遂由湄州祖廟，恭請媽姐金身來此供奉，此所以正殿內懸有「安瀾永慶」、「湄州分脈」二古匾，神龕柱聯並題曰：「祖發湄州，自日飛昇封聖母；宮興三峽，累朝祀典奉天妃。」，這說明了現在供奉的媽祖神像是直接從湄州祖廟請來的金身，保證是「正字標記」。當時並未建廟，由在三峽的永春居民輪流恭奉，後賴周亮達與地方信徒，鳩合善信分成七股，籌募款項，出資興建。永春一地，風景秀麗，素有世外桃源之稱，今三峽地區永春籍人士之族譜、祖牌或墓碑，均用「桃源」做為堂號以追念先人，也因此正殿掛有兩方燻黑木質柱聯，題曰：「神稱聖母，庇桃源庶富；宮號興隆，保三峽豐亨。」

　　興隆宮在三峽抗日史，享有盛名。光緒二十一年（1895），歲次乙未，滿清戰敗，割讓台澎，日軍攻至三峽時，三峽聯甲局假興隆宮成立義勇堂，以祖師廟為軍械庫和糧倉，推薦蘇力為統領，挾擊日軍，大獲全勝。不久，日軍援助到，在報復性的焚街浩劫下，興隆宮也在六月三日毀於火災，神庥蒙塵。日治時代，在桃園廳參事陳嘉猷及陳種玉率七股代表聯名，在明治 33 年（1900）向日本當局申請重建，於明治 38 年八月重建，並成立「桃源公善堂」，由葉建宣、李玉貴等人，負責講授禮義教化，以啟民智。沒多久，在大正 5 年（1916）的市街改正，為求街面整齊劃一，興隆宮硬是被拆除了第一進，使得該廟從外表上很難看出是一座廟宇。今廟外牌樓之額「興隆宮」，落款年代是「丙辰　月」，正是紀錄此事。興隆宮的廟額及廟內聯對，及大門對聯均是葉建宣所寫的。葉建宣是三峽有名的文人，善詩文，能書法，鳶山公園內的「表忠碑」也是出自他的手筆，筆法流暢有力，不愧是名家。廟內另有周金燦所撰龍柱對聯：「興廟在護民，聖德長垂三峽；隆朝須祀典，母靈達繼湄洲。」，周金燦也是三峽有名文人，師事陳嘉猷，研習經史，磊落不羈。日治時代有見日人禁絕漢文，偏偏開辦私塾，教讀漢文，發揚中華文化。後不堪日人逼迫，携眷渡廈門，直到光復後才回鄉里，任教三峽初中，於民國 38 年病逝。參觀興隆宮時，可別忘了細細品讀這兩位名家手筆，想見其為人之風範。

　　大正 11 年，興隆宮復由陳乞食主持重修，翌年五月動工，13 年農曆三月廿三日，聖母聖誕日，大工完竣，而成今貌。由於受到長條形街屋限制，該廟堂構，不稱華麗，廟身幽長深遠，頗似民宅。廟前柱子別具風味，邊柱由紅磚與洗石子交疊成紋。中

間的兩根則是由洗石子作成的圓形梭柱，柱肚由中央向兩端收縮，柱腳配上圓形柱櫍，勻稱簡樸。由馬路旁過亭仔腳，即可進入門廳，為第一進，設有桌椅、長凳供人休憩。往前是過水廊，只有一邊可走，再次為拜亭，丹墀上為捲棚，置有一香爐。第二進為正殿，供奉媽祖及同祀神明四十餘尊，洋洋灑灑，廟小神像卻可觀。第三進為委員辦公室，其後並有廚房、金亭，為磚埆築牆之架構，據聞辦公室內數藏有滿清時代古印信一顆，惜不輕易示人。

　　步出興隆宮，臨別一眼，平凡簡樸，實在不像廟宇，但見丹青剝落，一瞬間，老廟、老街、老人，盡浮現眼前，似乎述說著一段悠悠往事。

祖師傳說特別多

　　三峽住民絕大多數是福建省泉州府安溪縣人，他們皆以祖師廟為信仰中心，廟神是清水祖師，俗名陳昭應。

　　清水祖師俗稱祖師公，閩南多稱為烏面祖師，又稱麻章上人，別稱三代祖師、蓬萊大祖、顯應祖師、昭應祖師、善庵祖師、落鼻祖師，此外又有黑面、金面、紅面之別。

　　祖師由來傳說相當多，其實可概分為二，一說：

　　祖師俗名陳應，或者昭應，法名普足，生於宋仁宗慶曆五年（1045）福建省永春縣小姑鄉。從小就在大雲院出家，不久獨自前往高泰山結茅築庵，修持戒律，惜無明師指導，終無所成。遂又往大靜山拜事明松禪師，參讀釋家經典 3 年得悟，便辭歸離去，從此以利物濟世為職志。回到高泰山，草庵早毀，便遷往麻章，嗣後施醫濟藥，恤救貧病，麻章地方人士尊為「上人」。宋神宗元豐六年，清溪（今安溪縣）地方大旱，鄉人延請他祈雨，果然甘霖普降，於是鄉人敦留祖師駐錫，在蓬萊山側，眾人醵金構舍奉居，上人見門前石泉清冽，特命名清水巖，所以從此有蓬萊大

祖、清水祖師、麻章上人之稱。上人在清水巖修行達 19 年，19
年間修橋鋪路，消災解難，深得漳州、汀州人的崇信，宋徽宗建
中靖國元年（1101），在說偈中端正而逝，享壽 57 歲。

　　上人生前雲遊清溪南邊的閩山，曾指示信徒說：「幾十年後，
我當現身於此。」果然宋高宗四年，雷火燒山，自夜達旦，鄉民
便攀崖涉險前去查看，來到人跡罕至的石門，見有白菊一叢、薑
三把，香爐裊裊，上人或隱或現，依稀端坐在那裏。眾人便在此
地建祠，名為「清水別巖」，其弟子楊道並將上人佛身移靈巖後，
建真空塔安放，並上奏朝廷，敕賜「昭應大師」，以後屢封「昭
應慈濟大師」、「昭應慈濟廣惠大師」，直到明朝景宗時又因祈
雨求神有功，復敕賜「昭應慈濟廣惠善利大師」。

　　至於清水祖師之被稱為「烏面祖師」、「落鼻祖師」台灣民
間有二則有趣傳說：

　　相傳祖師剛到清水巖居住時，有畬鬼（古時散居境內的猺民）
穴居裏面，不願相讓，相約鬥法，敗了讓出。畬鬼於是以火攻之，
火熏七晝七夜不死，出來後滿面烏黑，未傷毫髮，從此聽服祖師，
這便是張、黃（一說趙、王）、蘇、李四大將軍隨侍身旁由來，
也是祖師臉色變成黝黑的原因。

　　另一則傳說：有一次祖師廟宇被山寇襲劫，鼻子被削掉，後
雖經取回修復，但此後再逢天災地變人禍，祂的鼻子便會落下，
預兆災禍。據說極為靈異，並且在災禍未完結前任憑你怎麼黏都
黏不住，等到事情一過，隨便用土一黏便牢靠，不會掉下來。落
鼻祖師脾氣不好，如果參拜者身體不潔或不虔誠，據說鼻子也會
當場掉落在胸前袍袖。這些都是落鼻的由來傳說。

　　當中最真確的由來是：陳昭應為宋代開封府祥符縣人（今河

南省開封縣）。其祖父陳思廉在宋太祖乾德二年擔任安徽廣德節度使欽加檢校太傅。曾遠征契丹，建有殊勳，再拜為湖北興國節度使及獲軍節度使。平日治家教子，以忠孝為本。再傳到陳昭應，已是南宋，全家也隨政府播遷到浙江臨安。不久元蒙佔宋，昭應投入文天祥麾下的忠武軍，英勇抗敵，勤王救國。無奈大勢而去，宋室淪亡，陳昭應便率眾男徒到泉州安溪縣，定居於彭內鄉溝水嶺，誓不臣元。陳昭應常裝僧侶，活動於閩浙一帶，反抗大元，多方舉義，惜均未成功。晚年臨終前還指示子孫鄉眾，乃須反抗異族，重光漢土。果然後來陳氏子孫遵其遺訓，隨明太祖朱元璋北伐。明太祖追念陳昭應教忠教孝，乃敕封「漢國公」，詔命在安溪建立祠堂，賜撥香田，以崇祀之。因是安溪人久而久之把他神化起來，稱之為祖師公，祠曰祖師廟，成了安溪人的信仰中心。

　　到了明末，滿清入關，鄭成功率眾起義，反攻失敗，只得渡海驅走荷人，收復台灣，建為反清復明基地。在此情勢下，安溪人聞風來台，共襄義行，於是奉祀在安溪清水岩的祖師廟，也分香來台，成為旅居台灣的安溪人的保護神，及安溪人的團結象徵。祖師公精神與安溪人長相左右，安溪人秉持民族精神始終未曾稍怠，乙未割台，日人強佔台灣，便曾在三角湧地區慘遭安溪人的痛擊，傷亡慘重，安溪人壯烈成仁，三角湧街付之一炬，其義行可謂驚天地泣鬼神，不愧是安溪人，更不愧是陳昭應的後代。

　　台灣開拓之初，泉州安溪人也帶來家鄉的守護神祖師爺，陸續在開拓的各地，創建廟宇供奉，全省大約有近百座，其中又以台北、三峽、板橋、樹林、鶯歌等地較多，北台灣祖師廟有名的，有艋舺祖師廟、淡水祖師廟、六張犁石泉岩，及三峽祖師廟。論香火之盛，以萬華祖師廟為第一，論雕刻之美，則以三峽祖師廟的藝術價值為最。

李梅樹與三峽祖師廟

　　乾隆三十二年（1767），三角湧、鶯歌等地安溪人，由安溪清水巖迎請祖師神像到三角湧奉祀。當時三角湧、石頭溪、海山口、鶯歌石、中庄、二甲九、橋仔頭等地的安溪人，便倡議興建祖師廟，於是在八月間動工，至三十四年竣工，建造了問庵堂奉祀，號為長福巖。並分劉、大雜姓、陳、林、中庄雜姓、李、王姓等七股，逐年輪值，主持廟務與每年農曆正月初六的誕辰祭祀，從此長福巖祖師廟成為此地區安溪移民的團結象徵，也是信仰、社會、經濟中心，譬如嘉慶十八年，當地人陳川在開墾餘暇，借廟旁廊房開設書房教育地方子弟。

　　道光十三年的一場大地震，使祖師廟、宰樞廟部分損毀，因而乾脆重建為較具規模的廟宇。當時北台聞人陳維英還為長福巖撰了三幅對聯。光緒二十一年的三角湧抗日之役，祖師廟曾充當指揮中心，不久日軍大舉反攻，焚毀市街，祖師廟也在戰火中毀去，只留下後殿兩支黑枯橫樑及數塊石刻，幸好神像已事先移到今溪南里的蘇姓公厝「蘇萬利」。光緒二十五年重建成兩進式合

院的廟宇，三川及中殿都是單簷燕尾式，非常像今日淡水鄞山寺模樣。但是此時祖師廟的財產管理權是被日人控制著，由當年三峽街役場的街長代理人管理，直到民國 34 年九月，由代理三峽街長李梅樹接管，祖師廟才算重回三峽人的懷抱。

長福岩第 2 次重建後，至光復時已歷五十餘年，年久失修，廟中住持要求修廟，且正值戰後，受征調的三峽青年都帶有祖師廟的香火袋，都能平安歸來，可見祖師公威靈赫赫，因此大家也同意，聯合請願修廟。從民國 36 年農曆一月廿七日破土重建，至今日已六十多個年頭過去了。六十年來，三峽祖師廟之被國際人士譽為東方藝術之宮，不得不歸功一位了不起的藝術家——李梅樹先生。

李先生是三峽人，生於 1901 年二月，家境富裕，自幼便對美術、音樂、繪畫有非常興趣。1918 年考取台灣總督府國語學校（今省立台北師專前身，現已升格為國立台北師範大學），開始接觸較正式的美術教育。原計畫學校畢業後，立即赴日人東京美術學校（今東京藝術大學前身）進修，惜因父親不允，只得怏怏返鄉任教。課餘之暇，專心致力研究畫藝，並利用暑假返回母校，參加石川欽一郎先生組織的「暑期美術講習會」。工作餘暇所繪的作品，也連續入選第 1、2 屆台展。皇天不負苦心人，終於在1928 年，27 歲之年，負笈日本留學，就讀東京美術學校西洋畫科。不料其兄長劉清港醫師遽然因病逝世，不得已休學一學期，在家事料理告一段落，再度束裝赴日，完成學業。

因為童年一直生活在純樸的鄉野，所以對故鄉有著一分深厚無比的感情。壯年從政多年之後，對於民族生活文化，另有一番不同的體認。因此以 46 歲的壯年主持三峽清水祖師廟的重建工

作，成為李先生後半生的職志。

最初地方人士打算簡單地在 2、3 年內修畢而舉行慶成建醮。李先生獨排眾議，主張有計劃地整建，並到全省各地名廟參觀，自己繪製設計圖，公告廣徵匠人，四處尋找優秀匠師。在工程經費短缺時，曾帶誦經團至中南部化緣，甚至將自己油畫作品賣出以籌款，李先生為建廟耗費了 36 年心血，直到民國 72 年逝世，死而後已，而祖師廟還未完成。

重建之初，傳統匠人對學西洋美術的李先生總有不服現象，但因其深厚的藝術涵養，獨到造形設計，漸漸地，匠人接受他的領導，而無異議。工程中的一石一木，都要經過李先生的認可，才能製作施工，因此長福岩的細緻考究，其成就都是李先生一人直接促成。

祖師廟之被譽為藝術的殿堂，因為它大致保持傳統廟宇形式的建造技術，並聘用優秀的正統匠師負責，可說是民間藝術的總匯，匠師智慧與手藝的結晶，在李梅樹先生的嚴謹要求下，每一細部都極盡雕著之能事，從廟頂、屋簷、牆壁、柱子……全都裝飾得華麗複雜，作看之下，令人眼花瞭亂。正因為廟的裝飾風格，深受李梅樹教授寫實風格影響，兼具濃厚西洋風味，再加上匠師眾多，來來去去，在風格上呈現多樣性，欠缺統一感，形成只宜近視，不宜遠觀之遺憾。而且外型上受廟地面積所限，無法像傳統廟宇向水平方向延伸，只能往上垂直發展，突顯正殿太高太陡峭，天井、中埕侷促，有壓迫感與空氣不流通之窒息感。當然，反過來說，祖師廟也成為當年三峽最高聳的建築，形象突出，只是在今日高樓大廈環視下，祖師廟難以雄視三峽了。

「撫番」古蹟今不存

　　三峽原為平埔族霄裡、龜崙、武勝灣、擺接等四社，及泰雅族人大豹、詩朗諸社居息之所。此後漢人不斷湧入，開拓三峽，難免與他們常起衝突，頻傳「番害」。乾隆五十一年林爽文起事，波及北部，其部眾林小文率眾圍攻三角湧。三角湧因天然地形屏障，一面鳶山，又有大嵙崁溪及支流環繞，守易攻難而逃過一劫。平定亂事後，福康安將軍因「熟番」曾協助平亂有功，認為「番民」堪用。遂倣效四川屯練之例，奏請在台灣設屯防守，以維護治安，捍禦「生番」，於是選擇在三峽的十三添末墾荒埔，設「三角湧屯埔」六十甲餘，置武勝灣小屯，漢「番」相處暫告平靜。

　　不料在道光年間，漢人大量湧入，邁向山區開拓，又引起慘烈的的衝突，三峽過去靠近山邊較具規模的宅第，牆壁均留有銃孔，以備被原住民圍厝時射擊，可惜這些宅第也拆建的差不多，無從參觀了。到了光緒十一年，劉銘傳來台擔任巡撫，兼任撫番大臣，進行撫墾計畫。劉銘傳為推動工作，在光緒十二年創設「全台撫墾總局」，位在北部番界最深處的大嵙崁街（今大溪），置

有北路隘勇五營，另外在三峽設有「三角湧撫墾分局」，由北路隘勇右營負責自屈尺（今新店一帶），雙溪口到合脗坪的隘防，並進一步在獅子頭（也在新店）、加九嶺兩地設有「防番屯所」，當時曾命令隘勇統領鄭有勤率勇，分由屈尺，成福兩路夾擊原住民，始克平定。於是三峽沿山的製樟腦、種茶、製材等產業勃興騰飛，整個山區大部份為之開闢。

撫墾總局是官方所設立處理山地事務的機構，並辦理與原住民交易諸項事務。但因劉銘傳打算以樟腦、硫磺官辦，茶葉徵茶釐等財政措施，獲取推動撫墾事務的經費由來，使台省之財，足供台省之用，所以凡欲入山設腦寮的人，都必須得到撫墾局的允許，並由駐紮內山的兵勇加以保護。劉銘傳極為重視三角湧的物產，設置了「三角湧腦局」，倡導煮製樟腦事業。腦局俗稱「抽分館」，當時規定所有製成樟腦都由腦局收購，再轉賣給商人，一般商民不得私相售賣，如發現偷熬樟腦，由小路走私偷運，被抓著了，則物品充公，人犯要受鞭打。

同時期板橋林家的林維源自廈門回台，協助劉銘傳幫辦台北撫墾事務，也大拓山地，至光緒十四年開闢新舊荒埔多至七萬餘畝。台北沿山地帶，林家墾田種茶，在三角湧的橫溪、成福、礁溪、大埔、五寮及大寮墾地頗多，也發了大財，林維源本人也因撫墾成效昭著，晉升為幫辦台灣開墾撫番事務。

開墾同時，劉銘傳不許漢人侵凌原住民，安定番業，興辦教育，促使原住民同化歸順，因此在三角湧設有一所學堂教育原住民同胞，這所番學堂在偕牧師的日記曾提到：「我參觀一所專為山上弟兄的孩子們而設立的學堂，這所學堂共有學生 19 名」，可惜這座學堂位在何處？史文無詳細記載，不知其下落了！

　　因有官方武力進駐，山地的開墾得以深入，同光年間整個台灣宛如脫疆野馬，迅速奔馳，三峽也迅速發展成人口約二千人的市鎮，從外地湧入墾丁、腦夫達數千人，街道也隨著快發展，向南側延長增建，今天的民權老街也就是如此發展起來，民權街尾向西右轉本有一條小山路，便是當年入山伐木、採藤、熬樟的入山要道，也是越過山崙，通往大溪的小路。路旁的八張土地公祠據說是三峽最早的土地公廟，居民每次入山，必先在該廟敬拜一番，祈求一路平安順事。不料近年因拓寬山路，整個拆除掉。小祠、古道、番學堂，這些「撫番」遺蹟全消失，消失得無影無踪，消失在現代化下，消不去的卻是心中的悵惘，「現代化」真的與「傳統」不能相容嗎？我心中不禁懷疑？

三峽抗日播義聲

　　甲午戰敗，割讓台澎，光緒二十一年五月末，日軍近衛師團登陸澳底，陷基隆，佔台北，幾乎沒有什麼傷亡，但是到了三峽卻吃了大虧。

　　當時三峽人得知日人侵台，即仿照團練組織，組成「三角湧義民營」，公推經營樟腦業的有錢人蘇力為統領，並與樹林、土城、鶯歌、大溪等地義軍合作，分段聯防，互為支援。三峽義軍號稱有 5、6 千人，大營（司令營）設在興隆宮，粮台（軍械庫）設在祖師廟，指揮所設在鳶山山峰，完成部署，就等日軍入網痛殲。

　　那時日軍近衛師團步兵第三聯隊的枋城大隊，與第六中隊的特務曹長櫻井茂夫所統領的軍需船，兩軍水陸呼應並進，在七月十二日到達三角湧。三峽人假裝順民，協助搬運糧食，暗中聯絡義軍。蘇力決定利用三角湧街以南，沿土地公坑溪往大溪必經的山區狹谷地帶，沿山埋伏，構成袋形陣地。因此與大溪義軍江國輝、烏塗窟義軍黃曉潭部合作，主力埋伏在三峽與大溪交界的分

水嶺之橫岡，自身率勇分伏兩側山間。另一方面派軍埋伏隆恩河兩岸，準備夾擊溯河運往大溪的運船隊。

是夜，日軍宿在公館尾的祖師廟，宰樞廟、李家大厝、興隆宮及沿街店鋪廊下。第 2 天清晨，日軍在無戒心下，水陸並進。水路一隊，行經隆恩埔清水港附近，遭義軍兩岸襲擊，日軍猝不及防，死亡慘重，僅有三名逃匿蘆葦叢中，負傷泅水而遁。運糧船隊幾全軍覆沒，義軍大獲全勝。

陸路一隊則取道鳶山南麓，沿土地公坑溪左岸的谷底山道，單列前進到分水嶺山谷的谷底，一聲鑼響，義軍由四圍邀擊，日軍不知山川地形，陷入苦戰，激戰四日，日軍傷亡枕籍，派 1 人化妝乞丐逃出（一說是漢奸羅金來引導潛出）到龍潭求援。七月十六日，龍潭方面日軍山根枝隊，聞訊迅即率軍馳援，採圍魏救趙策略，全力進攻大溪，大溪義軍不得不撤軍回援，導致團陣瓦解，日軍得以脫困突圍。功敗垂成，各方義軍只得分路撤離戰場。

日軍在三峽遭到義軍圍攻狙擊，傷亡慘重，大為忿怒，決定採取焦土戰術，焚夷村落，實施屠殺，三峽自然成為首要目標。22 日，日軍大舉出動，由大溪回攻三峽，沿路且燒且進，義軍犧牲慘重，到 24 日擊潰義軍，結束戰爭。而日軍進入三峽後，四處搜索，並縱火焚街，火焰遠連大科崁街，二十餘里不絕，數小時內，一百多年的繁華古街，化成灰燼，盡成廢墟，據日方記錄，共夷燒房舍一千五百多戶，實在是三峽人抗日一大浩劫。

義軍撤走山區，仍據險頑抗，分成小股進行遊擊，前後持續數年，日人曾在明治 30 年（1897）、明治 31 年（1898）二次進剿，終不能徹底解決。另一方，在山區的泰雅族也激烈抗爭，日人動員大批武力進行鎮壓，雙方均傷亡慘痛，整個三峽地區成為

日人難治頭痛地區。事後日人悼念此次戰役，除了在原地立碑紀念外，還在鳶山公園建有「表忠碑」，編「三角湧進行曲」以追念此次戰役。而三峽抗日義聲也從此名播全台，永誌後人心中，這是三峽人悲壯而又光榮的一段歷史。

　　三峽義軍抗日，主要得力於蘇力、蘇俊、及陳小塊三人之領導，故世人稱他們為三角湧抗日三傑。今天我們參觀三峽老街時，至民權街 52 號時請稍待並多加一分肅穆，因為這正是抗日英雄蘇力的老家。三峽另有一位抗日英雄，他是橫溪坪林人，曾一度抗日失敗潛逃，至歲暮又潛返坪林，密謀再度舉事，不料行跡外洩，遂被捕，與其他五位義士斬首，日軍將其人首級以竹籃盛裝，送到祖師廟前懸掛示眾，以警告三峽民眾，次日始棄置在三角溪義渡西岸附近。台灣光復後，民國 53 年，三峽人追念他們六位的烈行，在其墓地原址築祠紀念，稱「六聖公祠」，附帶一筆，追述如上，以表彰抗日先烈！

三峽的老地名

　　三峽舊名「三角湧」，「三角踊」，更早為「三角躅」，有人認為此語係出自泰雅族語的譯音，事實上此地方是因三峽位居大嵙崁溪（今大漢溪）、三角湧溪（今三峽溪）、橫溪三條溪流交會之處，地形略呈三角形而名（即今三峽鎮三峽、秀川、公館等里一帶）。「躅」為住足不前之義，因三面環水之故，也有說「躅」（chiok）是「洲」（chiu）的訛傳，不無可能。「湧」、「踊」同音，閩南語形容溪水騰達跳踴「起浪」的意思，生動描述了三溪交會翻湧起浪的情景。至日治時期，因三角湧（SAM-KA-YIN）的日語三峽之音讀 Sankiyou 近似，於大正 9 年（民國 9 年，1920 年）地方制度改正時更改為今名，直到今日。

　　大漢溪發源於雪山山脈的大霸尖山，流經大溪後，轉東北向，到三峽附近，滙合三峽溪、橫溪，再流入台北盆地，和新店溪會合後，稱為淡水河，是北台灣最大河流。三峽溪發源於熊空山和北插天山，俗名熊空溪、狗穴溪，又因上游原有泰雅族大豹社，亦名大豹溪，是大漢溪最大的支流。橫溪源頭為獅頭山和竹

抗山,因為河道由東向西流入三峽溪,因而得名。此外另有中埔
溪(又名土地公坑溪、福德坑溪)是三峽溪的支流。三峽既為港
汊滙流之地,負山帶水,自然資源豐富,成為平地與山區物資集
散交易地區,自然很早就已開拓,留下不少老地名,以下我們選
擇幾個老地名作為介紹,以了解三峽地區的自然環境、物產、及
歷史沿革:

鳶山後:今鳶山、中埔二里,在鳶川西麓大漢溪東岸。鳶山
形勢有若振翼之飛鳶(老鷹),故又名飛鳶山,山上有一穴口,
深數十丈,據說即當年鄭成功砲擊之處。

茅埔:今鳶山里一部分,往昔是茅草叢生的荒埔地。

福德坑:今弘道里部份,位在鳶山中福德坑溪河谷,境內為
梯田,有一座土地公廟而得名。

八張:八張即八張犁之略稱,按犁一張表示耕地面積五甲之
多,換言之,此地約有四十甲之大,地主發八張牛犁給佃農耕作。
八張地方據傳曾有陳金朝者入墾,後招林恩賜為婿,協力拓墾而
成。

中埔:今中埔里一帶,夾在兩條溪中間,北有隆恩埔,南有
大埔,位居中間之埔地故得名。

麻園:今弘道、大埔二里部分,位在福德坑溪與三峽溪間山
坡地和谷地,往昔多半栽植苧麻而得名,現居民多數務農,栽植
水稻和茶葉為主。

大埔:在三峽溪中上游地區,為鎮內客籍移民分布地,地名
起源應與祖籍大埔有關,境內多茶園、橘園、梯田及煤礦。

二鬮:即今二鬮里,移民入墾時,以拈鬮(抽籤)方式分配
墾地,抽到第二籤的稱為二鬮,在此從事拓墾,故得名。附近並

有地名五闠、十八份，其起源皆與持分土地有關。

山員潭仔：今二鬮里部份，位在福德坑與三峽溪間山區，因山上有圓型水潭三處而得名。本區居民多從事植茶、採樟為生，民國 66 年聯勤徵收工程用地，多半遷徙他地，僅餘六、七十戶。

五寮：位在三峽南方，三峽溪上游南側山區。本區在日治初期屬桃園廳番地，後來開放，始有漢民入墾，入墾居民半數以上為客籍，多植柑橘、竹筍、薑等山產，今五寮以筍市、生薑集市，及觀光果園聞名成觀光特色。另外五寮溪生產黑石、黎皮石、木化石，在石界享有盛名，尤其黑石是由火山岩漿噴發所造成的玄武岩，內含鐵、煤成分，因此色澤黝黑，可媲美瑞芳的黃蠟石和花蓮的大理石。五寮地名起源於此地有五處採樟腦的腦寮。

礁溪：今礁溪里，據說昔日三峽溪曾流貫本里，後因河流改道，水源消失乾涸，故稱礁溪。礁溪又分上礁溪與下礁溪二聚落。

隆恩埔：今龍埔里部分，其間水系發達，如清水港、濁水港、隆恩河等。隆恩河兩岸平原皆稱隆恩埔，開闢於乾嘉之際，係官府發帑購置田園，招佃墾殖，徵收租息，以充兵餉，故稱隆恩埔。其河名起源於此，隆恩莊亦因此得名。

十三添：今嘉添、添福二里，包括十三添、打鐵坑、犁舌尾三村。犁舌尾因地形似犁尖（犁的尾端）而名。打鐵坑因當地為打鐵而得名。至於十三添之由來，一說此地在山間盆地，多雲雨天，抬頭 13 日不見天；一說此地祭神時，有人一口氣吃下 13 碗湯圓，閩南音稱盛為「添」而得名，當然以後說較真確。

挖子：今溪北里，是大豹溪注入三峽溪轉彎地帶成凹形，故稱挖子。

成福：今成福里，及安坑、竹崙里部分。因位在大豹溪中上

游山區，常遭泰雅族侵襲，乃在與溪東里交界處（俗名城仔）築土牆防禦，取名「成福」，寓意開墾從此順利成功，「終成福地」。

其他如有木（森林密佈，林木眾多）、插角（一塊突出高地）、安坑（即暗坑，終日雲霧籠罩，少見陽光），均可以讓我們了解當地自然環境。

板橋市

林成祖開闢板橋

　　提起板橋林家，大家都會聯想到板橋的開發繁榮皆是林本源家族的貢獻，其實這已是道光年間以後的事。在這之前，今板橋市區的開闢，以林成祖的功勞最大。

　　板橋的開發，略晚於台北、新莊、樹林，因為在當年擺接附近，內山野番出沒，漢人害怕，裏足不前。直到康熙末年，才有漳人賴姓兄弟四人至板橋新埔一帶開墾。其後陸續有漳人至此，雖有點片狀的開闢，然而猶是荒野草地，成就不大。至乾隆年間，林成祖到台北開拓，板橋的開墾事業才真正全面開展。

　　林成祖本名林秀俊，字茂春、乳名王，成祖是其號。他原是漳浦縣人，世代務農，渡海來台，曾擔任台中大甲德化社通事，雍正初年與同鄉廖富椿相約，一起來北部開墾。開墾之初，遭遇各種困擾，其中最頭痛的問題便是「番害」。幸好擺接社忽然瘟疫流行，林秀俊為他們施藥醫治，方把惡疾消滅，原住民為表達感謝之意，不再阻撓，林秀俊方得盡力開墾，拓地日進。不僅此，為促進漢人與原住民的融合，他又娶了潘氏平埔族女子，生下二

子，林海籌、林海文。

解決了與原住民衝突、阻擾問題，林秀俊面臨了第 2 個問題；水利灌溉。為了使農田有較好的穩定收成，必須建立灌溉系統，因而乾隆初年，他開鑿大安圳，築成一條寬 2 丈 4 尺，長十餘里的灌溉渠道，在媽祖田（今土城）建堰，引大嵙崁之水，經土城、頂浦、大安藔、員林、柑林埤、清水坑至板橋的四汴頭。在此分為四線，一線灌溉中和的員山子、外員山、十七張、中坑、漳和，另外二線灌溉板橋從四汴頭至港仔嘴的田地，細渠縱橫，兩岸遍植相思樹護堤，灌溉水田約千餘甲，遍及板橋、中和、土城地區。以後又開鑿永豐陂圳，灌溉今新店市地區，灌田一百九十餘甲。從此渠道所經之處，不僅水田處處，人口也越聚越多，形成眾多村莊，所以乾隆年間出現了擺接十三莊，分布於今板橋、土城、中和三地。當時十三莊的漳州人以枋寮（今中和）廣濟宮、慈雲岩為中心，結成一個緊密的地緣團體，僅有少數泉州人居住在溪洲與港仔嘴附近。

不料世事多變化，乾隆五十一年爆發林爽文事變，彰化、淡水一帶林姓漳人多被株連，林秀俊家族以富豪見稱，自然成為覬覦打擊對象。另一方面，大安圳、永豐圳不時崩壞，常要花費大筆資金修繕。而且後代家族又為開鑿暗坑圳，投入不少資金，終使得林家無法獨力維護龐大水利設施的開銷。今板橋地區，在乾隆之後，道光之前，始終未能進一步發展形成街市，此為主要原因。以後在道光二十六年，林秀俊的後裔林興邦（即林步蟾），邀林國華出資大事墾殖，甚至將大安圳水租、圳戶權轉讓，由林本源家出資承頂，也代表林秀俊家族的沒落，說起來這不過是幾十年光景，想起當年閩浙總督喀爾吉善上奏乾隆皇帝說林秀俊擔

任此路通事數十年「田園房屋到處散布」，他死後林家迅即沒落如此，不免令人感慨。

林秀俊闢地攏接，留下有存穀的公館五座：深丘公館、新埔公館、後埔公館、枋寮公館、西盛公館，其中板橋即有三座，可以想見他以板橋為家業重心所在，可惜志書記載不詳，無法確知位於何處，但提及板橋的開闢貢獻，最早不能不推及林秀俊，不應由林本源家族獨居其功。

「板橋」今何在

日治時期，板橋地方流傳兩首歌謠：

（一）板橋對面是新莊，無緣無端跟娘耍，李仔好吃粒粒酸，
　　　害娘一暗想到光。

（二）火車起行嘟嘟叫，板橋查某水甲笑，一點五分到板橋，
　　　轉去離某給娘招。

由於當時板橋繁華熱鬧，藝妲間、戲班多，酒席、名廚聞名北台，提起四汴頭的總舖司，無不蹺起指頭說一聲讚，四汴頭的酒席可是令人回味不已。

板橋今天的繁榮固然奠基於林家的定居，但真正熱鬧與日治時期縱貫路的經過有莫大的關聯。在三百年前，板橋還是一片叢林之地，山林之間零星散布著平埔族擺接社的原住民，偶有漢人來此貿易營生，尚無農業移民。直到康熙末年，才有漳州賴姓至板橋今新埔一帶開墾，是為漢人開墾板橋之始。其後陸續有漳州人至此，迄乾隆年間林成祖、廖富椿到板橋開墾，才全面展開拓墾事業，出現了「擺接十三莊」。

　　大致說來，原住民的聚落古書稱為「社」，漢人村落稱「莊」，「莊」之後有「街」，為街衢化的指標，代表人口眾多，市集繁榮的意涵。因此出現了十三莊，說明了此時漢人已入墾板橋，並聚居成「莊」，從事商貿的開墾。十三莊的建立，與雍正年間台北、桃園間龜崙嶺山道的開通有極大關係。就整個台北盆地形勢來說，八里坌因位於淡水河口，為移民海路入台的交通孔道，故開發較早，成為早期台北盆地開發中心。再次是新莊因位於淡水河岸，交通方便，可泊大船，在乾嘉年間成為北台中心。板橋與新莊同在大嵙崁溪兩岸，開發卻較晚，其原因是新莊是凹岸，板橋是凸岸，因而沙石堆積，停泊不便，影響了開發，直到陸路的龜崙山道打通後，情形才為之改觀，大批移民循陸路湧進台北盆地，板橋在此移民潮流中，為漢人所開拓。

　　十三莊係指擺接地區漳人所建的 13 個村落：後埔墘、社后莊、新埔墘莊、員山仔莊、枋寮街、芎蕉腳莊、南勢角莊、柑林陂莊、火燒莊、員林仔莊、冷水坑莊、大安寮莊、藤寮莊，分佈在今板橋、土城、中和三地。其中在今板橋的有：新埔墘、社后、後埔三莊，不過此時擺接堡內板橋發展已退居次位，枋寮區（今中和市）才是堡內中心地帶，十三莊的漳州人以枋寮的廣濟宮、慈雲岩為中心，結合成一個緊密的地緣團體。至此早期的開墾告一段落。

　　當年的枋寮一帶伐樟業盛行，伐樟工人常往板橋一帶去，當年湳仔溪溪面頗寬，為了渡河方便，漳人在溪上架了座簡易木橋，稱為「枋橋」，閩南語的「枋」與「板」同音，這便是以後板橋地名的由來。這座木板橋在那裏呢？就在林家花園旁有一接雲寺。接雲寺右前方，位於府中路、林園街口交會處的馬路的班

馬線附近，正是當年「枋橋」的位置，說來諷刺，放眼過去，面目全非，渺無痕跡，滄海桑田正是如此，但仍可算是板橋最具紀念價值的古蹟之一，建議板橋市政府應該在此立碑說明，讓板橋市民、後代子子孫孫明白板橋的起源地。

板橋也有史前遺址

　　板橋市無丘陵、台地，一望平原，大漢溪和新店溪會流於市區東北隅，大河縈迴，泉甘土肥，應該早有人類居住，只是一直苦於無遺址、遺物的出土發現。民國 50 年九月，位在今文化路東側，漢生路北側交會的三角地帶，居民整地建屋，開掘地基，相傳有奇怪石塊出土，事為台北縣文獻委員會編纂組組長吳基瑞先生知曉，前往探查，乃發現遺址。遺址所在地為民生里的新埔地區，海拔約 9 公尺，附近無河流、泉水，惟向西約 250 公尺，有一崖崁，崁下低地海拔 6 至 7 公尺。高低地銜接處，有一條小溪，西北流向，相傳即是昔年的公館溝。這大片低地，有可能是遠古時期大漢溪的河床，或支流所經之處，後逐漸乾涸。滄海桑田，今天的大漢溪已距離崖崁西方約 3 千多公尺遠，尤其遺址一帶，儘是高樓大廈，令人婉轉慨嘆。

　　在這遺址只有發現「石斧」一件，全長 270 公厘，形制完整，最寬處在刃端約 83 公厘，最厚處在柄部約三、四十公厘。從柄部以下，兩面精磨可鑑，而且兩面部皆圓轉向邊，亦磨製精美，

有整齊之刃狀，中鋒。刃部呈大弧形，稍有傷缺。柄部長約 84
公厘，全部是捶琢面，一邊柄部之捶琢面與身部之研磨面分界清
晰，另一邊界卻是不清，柄部頂端略平。石質為沙岩，除此石斧
外，於現場並未發現有任何遺物。經過專家研究，這件匙形石斧
應是圓山文化系統的遺物。

　　圓山文化的代表遺址發現於台北市圓山而命名，其存在年代
約西元前四千至二千年左右，屬於新石器中期文化，比它略早的
是芝山岩文化。圓山文化分佈在新店溪、淡水河與基隆河的河岸
台階地，或台北盆地周圍的山丘上。從墓葬中觀察，其埋葬方式
為仰身直肢葬，並且有拔牙風俗，與八里鄉的十三行文化的屈肢
葬不同。石器方面有肩石斧與有段石錛，是芝山岩文化所沒有。
骨器以魚叉數量最多，另有玉製的玦、環、珮等裝飾品，最具特
色。陶器的特徵是淺棕色，質地含砂，紋飾為紅彩，線條粗陋，
手工製，形制有罐、缽、瓶，其中多口罐，雙把罐較特殊。

　　雖然板橋市就只有發現一個遺址，一件遺物，但在附近地
區，發現頗多，出土遺物不下數千件，如(1)本市東方的員山遺址，
曾出土紫厚型粗砂繩陶。(2)再東南向的平頂山，(3)再更南向的大
安寮土地公遺址、虎仔山遺址，皆是圓山早期文化。(4)又隔大漢
溪西向有潭底遺址，(5)又北向有新莊市營盤遺址，二者為圓山後
期之植物園文化。

　　以上這些地區，都距板橋不遠，遠古時期應有史前人類活動
往來，以常情推論，必及於板橋，可惜板橋遺址就只有這麼一處
遺址發現，但已是難能可貴了。

板橋城垣今不存

　　咸豐三年（1853）林國華與林國芳兩兄弟，由大溪遷居板橋
三落新大厝。當時漳泉械鬥正達高潮，因此林家與板橋漳州籍紳
民為防禦泉州人進攻起見，捐款共築板橋城，於咸豐五年完成。

　　當時城牆高 1 丈 5 尺，寬 2 尺多，石料築造，城牆內側附築
高 6 尺寬 5 尺的守備通道，城壁上每隔 1 丈 5 尺距離，即設有一
銃口以便射擊防禦，並在北門市場附近另設有「高銃樓」。城牆
又設有五門：東門位置大約在東門街口，今慈惠宮之東；小東門
在今文化路與北門街交口處；西門在今接雲寺前廣場，面向華僑
中學；南門在今館前路與南門街交會處，面向鐵路平交道，即中
央戲院一帶；北門在今板新公路北門橋附近。此外另有 3 個水門：
一在福德路、館前路口；一在西門接雲寺右側有一座小土地公廟
附近；一在北門街與文化路交叉路口，即縣府過去福利社處設有
一水門。設置水門的目的是方便城內居民向城外水圳取水，當時
居民挑水飲用及洗米，都由水門出入。城外設有護城河，當時沿
著館前路外側、西門街外側有一條天然水圳，名叫「娘子圳」，

又名「公館溝」；同時東門街亦有一條水圳流向文化路口，現已加蓋築為馬路，這些水圳以其天然地形隔離敵人，具有護城河作用。

　　板橋城的每個城門都駐有林家壯勇十餘名，一到日落，城門緊密，僅剩狗洞供人出入，城內警衛森嚴，夜間有巡更制度，我們可以如此肯定地說：在光緒八年（1882）台北府府城建立前，板橋城是台北盆地唯一築有城牆的市鎮，這是板橋市民的光采，也說明當年林家財富之雄厚了。

　　當年板橋城對外交通情況是：(1)出南門有小路通往土城及後埔；(2)出東門通往深丘、埔墘與江子翠；(3)北門經過北門橋通往社后、新莊；(4)西門有小路通往南雅西路渡船頭。當年的西門渡船頭是板橋的交通及貨運孔道，此處有大漢溪支流，有船可通達，成為與新莊間水路交通路線。由於自西門往渡頭要通過一座木板橋，「枋橋」→「板橋」的名稱出處，即來自這座僅由幾塊木板架成的板橋。另外，在光復橋頭及江子翠都有渡船頭，設有擺渡前往艋舺。

　　板橋城建置後，板橋市發展一日千里，從此取代枋寮（今中和）地位，成為擺接地區中心地帶，昔日的枋寮竟然衰退成為村莊。當時因板橋為新興街市，故名之為「枋橋新興街」，又因處於枋橋之一端，也有人稱之為「枋橋頭街」。人口既多，交通又便，商業因之大興，遠至文山堡之安坑、四城、五城等地（今新店一帶），相傳亦來此購買日用品。此時為板橋之興盛時期，待日人據台後，板橋林家舉族內遷，而湳仔溝漸次淤積，水運不行，板橋市況亦漸次衰微，直到鐵路興建，帶來繁榮，板橋一度中興，但板橋真正的再次發展，則有待光復之後了。

板橋的幾條老街特色

　　板橋的開闢，最早是康熙末年，漳州人賴姓兄弟到新埔一帶入墾。至乾隆年間，有林成祖到此開鑿大安圳，引內山之水灌溉江仔嘴一帶。同時期又有一名叫廖富椿者入墾，當時在板橋西側土名崁仔腳的地方，出現了二、三間草寮搭蓋的小店；並在其東邊，今西門公館溝上架築木板橋，方便行旅往返，俗稱「枋橋」。到了道光年間，林成祖的後人林步蟾，邀請林國華共同出資興利，大事墾拓，使這一帶盡成良田，當時在崁仔腳地方建有瓦屋十餘棟，稱為枋橋新興街，可說是板橋的第一條巷街，為附近農產品集散交易中心。

　　以後林家自大溪遷居板橋，起邸第造花園，吸引了眾多漳州人陸續移居板橋，更形成熱鬧聚落。到咸豐初年出現了中直街（今府中路）、大東街。此時在中直街與小直街（今福德街）的轉角處建有數間草店，中直街的中段也出現若干住屋。在咸豐五年建城後，板橋展更形發達，當時中直街貫穿中心，兩側商店住家林立，最稱繁榮，從新莊、艋舺批進大宗貨物，出售給擺接堡數十

莊，據說甚至連文山堡安坑、四城、五城一帶居民也前來購買日常用品。於是板橋街市就以中直、福德、大東三街為中心向各方發展，而築城之後，當時內以中直街為幹道，另有大東街、福德街、倉後街、後菜園街等。據說在中直街與大東街、福德街、倉後街的交會口各設有三座避雨亭，可以想見清代都市計畫設想之細心體貼。

各街道房屋當然以中直街與大東街屋宇最為古老，均是土埆厝。但恐怕今日板橋人不知道大東街又叫做「棺材街」，其原因是當年開設有很多棺材店，最有名者為江氏族人所開設，由於製造棺材及擺設均要佔地寬濶，因此每家店面均不小，頗有氣派。而且受到棺材店集市影響，許多賣壽器、白布、毛巾、牲禮、蔬菜、供品等相關業者也相繼到此開業，「往生」用品一應俱全，「棺材街」聲名遠播，成為台北地區有名的批發中心。不料光復後，板橋火車站新建，帶動前站商圈繁華，大東街棺材店等相關行業陸續遷出，尤其今殯儀館附近的長江路、新海路更取而代之，如今只剩二、三家獨撐，頗有白頭宮女話天寶的感慨了。

另外在大東街與福德街中間有一貫穿兩街成垂直的小街，過去被稱為「橫街」，恐怕今日板橋人也不知道過去是聞名的風化街，橫街不過短短 30 米左右，今日改名為福德街二巷，在日據時期有座艷名遠播的「第一樓」酒家。由於第一樓的關係，不久在橫街附近也聚集一批私娼寮，如此一來成為風化區，橫街名氣不脛而走，有人甚至以「第一樓」代稱橫街。第一樓及二層高的洋樓，其外觀的女兒牆、山牆、欄杆均有美麗的浮雕造型，成為吸引板橋人的洋式大樓，而且橫街底即是林家花園，因此逛林家花園順道來第一樓「探花」者，彼彼皆是；光顧第一樓的也不忘

偕同風月佳人到花園參觀，相得相彰，一時佳話。只不過如今這些也成為古早板橋人才知的記憶了。

日據時期，板橋城因縱貫鐵路經過城牆的東門外側，帶動人潮，不得不市區改正，拓寬馬路，遂拆除城牆。城牆故址闢建道路，即今之南門街、館前路、西門街、北門街，同時也開闢一條由埔墘經深丘通往中直街的道路，即今日的中山路，為板橋外站幹道。當時南門街是後街，大東街是前街；後街荒僻，人跡初聚。但光復後，南門街與南雅路連接成一條，交通便利，人潮湧至，變成板橋最熱鬧街道，老街卻一落千丈。隨著市區的施工拓寬，三條老街更面目全非，嗅不到一絲古意了！

板橋老街的消失

　　道光二十六年（1846）以後，板橋發展有一新的轉變。這一年林成祖的後裔林步蟾邀林本源家族至板橋廣事墾拓，從此板橋與林家有了分不開的密切關係。當時的板橋，最早僅是崁崁腳的二、三間草店，漸發展為十餘間瓦屋，命名為板橋新興街，此為板橋最早的街道。此後在中直街（今府中路）與福德街的轉角處又建了數間草店，在中直街的中段也出現若干住屋。於是板橋的街道就以中直、福德、大東三街為中心向各方發展。

　　道光二十七年，林家在板橋建「弼益館」，作為租館，為板橋林宅的濫觴。咸豐三年建三落大厝，正式遷居。適這年北部發生大械鬥，漳州人移居板橋的人很多，林家為防禦起見，在咸豐五年建了板橋城牆，以保護眾人。嗣後板橋街市發展日見千里，中直街貫穿市街中心，最稱繁榮，兩側的商店、住宅櫛比林立，當時板橋街重要商店，如源森、隆源、合成、培元為雜貨店；源春、廣生為藥店，這些店舖大都在今慈惠宮左邊的街道上（約今土地銀行附近），當時從新莊、艋舺批入大批貨物，出售給擺接

堡數十莊，據記載甚至連文山堡安坑的四城、五城居民的日用品也來板橋購買。

總之，在築城之前，城內已有若干民房。築城之後，當時城內街道以中直街為幹道，另有大東街、福德街、倉後街、後菜園街等。在中直街與大東街、福德街、倉後街交會口各設有三座避雨亭，各街房屋以中直街與大東街屋宇最為古老，均是土埆屋，建於築城之前，當然囉！今天早已渺無痕跡了。

板橋城的興築是基於防禦需要，拆除卻是因為交通需要，前後存在50年。約是明治38年（民國前7年），因都市計畫需「市區改正」，也就是說板橋城牆存在，阻礙市區對外交通，以及整理環境衛生之需要，乃決定拆掉城牆。另一方面因縱貫鐵路由新莊政道經過板橋城牆外側，在城牆東門附近設有火車站，由於鐵路通過，人車流量增加帶來繁榮，也迫使板橋市區不得不改正，不得不拆城牆。

拆城工作持續了4年，直到民國前4年始告完成。拆城後，城牆故址闢為道路，即現今的南門街、館前路、西門街、北門街，拆城開路之同時，把城牆拆除下的石塊，用作各街道兩旁排水溝建材或溝蓋，這些牆城石塊，筆者小時還常看到，現在也渺無可尋了。拆城同時，也開闢一條由埔墘經深丘通往中直街的道路，也即是今日的中山路，為板橋外站幹道。

南門街是拆城後所開的路，當時此街名為「城腳」，寬僅數台尺。而大東街是前街、南門街則是後街顯得荒僻，人跡罕至。但在民國43年，後街新設環球戲院，並且與南雅南路連接成直線，交通便利，帶來人潮，沒有幾年功夫，後街蛻變為板橋最繁華的街道，民國60年把南門街拓寬為15公尺大道，更是錦上添

花。但這一施工拓寬，就將城牆遺址破壞的看不出來，尤其百年土埆老屋，也慘遭浩劫。

　　由於拆城開路，及鐵路改道設站，板橋交通有了劃時代的改變，板橋像是解除桎梏，向外四通八達，原有西門渡船貨運時代終告結束，「板橋」遺址不存，「板橋城」也不存，從此一躍為為現代化城市，嗅不到一絲古意，唉！傳統與現代可真難並存呀！

板橋林家的發跡

　　板橋是當年台北盆地唯一築有城牆的市街，而板橋市內也有一座聞名全台的私人花園——林本源庭園，俗稱林家花園。林家花園規模宏大，三步一閣，五步一樓，園景變化多端，稱冠全台。回顧這座名園的初建、擴大、停滯、荒廢，以至重修，令人不免感到世事無常，也不禁令人引起對這座庭園主人傳奇故事的興趣。

　　林家開台始祖為林應寅，為人篤行積學，以教學為主。乾隆四十三年（1778），他渡台謀生，先是住在新莊，設帳授徒。只可嘆新莊是一物產集散要地，是企業家和農商人士發展的好地方，對於一個教書匠而言，卻落得英雄無用武之地。據說林家後來發達，在廈門鼓浪嶼所建一座洋樓中，供奉當年林應寅賣油時所用的扁擔，以示不忘本，這也表示了當年林應寅的困頓挫折，為生活所迫，教書匠變成賣油郎。在唯利是趨，重商輕文的功利風氣之下，謀生不易，林應寅在七年之後，黯然賦歸，回去漳州府龍溪縣白石塗的老家，從此不再渡台，死於嘉慶八年（1803）。

　　林應寅有三個兒子，老二林向邦，即是林平侯，號石澤。林平侯就小就聰穎非凡，16歲時，渡台尋父，但父親自身難保，養不活他，就受僱於鄰居一個叫鄭谷的米商。由於平侯勤快老實，又會書寫記帳，深受鄭谷器重。幾年下來，也累積了一筆錢，想自立經商，鄭谷極欣賞平侯，不但允許自立門戶，又借給他一筆資金經營。因此平侯憑藉他的商業手腕，選擇運販米穀為業。剛巧乾隆末年，連續發生林爽文與陳周全的動亂，米價大漲，林平侯囤積居奇，不過數年賺了很多錢，感恩圖報之餘，平侯奉本還利給鄭谷，鄭谷不肯收，平侯在中和市芎蕉腳莊買了塊田地，歲收租息以回饋鄭谷，突顯了林平侯淳厚信實的本性。

　　不久又跟竹塹（今新竹市）的林紹賢，聯合包辦全台鹽務，並兼營船頭行以帆船貨運，往來台灣、大陸、南洋一帶，這才真正大賺錢，成了大富，饒甲一方，這不過是短短的20年左右的事。到了40歲，衣錦還鄉。處理父親喪事告一段落，隨後帶著資金到北京捐錢買官做，被分發到廣西省，先後做過潯州通判、來賓知縣、桂林同知，兼管驛鹽事，再升南寧知府、柳州知府。林平侯在廣西為官6年，政績不錯，也得罪了一批官僚巨室，被中傷進讒，事後雖證明是被冤枉的，但從此也心灰意冷，無意仕途，慨然告歸返台。

　　回到台灣，林平侯卻舉家遷到大嵙崁（今大溪），鑿圳啟田，建屋闢地。林平侯何以不留居新莊呢？由於新莊位居淡水河下游，一向是貨運樞紐，而此時正是台灣北部泉漳械鬥最厲害的時候，新莊位居要地，經常發生械鬥砍殺，不是長住久安之地。而林平侯眼光已由原來的從商、任官，轉移到從事拓墾，並收購土地，埤圳水權，積極經營產業，而且台北平原已大體開拓完畢，

發展有限，勢必向近郊山區進一步開拓，而桃園大溪一帶才剛開始發展，而且開墾者多是漳州人與粵人，是自己同鄉人，較無械鬥的疑慮；大溪又位於淡水河上游，水運便利，可運輸四週山區特產，種種因素考慮下。林平侯終於選擇了大溪，搬離了新莊。

經過數年開拓，歲入租谷數萬石。道光初年，更把墾地擴展到桃園和宜蘭一帶。甚至為了把糧食運到淡水，林平侯不吝鉅金，獨力開闢三貂嶺道路，沿路鋪石，方便行旅。以後仍由他的兒子林國華稟承家風，不斷地予以修葺鋪路，博得了「嶺神」的尊稱，這是今天我們在行走淡蘭古道時應該知道的事。

此後，林平侯對地方作了不少善事，例如道光六年，與鄭用錫、林紹賢籲請興建新竹城，並監工稽查。道光十年捐學田，提供讀書的獎助金等等都是。不料到道光二十四年（1844）四月，林平侯感染風寒而歿，享年 79 歲。先是葬於新莊，後因擔心漳泉械鬥波及毀墓，遂在咸豐七年（1857）九月，遷葬於大溪三層（今福安里）。林平侯為林家在台發展，打下了堅實的基礎。

林家第三代與三落舊大厝

　　林平侯有 5 個兒子，分別是國棟、國仁、國華、國英、國芳，分別掌管「飲、水、本、思、源」五記，其中國仁、國華、國芳為平侯妻王夫人所生，國仁早卒，老三與老五同為一母所生，兄弟友愛，共同管理財產，合稱「本源」後人便以「林本源」來稱呼他們家族。

　　林國華英偉有父風，本性孝友，平侯晚年時，家事大小均交給他管理。林國芳，字小潭，是林平侯最寵愛的么兒，卻也養成他逞強好勇，惹事生非的個性。道光二十七年（1847），為方便收取擺接堡（今板橋一帶）米穀，便在當地興建了弼益館，位置就在三落大厝的左側，作為收取租穀時辦公居住及存放租穀的地方，這是林家在板橋起家的開始，可惜在民國 65 年間拆除，已渺無痕跡。

　　到了咸豐三年（1853）兩兄弟舉家遷居板橋，開啟了「板橋林家」的時代。林家為何又再度搬家呢？主要原因是咸豐年間，台灣北部漳泉械鬥，連年不絕，漳人老是打敗仗，漸居劣勢，因

此三番兩次上山到大溪，邀請林家遷出助陣，壓壓泉州人的氣燄。加上林氏兄弟早在其前在今板橋、土城、中和、永和、樹林一帶投資置產，收購田園，而板橋為新闢之地，展佈空間極廣，也不是漳泉械鬥要地，既有產業在此，遷居板橋自然是一理所當然的選擇，於是藉口「大溪地近內山，多瘴氣，土番又時常裸體出入，林家閨秀感到不便。」，便遷居至板橋。

於是在弼益館之側築新第，歷時二載方才落成，乃於咸豐三年正式舉家遷入新居，即以後俗稱的「三落舊大厝」，其樣式是模仿龍溪老家「永澤堂」之形式。由於此時林家主要成員只有兩代，僕從不多，所以房子只建三落，房間數亦不多。而林家此時也正是財富日聚，事業日擴時期，林家頗有炫耀誇富之心態，是以三落舊大厝表面建築裝飾的富麗堂皇，屋脊山牆採用燕尾形式，牆面裝飾圖樣達數十種之多。而同一時間漳泉械鬥正達高潮，防禦功能極為緊要，所以大門兩旁，外圍上石壁，設有銃眼，以供架槍防亂。總之，三落舊大厝實際上具有三大功能：（一）供應兩代人員居住，（二）炫耀其雄厚財富，（三）防禦械鬥及外亂侵襲。因此在設計上，三落各擁有一廳四房：第一廳是客廳，此落供僕從及外人使用；中央為正廳，後為主廳，第二、三落是林家族員與內眷居室。內外區分非常明顯，這是我們參觀三落舊大厝時應注意的地方。

也因林家遷居板橋，眾多漳人也先後陸續移居板橋，至咸豐四年，已形成小直街（後改稱福德街，今府中街）及大東街。嗣後，械鬥仍然不停，為維護漳人的生命財產，兄弟倆更出錢興建城牆，辦理鄉團，以抵抗泉人的進攻。板橋城牆的興建比後來的台北城還要早二十多年，成為當年台北盆地唯一築有城牆之市

街，更奠定了日後板橋市之欣榮基礎。到了 1905 年，因為日人建造鐵路拆除城牆，現在已看不到任何遺跡，只是徒留南門街、北門街、東門街、西門街的街名，讓我們追憶昔年板橋城樓的情景。

林家移居板橋後，國華、國芳乃招佃開墾溪北之番地。林成祖的後裔林興邦也將大安圳經營權轉讓給林家，林家也進一步收購各地已開拓之田園，歲入十數萬石，一躍為全台首富。

咸豐七年，國華死在家裏，享年 56 歲，後葬於大溪坑底。妻鄭氏與鍾氏，鍾氏生有二子：林維讓與林維源。

咸豐九年起，淡北漳泉械鬥轉烈，泉人以艋舺黃龍安為首，漳人以林國芳為首，械鬥連年，屋毀人亡，損失慘烈，互有勝負，經人講和，暫停爭鬥。於是咸豐十年，林國芳建迪毅堂於板橋城南，供祀械鬥陣亡者。不意，十一年林國芳強行將一名泉籍佃農撤換為漳籍佃農，又引起械鬥，官府大怒，派人拘提，國芳尚未被逮至省治福州城審問，就在同治元年先死，逃過一劫，享年 37 歲。國芳無子，以林維源繼嗣，另領養一子：林維得。結束了林家第三代歲月。

大觀義學──族群融合的象徵

同治元年，林國芳歿，維讓、維源兩兄弟才從廈門返台共理家政。這說明了林家為考慮子孫安全，避開漳泉械鬥這一段俶擾不安的歲月，要兩兄弟長居廈門，以避禍害。所以兄弟倆返台之後，為消彌長久以來漳泉的對峙與敵意，林維讓作主，毅然決然將自己的妹妹（其實是表妹），許配給泉州舉人莊正，藉以排解漳泉兩籍宿怨。

同治二年，由莊正倡議，徐士芳捐獻土地，林家兩兄弟出錢，再加上板橋若干紳民捐輸，在板橋東北隅創設了一間「學舍」，並由妹婿莊正講學主授。以後進一步成立「大觀書社」，邀集一些漳州、泉州籍的文人雅士前來品評詩文，以詩文會友，希望消除雙方芥蒂。

到了同治十二年（1873），再集貲建屋二進，兩旁設學舍十餘間，前後預留空地，以供日後擴建。由於屋前是大屯山與觀音山對峙，故取名「大觀義學」，又作為板橋文昌祠，由莊正當山長，廣收淡北的漳、泉清寒弟子，聚集一堂讀書。不僅以實際行

動消除地域狹窄的觀念，大開漳泉團結的先聲：而清寒子弟得以
就學，砥礪德業，科名踵起，對淡北的文風有很大的貢獻。

　　日據時期（1898 年），義學舊址一度是板橋公學校（今板橋
國小前身）校址，10 年後，另覓新址遷出。民國 17 年又在這裏
成立私立板橋幼稚園，民國 56 年以後，則做為大觀幼稚園使用，
一直到今天。因此我們可以說，大觀義學不僅僅是台灣族羣融合
的象徵，也是板橋教育的發祥地，板橋人應以擁有「大觀義學」
為榮，更應好好保護維修這座三級古蹟。

　　現存大觀義學坐南朝北，位在文昌街與北門街的交叉口上，
是座兩進兩廊兩護龍的合院式建築，整個平面構成，計由門廳、
文昌祠及左右學舍空間組成。學舍分立於左右護龍，與中央門
樓、及文昌祠有過水（廊）連接。文昌祠與門廳均為等寬的三開
間平面，兩進都採用硬山翹脊屋頂，大木結構製作考究，文昌祠
的挑檐垂花與龍頭飾均為典雅美麗，形成一個建築特色。文昌祠
主祀文昌帝君，是主掌文運科考的神明，常為傳統的學校或書院
所供奉。

　　除了這些建築特色外，我們還可以在牆壁上看到兩塊石碑，
是同治十二年莊正所立的，一塊說明了當年大觀義學設立的意
義、經過與得名由來；另一塊則說明了興建大觀義學花了五千多
兩銀子，還列舉出捐款人姓名和金額，也表示了當年板橋紳民熱
心教育，彌平族羣衝突，盼望從此和樂相處之用心。

　　大觀義學現在每年二祭，一在農曆二月初三上午，祭文昌，
由董事長主祭。一在陽曆九月廿八日，台北縣政府借大觀義學祭
孔，由縣長主祭。

　　雖然大觀義學的功能早已不存，但它的建築之美依然存在。

今天我們去參觀林家花園時，千萬不要忘了順道到旁邊的大觀義學參觀，大觀義學的存在，代表了：（一）板橋教育的發祥地，（二）漳泉族群融合象徵，（三）板橋林家與紳民熱心創學義舉，（四）板橋的「文廟」，有著這些種種意義，板橋人能不以「大觀義學」為榮嗎？

　　對了，除此外，在林家花園的「定靜堂」有一幅莊正在光緒四年所題的木雕對聯：「積善有餘慶，看今日仁周晉豫、寵錫絲綸、定卜萱堂開綠野，人生惟行樂，月閒嘯傲煙霞，平章風月，靜憑曲檻數青山。」這其中「看今日仁周晉豫」可是有一段故事可談。原來在光緒三年，因山西、河南兩省大旱，林維源生母鍾氏捐賑二萬兩，清廷賜以「尚義可風」匾，翌年六月在新莊建石坊旌獎。光緒四年，晉豫又災，林維讓之母鄭氏也捐 20 萬兩助賑，朝廷賜匾「積善餘慶」，可惜這塊匾已不見。這突顯了林家婦孺熱善公益，「積善有餘慶」，而莊正也適時拍拍丈母娘的馬屁，送上一頂高帽，莊正可是個聰明奉迎的好女婿呀！

五落新大厝與林家花園的興建

　　同治時期是林維讓活躍時代，不僅承襲祖業，更擴展土地拓墾與水利的開發，直到光緒二年生病，四年病歿，結束了 60 年的生涯。

　　維讓死，由維源接手總管家業。而此時林家成員大增，妻妾子女眾多，加上如雲的僕從，三落舊大厝已不夠住了。而且時流遊宦，紛至板橋拜識林維源，對林家來講，身份地位不同了，也要有一個週旋遊讌的場所。於是在光緒五年（1879）開始增建新大厝三落；以後又在光緒十三年擴建，將接雲寺遷移至今址，並封閉府中街，才又增建四、五兩落，成為五落新大厝，到翌年才全部完成。

　　新大厝建好後，整個林家住宅規模幾佔當時板橋城的一半，而城裏靠林家生活的人戶頗多，板橋城簡直可以說是林家寨了。林家此次建宅，除了使用接雲寺原址外，也收購了不少店舖民房，拆毀後才興建起來，當然過程中也惹出不少民怨。也由於林家收購了西邊的店舖改建新大厝，從此板橋的商業區被迫向東移

動，成了日後繁榮地帶。

　　新大厝的大門略向東南，經頭門、二門始達前院，兩旁的護龍，為昔日租館所在。整個院落房間有八十多間，建地一千二百多坪，而三、四、五落的院內，均有四方涼亭相間，可作乘涼及戲台表演之用，可說是規模龐大，設計繁複的建築群。新舊大厝最大不同處，就是屋脊形式，舊大厝是翹翹的燕尾式、新大厝卻是普通的馬背式。一般言，新舊大厝的比較，從工程精細、建築形態、建築材料作一比較，有新不如舊的公論。可惜的是新大厝已經在民國 70 年三月拆除，今天我們在林家花園附近見到一棟十層樓高的林家花園大廈，正是當新大厝的舊址。

　　大約在同光之際，林家開始修建園林，園中的主要建築在光緒初年就已粗具。等到光緒十四年新大厝完成之後，林維源投下巨資加以改築整建，歷經 5 年，到光緒十九年（1893）才完成。於是加上三落舊大厝、五落新大厝，同為板橋林家鼎鼎有名的三大建築，號稱「園林之盛冠北台」，各樓亭之間有相連而曲折的廊廡，其中夾雜假山，或有池塘點綴，儀態萬千，據說花了五十萬兩銀子，而光緒八年所建的台北城牆費用也不過才二十多萬兩，林家後代認為這個當年是被工匠敲大頭，花了不少冤枉錢，舉例而言，林家花園使用的建材並不考究，一般假山必用太湖石佈置，而林家花園假山卻是用磚塊砌成，外敷石灰；曲徑用的是紅磚，而不是舖鵝卵石等等，所以日據時代，日人佐倉孫三參觀時便認為「驚奇宏麗，然而視之，則其所排列巖石，皆係人工所造，頗缺天然之趣。」

　　花園完成後的第二年，爆發清日甲午戰爭，又一年清廷戰敗，簽馬關條約割讓台灣給日本。林維源不願接受日人統治，舉

家遷回廈門，不再返台，於光緒三十一年六月卒，享壽 68 歲。
林園從此不復往日盛況。

日據時期，林家花園與在台產業交給下一代的林彭壽、祖壽
管理。當年日人將庭園列為名勝之一，明治 31 年（1898）日本
總督兒玉源太郎也曾蒞園參觀，留下一詩。昭和 10 年（1935）
日人舉行「台灣始政四十週年紀念博覽會」，利用林家花園舉行
遊園會，開始供民眾參觀。總之，昭和年間，林家花園也常是林
家招待所，群賢畢至，觥籌交錯，翰墨爭輝，留下不少詩話。但
隨著歲月侵蝕，邸園也日漸荒蕪。

光復以後，一度是大陸來台難民所佔樓，也有不少本省人北
上混居其中，一時五方雜居，約有一千多人，三百多戶，一度被
戶政單位編為「留侯里」行政區。不料鼠雀巢居，拆建破壞，非
復舊觀。終於在民國 65 年全體違建戶遷出。但在 65 年至 71 年
間，反倒更糟糕，有人潛入偷竊，也有人噴漆汙損，更有人烤蕃
薯引起火災，加上颱風暴雨侵襲，慘不忍睹。總算到 72 年年底
開始整建，到 75 年年底完成，76 年元月卅日正式開放，供各界
參觀。

百年名園恢復舊觀，令人欣慰，只是四周景物，今非昔比了。

名園歷盡滄桑

　　咸豐三年（1853）板橋林家三落舊大厝落成，咸豐五年板橋
城廓落成，同治十二年（1873）大觀義學落成，光緒十四年（1888）
五落新大厝落成，光緒十九年板橋別墅完成，整個林家宅第、花
園建築完成，前後花了 40 年，佔地三萬餘坪，據說總共花費了
五十萬兩銀子，工程的浩大可以想見。

　　林家花園早在光緒初年就陸續建造，在光緒十四年五落新大
厝完工後，林維源又投下巨資加以規劃整建，歷經 5 年，到光緒
十九年才全部完成，當時號稱「亭台花木甲於全台」，相傳劉銘
傳與黑旗將軍劉永福都曾在林家做客，在來青閣飲宴。卻不料花
園完成後的第 2 年，即光緒二十年發生中日甲午戰爭，清廷戰敗
簽訂馬關條約，割讓台澎，林維源倉皇帶著家人內渡廈門，林家
花園未能充分發揮其功能。

　　割台之際，傳聞李鴻章曾在談判席上向伊藤博文拜託照顧林
家，故日軍佔台，林家園第並未受到破壞。日據時期，林家常代
表台灣仕紳，招待來自日本的皇族官員，或是來自大陸、南洋的

華商，甚至昭和十年（1935）日本人在此舉行「台灣始政四十週年紀念博覽會」，盛況空前。不過，不知是否林家未曾細心經營維護，邸園日漸荒蕪，蘚蝕苔封，觀稼樓竟然在民國初年就已倒塌了，新舊大厝作為穀物倉庫、工作場地，及傭人住宅，幸好定靜堂，方鑑齋、來青閣、白花廳等依然保持原狀。

　　光復後，民國 38 年國民政府播遷台灣，一時湧進大批大陸各省同胞，有不少人佔住林家花園，一時五方雜居，違建櫛比，拆建破壞，面目全非，當時約有一千多人，三百多戶，板橋鎮公所居然還將此地編為「留侯里」，所幸舊大厝並未被佔住，尚能保住原狀。到了民國 59 年，林家後人林柏壽派代表將林家花園土地所有權狀捐給政府，台北縣政府也積極協調住戶遷出，終於在 65 年軟硬勸說讓違建戶大體遷出。66 年林本源祭祀公業捐出花園產權，並捐出一千多萬元作為整修經費。但也就在這時期林家花園遭受重大破壞，有人潛入偷走木刻彫花，有電影公司噴漆作鬼屋拍攝鬼片，更有人在來青閣烤蕃薯，引起失火，燒毀閣樓；再加上板橋市公所為拓寬馬路，拆掉花園方鑑齋戲台後之遊廊，再加上無情風雨侵襲，使得林家花園破落不堪。總算拖到 72 年年底才開工整建，於 75 年年底完工，76 年元月正式開放，供各界參觀遊覽。

　　林家花園可略分為十景：（一）為白花廳，是林家的客廳，前面是穿堂，中間的戲台，後面的花廳，為林家接待賓客地方，從這裏跨步入園欣賞，不過現在已拆毀消失，如今是由舊大厝外側一條長巷進入，透過一道圓拱門，直達方亭。（二）是汲古書屋，是舊時藏書之處，它的外觀是一座三開間並帶軒亭建築，前後皆設格扇門方便出入，屋前軒亭高聳，使用捲頂形式，前庭佈

置石花架擺設花盆，也有大水缸，或養金魚，或植蓮花，兼可供消防用水。（三）為方鑑齋，為林家孩子讀書之所。齋前有水池及戲亭，軒亭與戲亭隔水相對，互見水中倒影，頗有對景情趣，而且軒亭突出水池一角，為文人墨客吟風弄月之地，富有詩情畫意。水池旁側為上下複廊，又稱為樓廊，人們可在迴廊上面居高臨下俯瞰方鑑齋全局。（四）「池中戲台」，過去有人列為第四景。（五）來青閣，為貴賓下榻之所，上下二樓，原以楠木建成，簷牙高啄，可俯瞰可遠眺。閣前一亭，題「開軒一笑」。從這裏迴廊可通兩條路，一經香玉簃、定靜堂至月波水榭；一經定靜堂及大池，到觀稼樓。（六）觀稼樓為第六景，想當年登樓眺望，面對遠處觀音山，眼底盡是田園風光，阡陌相連。樓內現在則陳列庭園全景模型及相關資料。（七）為香玉簃，是觀賞花木所在。（八）為月波水榭，位在定靜堂右側池中，是一雙菱形合成的露台式水邊建築，旁有假山石階登頂，作為賞月之所，月影映在水波，故名。（九）為定靜堂，位居園中心，是最大建築，原是盛大宴會之處。堂西有榕蔭大池，中間有小島與小拱橋，池的周圍又有各式各樣的涼亭、石磯及假山，變化豐富，據說假山是照著故鄉漳州山景所堆砌，足見念念不忘根本。涼亭台榭，形形色色，題有梅花陽、釣魚磯、海棠池、雲錦淙等名，面對池水，實在有幽靜清涼之感。

　　綜觀園中九景，各有特色，可以觀，可以遊，可以居。不過，也有人認為林家花園過於人工化，缺少天然情趣，只是突顯有錢人的俗氣與庸凡。凡事總有見仁見智，重要的是，別忘了前去遊賞一番，體會中國園林之美。

接雲寺與大眾爺廟

今日板橋市的老廟幾乎都與板橋林家有關，不是他們所創建興修，便是他們大力捐獻香火，接雲寺便是一例。

接雲寺原稱石壁湖慈雲巖，原本在中和市柯仔崙一帶（今圓通寺後山），大約建於雍正年間，供奉觀音佛祖，是當年擺接十三庄的信仰中心，另一信仰中心則是廣濟宮，當時十三庄中在板橋的有新埔墘、社后、後埔三庄，十三庄的漳州人以廣濟宮、慈雲岩為中心，團結成一個緊密的地緣團體，板橋一帶漳州人也前往祭拜，當然也免不了一番跋涉，自感不便。

咸豐三年漳泉械鬥，慈雲岩被泉人所燬。於是由林國芳出面倡儀，將之遷移板橋城內西北隅建寺供奉，並改稱接雲寺。咸豐六年所建的接雲寺，從此取代過去慈雲岩，成為十三莊的信仰中心，說明了板橋成為擺接十三庄中心地帶的象徵指標，這時板橋的發展已超越枋寮，是商業、信仰和自衛的中心，這當然與林家遷居板橋、建設板橋有關，而且慈雲岩之未重建於舊址與改名「接」「雲」，也在在說明了林家財勢之雄厚。

　　咸豐九年，台北又再度發生大械鬥，範圍包括了淡水河、大
科崁溪及新店溪兩岸漳泉人雜居交錯地點。板橋一帶漳人在林國
芳統率下，奮勇與同安人互戰數回合，死傷纍纍，林國芳為激勵
士氣，戰後必論功行賞，厚卹死者眷屬。這一場大動亂，直到咸
豐十年雙方暫告和解。械鬥死者英靈共祀於今接雲寺旁的大眾
廟，以為紀念。到同治十二年林維源更建迪毅堂以永久奉祀。同
治九年，大眾爺廟移祀北門橋畔，光緒五年再移祀今址，不過，
民國 65 年因拓寬馬路，拆毀部份予以重建。步入大眾廟，抬頭
見神龕上所題對聯：「大夥靈魂存正義，眾生拱拜感神威」，橫
批「大德大恩沾大眾」，倒是粗俗有力，只是遙想當年械鬥，思
及今日一群台灣政客所挑起的族群對峙，只怕將來台灣最多的廟
宇將是大眾廟了，悲乎！大眾廟位於西門街接雲寺旁，咸豐十年
建，同治九年曾至北門橋，光緒五年移回現址，主祀大眾爺，從
祀范謝二將軍，例祭日為七月卅日普渡月的最後一天，倒也頗熱
鬧。迪毅堂位於館前路 12 號，現堂前仍存同治十二年擺接庄公
立的「捍衛鄉閭」匾，主祀為當年漳泉械鬥犧牲的漳人徐元帥（即
徐財），為當時林家總勇及十二位勇士，另合祀關聖帝君，例祭
日為七月廿六日，這二所廟宇是咸豐年間漳泉械鬥在板橋所留下
的史蹟，不可不知，也不可不記取教訓。

　　於咸豐六年才建好不久的接雲寺，到了光緒年間又被迫遷移
至今日西門街現址，原因是林家增建五落新大厝，封閉了府中
街，移建接雲寺，也突顯了林家財大氣粗之霸道。以後翻修幾次，
如大正 4 年（1915）、昭和 15 年（1940）、民國 55 年，近年也
陸續重修粉刷，古意全失，幸好廟內古匾、古聯都還保存著。

　　接雲寺有五門，俗稱山川門、龍虎門。正門有咸豐七年刻聯：

「南海恩波通擺接，東瀛勝蹟在慈雲」；右門也有一咸豐七年所刻對聯：「青山擁座地靈神乃赫，碧水環門源露恒滋」，廟內拜亭有咸豐六年所刻的：「接物渡慈航婆心一片，雲陰垂覺岩援手十方」。廟內有同治十三年前署新庄縣丞林桂芬獻「除一切苦」匾、溫陵舉人莊正獻「種諸善根」匾、光緒三年台灣撫墾使林維源獻「普陀在是」。神龕是咸豐六年原物，橫批「圓通寶殿」，左右聯是「開是二是一之慧門南海普陀北淡擺接，登累萬累千於覺岸東法雨西極慈雲」。東西過小廊祀統境公，左右廡分祀關聖帝君、延平郡王，及開漳聖王。從開漳聖王之崇祀，也說明了當年板橋是漳州人所開闢的。

接雲寺的搶孤

　　接雲寺奉祀觀音佛祖，此廟之前身為枋寮（今中和市）慈雲岩，所以今日接雲寺的神桌上仍擺設著刻有「慈雲岩」字樣的香爐原物。從祀眾神可多了，有善才、蓮女、韋陀、護法，配祀有定光古佛、註生娘娘、十八羅漢、山神、關聖帝君、關漳聖王。延平郡王（即鄭成功）、統境公（比土地公更高一級之土地神）等。但接雲寺真正聞名北台的則是當年普渡時的「搶孤」。

　　在清代台灣，中元普渡有搶孤與搶旗的風俗，往往造成爭擠死傷，所以劉銘傳曾一度下令禁止，純以供品祭拜。但日據後，死灰復燃，愈見熾熱盛行，在台灣以搶孤而出名的是板橋、土城和宜蘭頭城。接雲寺每年中元普度都會舉行盛大的盂蘭盆祭，普渡後，在七月十八、十九兩日舉行搶孤。由於接雲寺為擺接十三庄信仰中心，包括今板橋、中永和、土城三地，甚至安坑地區漳人亦備犧牲前來，是當地祭祀範圍最大的廟宇，據大正 8 年（1933）的調查，此廟信徒有四萬多人，比當時板橋全境人口還多一倍，可以想見其盛況了。

　　搶孤照例是在七月十九日進行，地點就廟前的田地，由於此時正是第一期稻作收割完畢，第二期稻作還未開始，正好有廣大的田地空出搭「孤棚」。孤棚高二十多公尺，長寬各約 3 公尺，上面擺滿了供品。在孤棚 6、7 公尺高處，另搭有稱作「棧」的台階，上面吊著豬鴨雞肉供品，最上面則掛有三面紅旗，寫著「慶賀中元」。搶孤是在傍晚 6:30 左右，以放煙火為信號表示開始。在這之前嚴禁去搶，是擔心孤魂餓鬼還未吃飽就開始搶，會惹他們不高興，帶來災害不平安。據說當年參加搶孤和參觀人們最少有三萬多人，搶孤時衝撞擠推，現場亂成一團，極度危險，所以一定要出動警察來維持秩序，預防萬一。

　　時間一到，煙火一放，剎時成千上萬的人拼命往前往上爬，這時孤棚上站滿了人，你推我攘拼命搶祭品，往往造成傷亡。更有的人，繼續攀爬到頂端搶三面小旗，凡是搶到的人，可換取多種米糧的獎賞，也有高價賣給航海的人，據說只要船隻插上這面紅旗，可避免海難船禍，航行一路平安，因此這樣一面旗子，誰搶到了就可以賣到 12 乃至 30 日元，這在當年可是一筆不少的金額。不但如此，據說凡是不舉行搶孤的年份，會流行瘟疫，居民會不平安，會為人們帶來種種災殃。甚至還瞎說聽到孤魂野鬼在現場吃供品的啾啾聲；搶孤後掉落地上的米飯菜餚，不用清理，第二天清晨就沒有了——被鬼魂吃了。又迷信說，用這些供品餵豬，豬隻會長得又快又大。果真如此有效，倒可以考慮餵給豬吃，餵給雞鴨吃，那麼駭人耳目的口蹄疫或家禽流行感冒病症就可以避免了，一笑！

　　總之，接雲寺是板橋首要古蹟，廟內古匾、古聯極多，到林家花園參觀，別忘了順道到接雲寺、大眾爺廟參觀一下，位置就

在西門街 10 號。除此外，順帶一提，位在板橋介壽公園側有一「深丘集靈祠」，是日據時期因市區改正，將中直街接通板橋城外四週道路。於是將北門、東門、南門外，與後埔、埔墘、深丘等地區清代一直留存的墓地，把無主認領的孤墳遺骸集中於此，興建本祠奉祀，所謂「普渡」，所謂接雲寺的「搶孤」，正是要安頓普渡這些無主的孤魂野鬼。

慈惠宮與福德祠

　　位於府中路 81 號的慈惠宮主祀媽祖，是一座香火鼎盛，聲名遠播的老廟。

　　咸豐十年，林國芳由新莊慈祐宮分來香火，當時先暫附祀於接雲寺內。到同治十二年（1873），林維源及林家傭人陳元瑞、林潤波、楊早明等人倡建廟宇，至翌年廟宇建成才將神像奉祀廟內，今天媽祖宮正門左右的石獅，與門聯所刻「慈蔭重湄島如帝如天咸欽聖德，惠風被海隅稱妃稱后共仰母儀」，都是當年古物，算起來也有二百多年的歷史了。

　　光緒十八年，由林新傳、林清山等人倡議重修，香火益盛，是當時板橋地區信仰中心，今日還有「湄雲遠護」的光緒古匾。當時信徒也組成「金浦會」的神明會組織，負責祭祀事宜。到了日據時期，昭和 8 年（1933），日人曾作過一調查，慈惠宮信徒有一萬三千多人，佔全板橋人口的 70%，祭祀範圍包括板橋全境（除今日崑崙、溪州、浮州里三抱竹、港仔嘴的泉州人以外），可以想見廟的盛況了。

　　民國 64 年板橋市實施舊市區更新方案，拓寬道路，整修市容，慈惠宮部份建築拆除。於是全面修建，至 73 年十一月才次第完成，歷經 10 年的建設，可以想見廟的規模壯盛，廟佔地約二百多坪，建地約 150 坪，為三層三川建築，從外觀上看，屋頂脊飾有雙龍搶珠，兩端是捲草燕尾，下有象頭，剪黏鳳凰，真是富麗堂皇。

　　慈惠宮供奉天上聖母，從祀千里眼、順風耳，配祀三奶夫人、太子爺、五谷仙帝。每年農曆三月廿三日媽祖聖誕，前 3 天必定舉辦祈安禮斗大法會，23 日出巡境綠，熱鬧非凡。正月初九玉皇上帝聖誕，則舉辦歲首祈安禮斗大法會。七月十五中元節更要辦盂蘭盆會，和 5 天的超薦拔度法會，因為本廟在當年漳泉械鬥時，是漳州人作戰據點之一，械鬥死了不少人，所以從此年年普渡這些幽冥野鬼，誦經消災解厄，增祥納福，祈求國泰民安。

　　除了以上介紹的廟外，我們千萬不要忘了土地廟。今日板橋仍存在的土地廟還有十來座，其中可以確定古老年代的有：(1)位於中山路的「埔墘福德宮」(2)位於南雅西路「湳仔福興宮」(3)位於莊敬路的「埤墘福德宮」(4)位於重慶路的「後埔福德宮」、「大井頭福德祠」(5)接雲寺旁的「崁仔腳土地廟」等，大約都是建於乾嘉年間。其他年代失傳，而且屢經改修，甚至遷址重建的土地廟，其實年代也都十分悠久。

　　在台灣，寺廟的出現興建，學者習慣將祂分成三階段，第一階段是移民初至，草萊未闢之時，人民面臨種種番害、瘴癘的威脅，因此從故鄉攜帶鄉土神，保佑平安順利，等村莊初建後，隨之建廟奉祀。第二階段為聚落普遍建立，土地開墾成田圍，為祈求農作豐收，「田頭田尾土地公」，此時土地廟普遍建置，板橋

埔墘、湳仔、崁仔腳、大井頭等等的土地廟，就是這時期所建，也說明當年板橋的農村景象。第三階段由於社會的進展，土地開發的完成，商業興盛，社會富裕，一些具有較特殊功能或意義的廟宇出現，板橋在咸同年間所建的大眾爺廟、文昌祠（大觀義學）、迪毅堂等等都屬於此類性質。

　　所以我們從以上陸續介紹的廟宇背景反映，可以明瞭板橋是如何經歷了興修水利，化荒蕪為良田。又如何從械鬥凶殺，以致調解紛爭，興建文教，袪除武鬥，成為台北盆地的一個商業中心，一個文化中心，一部板橋史，透過古蹟，完全展示無遺，誰說古蹟不重要呢！

板橋的老地名

「板橋」市初稱「枋橋頭」，是因往昔在西門舊稱公館溝上架有木板橋而得名。那麼其他老地名又是怎樣而來的呢？讓我一一道來：

新埔：在今板橋市新埔、百壽、幸福、公館、新民等里，介於公館溝與縱貫鐵路之間。新埔里有一老廟福德宮，創建於咸豐元年（1851），則說明了這一帶大概在道光年間，屬於尚未開墾之埔地，其後才較慢開墾，所以才命名「新埔」，即新開墾的埔地。

四汴頭：今廣福、廣德、和平、福德、福壽、福祿等里，地名起源於此地為大安圳支圳的第四個設堰門分水之處。廣德里舊小字溝仔墘、大井頭，顧名思義，在溝邊，有水井處。廣福里包括舊小字八甲、四汴頭、竹圍厝、田心等名。福德、福祿、福壽等里舊小字福德埔，因有土地公廟的埔地而名。

社後：今社後、中正、自強、國光、民權、建國等里，在板橋的北區，原為平埔族擺接社所在地。據民間相傳，乾隆年間有

一名為潘國泰的漢化平埔族曾在此拓墾。咸豐年間又出了一名平埔族秀才潘相逢，在此拓殖，今社後里仍有他們潘姓後裔。由於漢人後來入墾，當時築厝成村之處，適在擺接社後方，故名社後。

港仔嘴：今港嘴、振興、光復等里，地當大漢溪、新店溪注入淡水河的三角形尖端地帶，故得名。港嘴里舊小字名舊社，係新莊一帶平埔族武勝灣社人移來此處。乾隆年間，在林成祖築好大安圳後，漢人才次第入墾於此。現此地尚有十餘戶平埔族後裔。

江仔翠：今江翠、松翠、嵐翠、宏翠、聯華、華翠等里，位在大漢溪、新店溪間，公館大排水溝以北的三角形地區，包括了溪領、第一崁、第二崁、第三崁、第四崁、大埔尾、中洲等村，此地為與番社港仔嘴區別，故別名江仔翠，蓋同音異字，都是指河流會合的尖嘴地帶。

湳仔：今湳興、新興、華興、港尾等里，在大漢溪東岸，因境內水田地質不堅實，常積水，俗稱「陷腳田」，故稱湳仔，是乾隆四十三年（1778）江樸亭其人所墾殖。港尾里因在湳仔港的下游故得名。

後埔：今景星、仁愛、福星、鄉雲等里，後埔意在後方尚未開墾的埔地，可能是與仁愛里舊小字前埔六甲二對稱而來。鄉雲里原名卿雲，因戶政人員筆誤成「鄉雲」，將錯就錯，變成今名。

溪洲：今溪洲里。地當大漢溪與其支流之間，在板橋的西南方，因四周被水圍繞，猶如溪中之洲，故得名。包括了番仔埔、頂溪洲、苦苓腳、中溪洲、下溪洲等村。

番仔園：今溪洲、復興、中山等里，是以往平埔族原始旱田耕地分佈之地，包括了三抱竹（今聚安里，因往年有竹叢三把而名）、浮洲（係大漢溪河床浮覆地）、觀子園（即番仔園之近音

雅字，今浮洲里）。

　　沙崙：今崙崙里，包括沙崙、西沙崙、下溪洲部份等。有河岸風成的沙丘而得名。

　　埔墘：今埔墘、玉光、埤墘、雙玉、九如等里。清初有漳州人徐天生入墾。此地原稱新埔墘，意思是在新墾殖埔地旁邊。埤墘則因在埤圳旁邊故名。

　　深丘：今深丘、福丘、香丘里，及埔墘里部份的下深坵，在板橋市的東北方。地名由來與該地比四周地區較低沉，故名「深」，而坵為田園計量單位，一坵約田或園一丈，即位在地勢低窪處的田地而名之。乾隆十五年（1750）漳浦人林成祖從大甲移來此地居住拓墾，並開鑿大安圳以灌溉附近農田。

中、永和市

永和差點叫中興市

　　永和市在台北市正南，以新店溪與台北市一水相隔，全域為新店溪南岸滑走坡地域，位居台北盆地的南緣地帶，當年是隸屬於中和市。台灣光復後，大陸來台人士日多，以永和市地近台北市，房地低廉，不少人遷移居此，人口日增，居然成為台北市第一個衛星城市。尤其住戶更是人才濟濟，有封疆大吏，有特任官，有大將軍，有學者專家，也有名士和美人，最多的是民意代表，於是分鄉設鎮之議油然而起。

　　民國 43 年三月，地方人士發起台北縣中和鄉地方建設協進會，以策動其事，提出分鄉設鎮一案。終於在 46 年五月得台灣省政府同意，將原有網溪、上溪、中溪、頂溪、下溪、店街、秀朗、潭墘八村從中和鄉北區分出設鎮，並易村為里，至 49 年十月確定劃分，由縣政府派員會同兩鄉鎮長及民政課長，沿鄉鎮分界處，豎立水泥標柱，以志永久。

　　永和市初設時，最初打算定名為中興鎮（這也是永和市中興街一名的由來），後來因與省政府所在地中興新村有同名之嫌，

乃再度改名。由於往年晉朝南渡，永和九年（353），眾名士曾會於蘭亭，團結一心，乃決定取名永和，以示主客一體，眾志成城。而永和市之中興、豫溪路，一取「中興復國」、一取「豫溪故鄉」，均表示不忘中原，光復故國之意。今天恐怕永和市住民不知道，差一點他們是住在「中興市」吧！

　　永和市外形，呈不規則狀，東西北三面隨新店溪之彎曲與台北市相連，南及西南與中和市交錯，高度由東南向西北降低，最低僅海拔四公尺。另外在中和市尖山至瓦磘之間，與潭墘與頂溪洲間，都是老河床地帶，此帶狀低地，至今為潭墘溝所經，尚留小河涓涓。簡單地說，永和市區，實為新店溪沙洲堆積而成，淤積愈早者地勢愈高。而老河床之潭墘溝低地，也即是當時新店溪水所經，後因沙洲逐年堆積，河道北移，所以永和市地形，乃呈東南向西北漸低下的現象。也因地勢低下，所以永和市在築堤之前，時遭水患，原因即此。

　　永和市區，原是古代秀朗社平埔族棲息故地。直到康熙四十八年（1709）才有漢人到此拓墾的歷史文獻記載。據一張開墾古契記錄，康熙四十八年，有戴岐伯、陳逢春、陳憲伯、賴永和、陳天章等人籌組「陳賴章」墾號，向官府請墾上淡水大佳臘地方，永和即在該墾區的東隅，是漢民向官方請墾本區的最早記載。接著有林成祖在本地築圳招佃拓墾，乾隆年間又有閩人楊端、劉金福等陸續前來墾殖，在潭墘莊、頂溪洲、秀朗社三地區開闢，這是永和市最早開闢地區。

　　但永和是從中和分出，不免勝蹟為中和所佔，永和勝蹟與三重一樣，少之又少，故本市名勝，當年為人所知而見諸吟咏者，唯網溪一處而已。網溪或名網尾寮溪洲，位今網溪里，原為漁人

捕魚掛網之處。但因永和三面臨水，遠屏南山，一望平原，昔日人煙稀少，茂林修竹，清雅逸塵，頗得天然之趣。此地雖僻處一隅，卻因有耆老楊嘯霞於大正 8 年（1919）結廬其境，以避塵喧，命名網溪別墅。並植菊蘭數千本，公開展示，每當盛開之時，北台的顯官墨客，騷人雅士，紛至沓來，吟咏唱和，風雅之盛，聞名全台。光復以後，楊老仍藝蘭其所，名宦鉅官，往來不絕。試想其別墅背倚新店溪，一曲清流，岸闊浪平，遠映南山，浮碧疊翠，月夜泛舟，叩舷東和，渺渺水天，一望無際，乘流高歌，恍如仙界，夙稱台北勝處。那知民國 52 年建築永和堤防，沿岸房舍全都拆除，以免阻礙水流。楊嘯霞也在 57 年仙逝，網溪蘭菊之會，亦不復存，一時風流俱散矣！

保福宮的保生大帝

　　保福宮位於永和市仁愛路 202 巷 9 弄 2 號，約創建於道光年間，是由台北市大龍峒保安宮分靈而來，主祀保生大帝。保生大帝姓吳名本，字華基，號雲衷，出生於北宋時泉州府同安縣白礁村。他是聞名台閩的一位醫神，或稱吳真人、大道公、花轎公、英惠侯。

　　大道公崇拜主要流行在閩南語系地區，舉凡如泉州府的安溪、晉江、南安、同安等縣；漳州府的海澄、龍溪、漳浦、長泰等縣，都有祭祀祂的慈濟宮。台灣人多為閩南移民，就把信仰帶來台灣，在各地建廟，奉祀大帝。也因為閩人習俗一向信巫不信醫，到了近代雖有進步，但吃什麼藥，還是要問神明，如遇到絕症怪病，西醫束手無策時，更是非要卜問神明不可，再加上昔年台灣多瘟疫不衛生，生了病也不容易找到中醫師，在清代台灣民間缺醫少藥情形下，不免醫神信仰特別流行，直到今天問神抽籤求藥風俗還尚未斷絕，因此台灣許多廟宇設有藥籤供信徒抽取，其中最有影響力的當然要數大道公吳本。

　　根據民國 48 年，台灣省文獻委員會的調查，台灣有 140 座
保生大帝廟，其中台南縣最多有 38 座，其次是嘉義縣 21 座，再
其次是台南市 19 座。但論廟宇規模之大，香火之盛，不得不推
台北市大龍峒保安宮了。另外，台北縣樹林鎮濟安宮的大道公則
以專門醫治出痘靈驗而被民間敬稱「痘神」。

　　古代閩台有不少醫神，而大道公吳本的傳播範圍最廣，信奉
最多，這種現象與吳本的神化有關，在閩南民間流傳著許多有關
他醫術神通的故事，其中如「白骨復生」、「鄱陽湖助戰」、「治
癒文皇后乳疾」、「點龍眼」、「醫虎喉」最膾炙人口，當然這
些都是附會神化的，我們無法在正史、方志中找到記載，只是說
明了當年吳本救人無數，閩南百姓感戴之下，歷經數百年予以加
油添醋，傳說愈多，內容愈奇，甚至連「保生大帝」也是民間私
諡的。我們從泉州元宵游神時，吳本位置在媽祖之前，關帝之後，
就可以明白在民間心目中的地位。

　　最後值得一提的是，在閩台數以百計的保生大帝廟中，除了
卜問事籤外，還往往備有供信徒問病求卜的藥籤，一般藥籤分男
科、女科、兒科、婦科四種，民間傳說這些藥籤出於吳本之手，
是他生前所用藥方。必須說明的是，這些藥籤方子，多為唐宋古
方，經中醫學者的研究，不少來自宋代流行的醫書中，例如華佗
的《中藏經》、張仲景的《傷寒論》、孫思邈的《千金方》、嚴
用和的《濟生方》、李宗《內外傷辨惑論》、錢乙《小兒藥證直
訣》等等。然而其中也有許多藥方是吳本死後才出現的，可證明
這些藥方不是吳本生前所用方濟。不過也有專家推測：籤譜多用
唐宋古方而不用李時珍的《本草綱目》藥方來看，這些藥籤有可
能產生於元代或明代初期。

　　以上介紹說明了在清初漢人移民將保生大帝信仰帶入台灣之前，祂已在閩南地區受民間歡迎信任，奉祀數百年。也說明了為何在遍地瘴癘，且醫療設備不完善的移民時代，在所有醫神中保生大帝為何會獨受青睞。早在嘉慶初年建廟的大龍峒保安宮，一向以靈驗著稱，自然吸引了北部各地信徒前往祭拜求籤。其中永和地區鄉民有病有事，須長途跋涉到台北大龍峒保安宮，要渡過新店溪，當時橋樑未建，往來全靠渡船，每逢颱風大雨，洪水橫泗，阻斷行程，實在不便。因此在道光年間，鄉民分靈而來，在今廟宇所在地西方約 300 公尺的新生地（今新生市場一帶），昔稱「崙寮腳」地方，興建保福宮，這就是保福宮最早的由來。

老廟保福宮

　　台北市大龍峒保安宮一向以治癒疾病著稱，因而信徒頗多，當年中永和地區龜崙蘭溪州的漳州移民，常涉水橫渡新店溪到大龍峒膜拜求籤，求取祂的護佑。以後在飽受新店溪水患之苦的情況下，自保安宮分靈在溪州建立了保福宮，這大約是道光年間，十九世紀中葉時期。

　　保福宮初建在崙寮腳地點（約今新生市場），初建之際，財力有限，只好因陋就簡，興建一草茅小廟，暫供神明，供附近鄉民祈福膜拜。以後因屢受風雨侵凌，漸有損毀，再加上地處新店溪畔，每逢雨季便有水患之苦，不久更遭溪水沖毀。幸好有一信徒慷慨捐出土地，土磐泥塑予以重建新廟，雖然還是簡單，但也使附近居民又有了廟宇膜拜，當時廟民稱之為「公厝」，這是同治十二年（1873）的事。

　　約莫40年後，明治44年（1911）因颱風侵襲，廟又告倒塌，當時不知是什麼原因，未曾馬上重建，直到五年之後，才由善眾醵資興建，成為三開間的大廟，氣象更是恢宏了。光復後，到了

民國 47 年，歷經風雨剝蝕，蟲蟻啃損，廟已老舊破損，信徒們
再度發動募捐修繕。不僅廟宇更新，也組織管理委員會，另在廟
前增建一戲台，提供場地表演娛神，但據說戲台屋頂高度超過廟
宇正殿，形成「奴欺主」風水問題，以致於歷來爐主都不平安，
廟方後來緊張之下，拆掉戲台，才解決事端。接著不久，隨著中
永和地區人口的增多，信徒日眾，香火鼎盛，不免感覺廟宇不夠
寬宏，信眾擠得水泄不通，因此在民國 56 年又拆除舊廟，徹底
改建，於民國 60 年完成，成為今日的新貌，但也失去了舊觀。
保福宮幾經翻修擴建，頗有開闢草萊的艱辛，保福宮管理委員會
有鑑於這一段廟史不可泯滅，乃將廟史刻於石碑上，作為紀念，
並名為「保福宮沿革紀要」。

　　保福宮一年中祭典以主神保生大帝在農曆三月十五日的聖
誕最為盛大。宮內舉行法會、演戲、辦桌，滿鬧非凡，而且近年
多請中和金山寺住持主持起斗法會。進入廟內，可以發現有六尊
保生大帝神像，三尊在大殿，三尊在後殿。大殿正中者為鎮殿主
神，即當年由保安宮分香而來。其右側為二祖、左邊為大祖，三
尊神明有附近信徒組成的神明會，分別稱為大祖會、二祖會，合
稱三祖會，三尊神像祭日也不同，大祖為三月十五日，二祖為五
月二日，三祖為三月廿三日，每逢祭典，廟內均會辦桌宴請信徒，
稱為「吃福」。為何廟內會有三尊神像，又為何三尊神像祭典日
不同，台灣民間信仰總會有一些奇特現象，是無法深入追尋的，
一時也說不清。其他的祭典有三月廿三日的媽祖聖誕、一月十六
日的天官大帝聖誕，而九月初的「飛天大聖祭」更是奇怪祭典，
飛天大聖俗稱「四聖公」，與齊天大聖同樣是猴子得道而成，往
昔廟會時會請乩童作法慶祝，幸好這一信仰與祭典已漸趨沒落，

也代表民智的開通。

　　整個永和市可以值得一提的只有這間創建於道光年間的「老廟」保福宮，而且只是「老廟」談不上「古蹟」，其他如位於新生路的「地藏廟」，「觀音寺」，信義街的「慈航精舍」，安樂路的「湄聖宮」，都是近 50 年新建廟宇，至於遍佈市區各地，供奉各種神明的神壇更不必提了。偌大的永和市區，開闢於清初的永和市區，竟然沒有一間像樣的老廟或古蹟可介紹，這不能不說是一種遺憾吧！

永和市的老地名

　　永和地區以前是平埔族秀朗社活動區域，漢人開拓，稱之為「龜崙蘭」。清初隸屬於諸羅縣，以後隸屬淡水廳淡水堡，又改擺接堡。至光緒十三年，劉銘傳擔任巡撫時，始將本市地區分為秀朗、潭墘、龜崙三莊。日據時期幾經變化，一下屬於新莊辨務署擺接堡，一下屬於台北廳板橋支枋寮區擺接堡，再改隸於台北州海山郡中和庄，真是霧煞煞。光復後初屬台北縣海山區中和鄉，47 年由中和鄉分出為永和鎮，以後隨著中正橋、福和橋與台北市相通，人口大量湧入，民國 68 年陞為永和市。

　　永和市現有 58 里，在這篇短文中不可能一一介紹它的老地名，我們還是以清末三個老地名來介紹吧！

　　（一）秀朗：今秀朗、永貞、秀和、福和、智光、民治、得和、光明等里部份，再加上中和市秀山、秀峰、秀水、安樂、安平、中安、安和等里，大致上是位於新店溪下游半圓形河邊的南方。秀朗社在荷蘭戶口表上記載為：Chiron、Siron、Chiouron、Siouron、Chieohron 等名稱，「秀朗」一詞是譯音，其原意不詳，

在台灣古代文獻與方志也有寫作「繡朗社」，只是文字不同，但譯音相同。據乾隆三十三年（1768）的一本古方志《續修台灣府志》，已記錄有秀朗庄，可知乾隆年間漢人已入墾此地，建置成漢人村莊，取代了平埔族社。據傳當時是一位叫劉金福向秀朗社頭目承租拓墾此地，並且在乾隆年間林成祖鑿有「永豐圳」灌溉農田。

（二）龜崙蘭溪洲：今竹林、中興、網溪、復興、頂溪、上溪、後溪、中溪、下溪、成功等里，此地位在新店溪半圓形河曲內低窪地帶，境內都是氾濫平原，故以「湳」（後雅化成蘭）「洲」稱之。乾隆初年漳人林成祖鑿永豐圳，從青潭一帶引新店溪水，經暗坑口，至本區到達南勢角枋寮莊。大約在乾隆十三年有泉州人楊端、李餘周等人至此，向平埔族贌耕開拓。不過，直到同治十年（1871）陳培桂主修的《淡水廳志》才記載有「龜崙蘭莊」，可能地點不佳，移民人口較少，才比較慢發展成村莊。「龜崙蘭」也是平埔族社名譯音，可能與在偏西的龜崙社（Konroumanagh、Cournangh、Kouronahgh）有關，原意如何也不得而知。龜崙蘭溪洲，顧名思義，按其位置，在新店溪岸上游的稱頂溪洲；較下游的稱下溪洲。下溪地區以前有製糖工場的「蔗廍」，以後頂溪也設有糖廍，一新一晚，故地名又稱為「舊廍」與「新廍」，不過因「廍」字少見，「廍」、「鋪」音近，訛寫為「舊鋪」。此外，在民國 50 年永和堤防外河床地新形成永成、新生、大同、忠義等里，滄海桑田，果不其然。

（三）潭墘：今水源、潭墘、雙和、水源、潭安、永安等里，並包括中和市泰安里。位置在新店溪下游南岸，北隔該溪與台北市古亭區為鄰，也是地勢低窪。乾隆年間開鑿的永豐陂在此有一

水潭，聚落便建在潭邊，故稱潭墘，昔年有「潭墘甘泉」之美稱，不過或因地勢易遭水患，開拓也晚，直到道光二年左右，才有漳州人呂藩傳等族人，一起從中和南勢角移居到此開闢，建設成莊。

中和最古老的寺廟──霹靂宮

看到霹靂宮可別以為是上演電視布袋戲霹靂英雄榜的俱樂部,更別以為拜的神是素還真或黑白郎君。

霹靂宮據說建於康熙年間,迄今已有三百多年,是中和市現存最古老的廟宇。由於該廟位於新店溪畔,過去一帶是漳泉兩府人民登岸要津,由於位居交通樞紐,來來往往的人多,信眾頗多,香火旺盛,深為中和、板橋一帶居民所信奉。

霹靂宮初建時的主神為舍人尊公,後人不察,將「舍」誤看成「金」,時至今日,也積非成是稱之為「金人尊公」了。舍人尊公不知是何方神聖!他的由來、神歷與神能,已無人知曉。該宮在乾隆年間一度予以擴建,這次擴建流傳一則神話故事,頗為有趣:相傳在乾隆年間,此地有妖怪作祟,為害鄉民,鄉民一時驚擾恐慌。某夜有人夢見舍人尊公託夢指點,略謂:他有個弟弟名叫五雷元帥,被人奉祀在芝蘭一堡八芝蘭(今台北市士林區),如果你們能前往迎奉,自會消滅妖怪。鄉民相信神諭,果然前往芝蘭堡尋覓五雷元帥,在一家民戶找到,懇求賜與香火,取回之

後，又造像建廟，且尊為主神，與舍人尊公合併供奉，不久地方真的平靜，從此信仰日盛。

五雷元帥即民間俗稱的雷公或雷神爺，雷神信仰悠久，據說在西漢平帝時，王莽曾奏請在東郊建立雷公廟。在眾多自然現象中，雷電受到原始人類害怕驚懼是自然不過的事，想想，那隆隆巨響和閃閃電光，隨即帶來狂風暴雨，擊斃人畜，引起火災，顯示著大自然的神秘和威力，創造了雷電神的迷信，並塑造了雷神的形象。今天常見到的造型是半人半獸，頭戴小金冠，嘴如鳥喙，兩手分握斧頭和鑿子，專門為撲殺惡人之用，主持人間正義。所以中國民間留存著「天打雷霹」的詛咒語，咒人不得好死。

妙的是民間想像力，在黑夜中撲殺電擊惡人，有時難免殺錯好人，便創造了一位雷神婆、台灣俗稱「閃那婆」，只見她手執一面明鏡，照亮人間，免得落雷擊錯好人，「婦照夫擊」，果然人間少了許多冤魂。總之，對雷神的神性與形象的塑造，和其他神明一樣，也經歷了一段長久時間複雜的發展過程，其神性逐漸從單純的自然屬性的崇拜，發展到具備重要的社會職能，民間認為他能代天執行刑罰，擊殺有罪惡的人，也認為祂有辨別善惡的能力，盼望祂能主持人間正義，所以雷公雖然造型可怖，但人們多半不怕，尤其心存正直，問心無愧的人。

霹靂宮由於位在中和市的西北部工業區，發展受限，規模不大。每年固定祭典為三月的媽祖誕辰、五月的五雷元帥誕辰、九月的舍人尊公誕辰為主要慶典。由於不收丁口錢，平日經費以香油錢為主，所以祭祀活動不大。每年五月十日至十五日雷公誕辰祭典，多半只是誦經、拜拜、播放電影等等活動，會後村民各分有麵龜，以祈福佑，不過近年麵龜廟方不再發放，多由村民自備

自拜自取回。較特殊的活動,倒是以過火儀式來酬神。霹靂宮過火儀式頗為簡單,係將炭火置於火爐內,由信徒抱神像自火爐上捧過,既簡便又安全,少了童乩踩過舖在地面炭火的驚險刺激場面。

霹靂宮雖有以上種種傳說,不過根據日據時代日人的調查卻不是這麼一回事,日人調查報告說該廟是道光三十年(1850),因中和一帶流行惡疾,庄民苦惱驚惶,因此從北港雷神廟迎接上述二神前來鎮壓驅邪,事後醵金一千多元建廟供奉。到了光緒三年(1877)在林松雪等九人提議下,加以修繕。而且在日據時期,香火衰頹,此事真假如何,已難究實,以日人做事紮實嚴謹的作風來看,似乎可信度高些。

總的說來,霹靂宮即使不是中和地區中第一座古廟,然而拜的是全台灣少見的雷神,而且又是喧賓奪主,五雷元帥取代舍人尊公為主神,舍人尊公反而成為同祀神,這些紀錄與現象可是奇之又奇,怪之又怪,有機會到中和永和路一帶,可別忘了順道去參觀這座霹靂雷公廟!

慈雲寺──多少傳奇與遺憾

　　慈雲寺位於中和市圓通路圓通巷，即圓通寺後的柯子崙山頂。柯子崙位於石壁湖怪石的左上方，附近地形多奇岩怪石，「或如奔獸，或若厲鬼」，蔚為大觀，是中和市八景之一。相傳慈雲寺原稱石壁湖慈雲巖，大約建於清代雍正年間，供奉觀音佛祖，昔年盛極一時，是擺接十三庄（約今板橋、中和、土城一帶）居民信仰中心。以後逐漸傾圮，咸豐六年（1856）板橋林家將之遷建到板橋城內西北隅，改名「接雲寺」，從此取代過去慈雲巖的信仰地位。而這其中倒有一段掌故可談：

　　由於慈雲巖十分靈驗，板橋林家每逢初一、十五常來膜拜。有一年，據說大陸發生災荒，林家雇船運米賑濟，不料米糧為盜匪所劫，盜匪又搶劫他處，裝置贓物用的是林家米糧袋子。後來盜匪被擒，失主翻開袋子發現林家記號，認定林家是幕後陰謀主使，前來理論索賠，林家迫於情勢，匆忙逃離家宅，來到柯子崙的慈雲巖走避，苦主不甘心，率眾追到嶺下包圍。林家乃向觀音菩薩許願求救，若能渡過此劫，願重建寺廟答謝。果然風起雲湧，

白霧籠罩山林，不辨五指，包圍眾人只得散去，林家因此解危。
事後林家並未在原址重建，僅將寺內三尊神像，迎回板橋，供奉
在林宅，直到咸豐六年始興工蓋廟，正式將菩薩請入寺中奉祀，
由於此寺含有接替慈雲巖香火之意，因此稱為接雲寺。接雲寺建
立之後，慈雲巖香火雖獲繼承，但是更加日漸傾圮湮滅，隱於荒
煙蔓草之間，一直未能重建，直到光復後，民國 43 年又發生了
一段傳奇：

　　是年農曆六月十九日，圓通寺後山突然發生無名大火，延燒
十餘甲地，大火熊烈，四處蔓燒，正當眾人擔心圓通寺難以倖免
之時，只見熊熊大火燒到圓通寺後山的柯子崙，火勢滅小延緩，
最後得以撲滅。此次火災，四處山林化為焦土，獨有柯子崙山上
一小塊林地完好如初，青翠依舊，圓通寺亦逃過一劫。此事傳出
之後，頓成奇聞，在當年台北轟動一時，眾人都認為是菩薩顯靈。
大火過後，圓通寺住持妙清法師，倡議在舊址重建寺廟，並指定
門徒達進法師負責一切重建事宜，擔任重建後第一任住持。

　　民國 43 年農曆九月廿二日，在陳、林兩位地主獻地之下，
破土興工，居然在開挖地基時，工人們在地下 3 尺處發現古磚，
與觀音像的橘色磚底座。眾人推測當初大火可能受阻於磚塊地
基，才無法繼續延燒，而且此地基應該就是清代慈雲巖的原址，
佔地約二百多坪。至於慈雲巖當年到底因何事而傾圮倒塌，有些
學者判斷可能是咸豐三、四年的漳泉械鬥，遭艋舺龍山寺的泉州
人焚燬所致。由於昔年傳說，清代時只要漳人在慈雲巖前擂鼓或
點燈，艋舺（今萬華）就會發生火災，才會在漳泉械鬥下被燒燬。
此說雖荒誕不經，但為避免紛爭，在地理師的建議下，新建的慈
雲寺座向方位略偏半度，廟門直對觀音山臥像胸口，一則保境安

民，弭平災禍，二則據說必出能人。在眾人熱心協助下，民國44
年一月，頹圮荒廢百年的慈雲寺重現人間，在開光典禮前，達進
法師攜信徒前往板橋接雲寺，迎回乙尊菩薩供奉，流浪在外逾百
年之久的菩薩，終於重回故居，成為一大盛事。而發現的古磚，
其中一塊嵌在大殿向菩薩頂禮膜拜的正下方，以作為紀念，見證
了慈雲寺的一段滄桑史。

慈雲寺落成後，香火鼎盛，信徒日增，原址不敷容納，於是
不斷擴建、增建，廟貌巍峨，美侖美奐，只是也漸失古意。除此，
也闢有環山道路，汽車可直抵山門，成為假日賞遊、禮拜名剎的
去處。

慈雲寺後原有一排用石塊砌成的古牆，牆外則是一條風景優
美的步道，此牆原為清代漢人開闢中和地區時所建「防番」防禦
工事。由於中和地區位於台北平野南端，跨越淡水河支流新店
溪，經狹緩沖積平原後，即可進入接近山地的過渡地帶，也就是
說此地區是泰雅族進入台北平原的管道，大致上沿著南勢角溪
谷，以及中坑庄的灰磘、牛埔一線北下，漢人來此開墾，必須在
這一帶山場建立像隘寮、圍牆等等防禦設備保護自己。位於中坑
庄牛埔慈雲寺後方的這一道古牆，正是當年「防番」遺址之一，
它不僅突顯了漢人進入中和地區拓墾史蹟，也是當年泰雅族出入
台北平原的古道遺蹟，是研究台北拓墾史的重要文化資源。卻不
料被某財團買下，將整座山剷為平地，闢建為墓園，大發死人財，
實在令人浩嘆不已！

漳泉械鬥的見證者──廣濟宮

　　台灣初期的聚落與廟宇多半建立在沿海或內河的各港口，其原因有：①最初由大陸來台的移民，必須乘船渡海，故首先建立的根源地必是能停泊船隻的海港或河港，②繼而來台的移民，大都在已建成的港口上岸，逐漸形成聚落而有市集交易，③當時台灣土地草萊未闢，陸運困難，各開拓地區的連絡，有賴水運溝通。台灣土產與農產品和地方的廟宇與聚落便是如此形成，也成了台灣開拓史的最佳見證。

　　新店溪以南的平原地帶，位於中和地區的北部。早期漳州移民入墾，沿新店溪河岸可停泊之處，自然成為移民初期聚落選擇之地。當時新店溪沿岸的河港，主要有位於芎蕉腳的貓英港、小尾港，以及龜崙蘭溪下溪洲的洲渡，所以在貓英港南方便出現了霹靂宮；龜崙蘭溪洲渡出現了保福宮，在水尾港也出現了福和宮與廣濟宮。由於新店溪在流經水尾到達芎蕉腳後，分為南北兩河流，直到港仔嘴的舊社，才又匯流，於是在南、北河道間浮現一塊沙洲。芎蕉腳聚落即沿著南水道的南岸建立，相傳建於康熙年

間的霹靂宮，即建於南河道的南岸。

　　位於南勢溪兩岸的福和宮與廣濟宮也是相同原因興起。不過因台灣社會型態的變遷，使得兩廟有截然不同的發展。在早年尚屬於以農業為主的拓墾時期，福和宮主祀神農大帝，受到居民較多的膜拜，香火旺盛，但隨著都市化業商業化的社會發展，以農神信仰為主的廟宇自然漸趨沒落。而廣濟宮主祀開漳聖王，因鄉土神信仰的突出，使得中和地區與廣濟宮捲入了咸豐年間的漳泉械鬥。

　　廣濟宮主祀開漳聖王，祂又稱陳聖王、聖王公，威惠聖王、陳府將軍。在唐初他擔任將領平「蠻」——今日的畬民，戰功赫赫，奏置漳州並出任首任漳州刺史，為漳州地區的開發打下基礎。但是，在唐代時期，官方與民間對陳元光態度形成兩極化，官修史書如《新‧舊唐書》、《資治通鑑》對陳元光未著一字；漳州百姓卻對陳元光的功勳歌頌備至。到了後代，漢人與畬民對陳元光評價也迥然相反，一方認為他是漢人開拓英雄，一方認定他是鎮壓屠殺畬民的罪人，這種爭議，有趣地是和台灣開發史上，漢人與原住民的爭論幾乎雷同，其中最突出的例子便是吳鳳其人。不過，這不是本文敘述重點，我們所要說明的是，站在漳州人立場，感其功德，因而以他為開基鄉土神，所以在台灣凡有漳州人村莊，一定有開漳聖王廟。此外，因神姓陳，台灣陳姓宗族亦以其為先祖而崇拜。

　　廣濟宮創建乾隆年間，其由來，一說係自漳州廣濟宮分靈而來，故名「廣濟宮」。一說乃自台北市內湖碧山巖開漳聖王廟分靈而來。到了嘉慶十五年（1810）擴建。光緒六年（1880）又續予重修，而這次重修據說有名匠師陳應彬的參與，不過當時他還

只是個學徒而已,尚未成為一代名匠。明治 42 年(1909)林梅清等 14 人發起改建;昭和元年(1926)續有修建。光復至今,迭有修茸,雖然修建增改地方不少,幸尚有古意。

　　由於中、永和地區在移民拓墾初期,漳泉雙方因利益衝突,咸豐年間終於爆發械鬥,永和居民大多來自泉州,以奉祀保生大帝的保福宮為據點;中和則以廣濟宮為中心,兩地兩廟之間,當年引爆諸多械鬥,大動干戈,直到同治年後才漸趨平靜。

　　廣濟宮與福和宮一向是中和地區信仰中心,兩宮信徒,互相往來祭拜,無甚區分。光復後廟宇成立財團法人管理,兩宮同屬一財團法人,更是不分彼此,不但祭祀活動大同小異,連承辦人員也相同,若干祭典也由兩宮聯手辦理,盛況熱鬧。兩宮年中祭典以主神開漳聖王、神農大帝、媽祖、太子爺誕辰,與中元普渡最為重要。廣濟宮較特殊的二項活動:(一)是廣濟宮內五尊媽祖神像,分別來自彰化南瑤宮、鹿港天后宮、溪北大興宮、新港奉天宮、和北港朝天宮,俗稱「五港媽祖」,因此每年農曆十二月六日「中和媽祖回娘家」,必會返回五地進香,到次年一月才移駕返回。(二)是每年開漳聖王聖誕,在舉辦的一連串祭祀活動中,一定有呂、陳、范、林、張等五姓信徒獻戲娛神,這是從日據時期便傳承下來的「字姓戲」。

　　移民的拓墾,帶來了民間信仰,同時也引發分類械鬥的衝突,中和的廣濟宮見證了這一段慘淡辛酸的開墾歷史。

福和宮幾度改名

　　福和宮位於中和市廟美街 6 巷 6 號，沿溪而建，正在中和夜市旁，白天幽幽靜靜，到了晚上可是人擠人，熱鬧喧闐，卻沒有幾個人知道這座廟不但歷史悠久，而且老是在改名字。

　　福和宮的名稱幾經演變，最早叫「五穀廟」，又名「五穀先帝廟」，創建於乾隆三十一年（1766），到今天也有二百多年歷史了。福和宮創建由來是因當年漳和、永和、中坑、南勢角、二十八張、秀山、潭墘等地區的居民為祈求五穀豐收、平安福佑，眾人捐錢在廟仔尾（今廟美街 57 號一帶），建築了一座簡單的土墼小廟，廟裡供奉神農大帝。

　　神農氏為中國古帝之一，古書記載他起於烈山，所以稱烈山氏，又叫連山氏、伊耆氏、大庭氏、魁隗氏。他的父親是少典，母親名方登，傳說在華山遊玩時，遇著一條龍，受到「感應」，就這麼有身孕生了神農。神農長相奇特，牛首人身。因為出生在姜水，以地名為姓，故為姜姓。在他之前，老百姓不知農耕技術，神農氏發明許多農具、教導百姓種植五穀雜糧，開啟農業時代，

所以後人尊稱他為「神農氏」。又因他嚐百草,辨藥性,成為中國醫藥始祖,故尊為「藥王」。不僅如此,他又提倡「日中為市」、「以物易物」,開啟商業行為。又據說他覺得伏羲氏的八卦不足充分表達萬物之情、神明之理,乃加以擴充,每一卦分成八卦,成了六十四卦。神農氏既然這麼偉大,所以廣為後世所祭祀,而且名稱可多了,有:神農大帝、先農、先帝爺、五谷先帝、五谷仙帝、藥王、藥仙、藥王大帝、開天炎帝、五穀王、五穀仙、五穀大帝、粟母王、田祖、田主等等稱謂。

也許真能庇佑鄉民風調雨順,五穀豐收,在同治三年(1864)二月予以全部改建。日據時代,明治 37 年(1904)五月在當時區長俞英、保正董文慶等兩人發起下,進行大規模修繕。大正 14 年(1925)在黃文慶、黃玉堂兩人減價捐地下,進行遷廟改建,遷到今址,並改名「福和禪寺」。這次工程進行了將近三年,直到昭和 2 年(1927)才完成,最值得一提的是,這次改建工程是由名匠師陳應彬(彬師)與其次子陳己元(阿趖師)父子負責,但是主要由陳己元持篙主持。

日據初年,因唐山師傅紛紛回大陸,反而給了台灣本地匠師磨練出頭的一個機會,漸漸形成南、北兩派,南派為「安平司傅」北派以板橋的陳應彬為主,至大正年間,艋舺龍山寺聘請王益順(益順師)來台主持修建,形成第三派的「溪底司傅」(指今泉州惠安縣崇武一地匠師)。陳應彬祖籍漳州,同治三年出生於中和,13 歲拜師學藝,至 44 歲那年修建北港朝天宮,終於揚名台灣,成為一代名匠,在台灣留下許多有名廟宇建築作品,中和福和宮是其一,不過最著名的還是北港朝天宮,木柵指南宮、台北保安宮等。彬師屬於漳州風格,他的作品特色,簡單說有 4 點:

(1)龍柱柱頂有毛茛狀的花座，(2)瓜筒精美渾圓，通樑杉畫蘇式彩畫，且多喜黑色描金邊，(3)喜用八角斗，斗腰繪出星狀彩畫，(4)石材偏用台灣的觀音石，石雕水準稍差。因此我們可以在福和宮看到漳派匠師的風格特色，尤其陳己元已得其父彬師真髓，成就直追乃父，不但棟架節路比例佳，通樑及束木呈現飽滿張力，尤其螭虎栱曲線流暢，充滿像水波流動的意味。不僅如此，福和宮建築亦是難得一見「對場作」的廟宇，稍為留意，前殿步口如意斗栱網目卻是「溪底司傅」的風格，而且左右壁堵石雕風格迥然相異，也是「對場」的情形，令人大飽眼福。不料近年該廟大事整修，風格走樣，已看不出原有精美細緻的漳派風味了，令人浩嘆！

光復後，因慶祝重歸祖國懷抱，歡欣之餘，再度重建，廟庭擴大，莊嚴秀麗。由於大家認為戰爭結束，重歸祖國，是「有福重享和平」，因此又將廟名改為「福和宮」，並於民國 56 年祈安建醮修建。

一座廟，三度改名，代表三個階段的統治政權，也說明了台灣歷史的變化與無奈。

中和老街與老土地廟

　　廣濟宮位在中和最熱鬧地區，面對著中和市場，從早到晚，車水馬龍，川流不息。到了夜晚，又成夜市，廟前攤販雲集，喧嘩吵雜。可是又有誰會注意到廟的左邊那條巷道，通到廟後的枋寮街，正是中和地區最早發展的老街。

　　早年中和地區的開墾，最早出現的庄名有：（一）漳和庄（包括二十八張、山腳、牛埔、中坑），（二）永和庄（包括芎蕉腳），（三）永豐庄（包括尖山腳、枋寮、南勢角部份），（四）廣福庄（包括四十張、員山子以西）。到了乾隆中葉，由原先的四庄變成九庄，分別是：石灰窯庄、廣福庄、牛埔庄、南勢角庄、二十八張庄、秀朗庄、芎蕉腳庄、漳和庄及永和庄。發展到道光年代末期，溪北移民大增，中和地區愈形繁榮，由村庄發展成市街，枋寮街約在此時形成。反過來說，街肆的出現，表示本區的農墾程度已發達到相當程度，或者可以說已完成農業開拓階段，因此這時期出現頗多的土地廟。

　　俗諺「田頭田尾土地公」，因此中和地區出現土地公廟，而

且大多是在道光年間興建的小廟，例如永和庄芎蕉腳的福德祠於道光二十八年修築、中坑庄灰窯的福德祠修建於道光二十四年、漳和庄枋寮的福德祠於道光十五年建廟等等都是。其他或於嘉慶年間，或建於咸豐年間，目前中和地區於文獻有徵可考的土地公老廟，至少有六座，說明了移墾社會的完成。

農曆二月初二是土地公的生日，祂的稱呼頗多，有稱福德正神、福德爺、土地公伯、伯公、后土，或就簡稱土地、老土地。土地公是土地之神，也就是古代的社神、社公，自天子以至庶民，都可以封土立社，以祈福報功。不過，這裏要特別強調、解釋的一點是：民間所稱的土地「公」，公指的是「上公」的官爵，非年高齒德之意，不料大眾不察，誤以為指的是「老公公」，於是傳到後代，廟內土地神，或一般戲劇的土地神造型，都是老態龍鍾，白鬍白髮，攜帶龍杖，這是大謬不然，但如今積非成是，已改不過來。簡單地說，土地公本名「社」，封為「三公」，轉稱「社公」，再稱「后土」，因封上公掌管土地行政，乃稱之「土地公」，省稱「土地」。

土地本是職管土地行政，但到後世又轉成財神，左手執元寶，右手執枴杖。甚至出殯行列也安排土地公引路，也成了兼領陰差，佐理亡魂，引渡開路的諸多業務，可真是越來越忙了！目前在台灣奉祀的土地公，大別有二，一是在廟宇與家戶中，稱之「福德正神」，兼具農業神與財神職能。另一是墳墓邊的「后土」，為山神、土地神、陰間神的代表。位於枋寮老街的福德祠，據說就是當年枋寮街民祈求商業振興，而於道光年間興建的。

枋寮老街約形成於道光末年，這是當時擺接堡最早且唯一的一條街肆，其範圍涵蓋今廟美街、景新街、南山路一帶，不過若

嚴格地說，僅限於今農會、市公所與枋寮街之間，最北不超過永
和路和美宮。枋寮街的得名主要是因伐木製材的匠寮所聚而來
的。但是在咸豐年間的漳泉械鬥中，一度被泉人放火燒燬，反映
當年戰況的慘烈。更糟糕的是，後來板橋在林家的營建下興榮，
取代了枋寮街的地位，地位滑落大不如前，一直難以振興。

　　目前枋寮老街只剩前段，即枋寮福德宮以南的部份，沿著廣
濟宮左側巷道轉經廟前中和路北上，則是以前的古枋寮街，其中
有一家「興美商店」可是老字號。另外在廟美街，原也是一條老
街，過去多是二進的店屋型老建築，如今也大多改建成現代公
寓，僅剩一些老店屋，不過這條街開設葬儀用品商家頗多，倒形
成一條殯儀專業街。

　　枋寮街、廟美街形成於道光末年，至今也有百多年歷史，現
存街屋歷經日據後，光復以來多次改建，古貌不存，但乃扮演舊
市集的角色與功能，尤其廟美街的殯儀禮品店，似乎帶領著大家
從古到今，從生到死，敘述著老街的滄桑變遷，無以名之，姑且
稱之「老街人生」吧！

新店市

最早的新店人

　　新店市位於台北盆地的東南端，新店溪流入盆地處的東岸，北鄰台北市景美區，東靠台北市的木柵區，及台北縣的深坑鄉。新店市地勢，除河谷外，兩側有伏獅山、大桶山、清水坑山地、熊空山脈等，因平地少，糧產不豐，過去以盛產魚、茶、柑橘，和山產的木材、薪炭聞名，近來則以山清水碧，成為大台北地區住家、休閒、水源區的遊憩名勝，只見深谷曲流，山明水秀，農舍、別墅點綴其間，以山水人文取勝，而非行政、商業中心。

　　眾所週知，台北盆地居於淡水河流域，而淡水河又是大漢溪、新店溪及基隆河三大支流匯成。新店溪的上源是南、北勢溪，兩溪在市內龜山里雙溪口合流。從雙溪口再到青潭里，青潭溪自東而來入匯，接著再流到碧潭，碧潭渡船頭一帶正是新店溪的出山口。溪水從出山口北行至柴埕里外挖仔，又有安坑溪來匯。續北行，經秀朗橋至溪仔口，景美溪自東南而來。以後溪水北行，經永和，至板橋的江子翠入淡水河，全長 78 公里。總之，新店溪因流徑新店而得，當它流經新店地區時，左旋右轉的翻身，每

一個拐彎的地方，河面加闊，宛如一泓潭水，當地人便直稱為「潭」，這是新店何以有一堆地名如：塗潭、直潭、灣潭、青潭、碧潭等等名稱的原因，也因此成為台北縣南部的交通中心，往北經景美、公館入台北市市區；往東經雙坑、坪林通宜蘭；南溯新店溪、南勢溪入烏來山地；往西可到中和、板橋、土城，沿安坑溪則通三峽，可真是四通八達。

　　這一片好山好水在漢人還未來到之前，先是凱達格蘭族的秀朗社民所居。有關秀朗社的最早文獻紀錄，是十七世紀中葉，荷蘭人統治台灣時的戶口表，當時秀朗社荷人稱之為：Chiron，或：Siron、Sijouron、Chiouron、Chieouron，社民約有四、五十人，並不多。漢人紀錄則始於康熙三十六年（1697）郁永河來北投社採硫時的日記《裨海紀遊》，提及淡水大社所屬二十三社中，有「繡朗」社。「繡朗」是我們漢人用漢字注音稱呼他們，所以有的書籍又作「秀朗」、「秀郎」稱呼。「朗」（ron）是住處之意，所以秀朗即「秀人所住的地方」。秀朗社民大約住在今永和市秀朗路、南勢角，和新店市外挖仔、內挖仔，到安坑一帶，所以也稱「挖仔社」。秀朗社土地包括整個新店，和永和、中和、台北市沿新店溪岸的部份地區，與位在今台北市東園的雷裡社為鄰。乾隆五十三年（1788）林爽文之亂平定後，清廷倣照四川屯練制度，在台灣諸番社中挑選熟番壯丁設屯防守，台北附近十七社屬「武勝灣小屯」管轄。秀朗社與雷裡社便在此時被合併為「雷朗社」。

　　由於原住民沒有文字，因此沒有留下他們自身的記錄，對於他們平日的生活，或社內發生的史實，不甚了解。更由於秀朗社民個性平和，大體與漢人相處和平，並未聽聞有任何的衝突流血

事件，於是很早便漢化，融入漢人社會之中。今天我們要追尋這
批最早住在新店的「新店人」，只能從一些老地名與老字據著手，
說起來不免令人遺憾與無奈。族群之間相處融洽，很容易走向涵
化、同化的路途，日久同化在一起，失去本來面目。但若各自保
存自身文化特色，又不免會有緊張、衝突一面，日久必會發生事
端，究竟如何抉擇？也恐怕只能順其自然了！

老廟舊街見證艱辛歲月

　　昭和元年（民國 15 年，西元 1926 年）年底，日本人曾對台灣漢人籍貫作調查，在昭和 3 年出版了《台灣在籍漢民族鄉貫別調查》乙書，當時調查顯示：新店的居民祖籍安溪者有 1 萬 3 千人，同安人 3 百，漳州 4 千 8 百人，可見新店地區以安溪移民佔多數，其中安溪人多半住在大坪林，漳人則住在安坑一帶。

　　大坪林為舊新店所在地區，約今新東、新西、張南、張北、廣明、寶斗、江陵、百忍等里，介於新店溪與景美溪之間，地形略高呈平台狀，故稱「大坪」，這裏曾有叢林，所以才稱「大坪林」。大坪林最早在雍正年間有粵人沿新店溪抵此入墾，後來閩人接踵而來，在乾隆年間修築大坪林圳，自直潭引水灌溉農田四百六十餘甲。大坪林圳又稱「大坪林五庄圳」，是與新店老街發展有極大關連的水利工程。

　　話說當年漳南靖縣人郭錫瑠打算開鑿「金順圳」，原來計畫在青潭坑口（今青潭斗門頭）為取水口，準備破土鑿陂開圳，卻不料屢次興工，都因「地險番猛」而失敗。這時，有十四張庄、

二十張庄、十二張庄、七張庄、寶斗厝等五庄厝的人，合組了「金合興號」，以蕭妙興為首，加上朱舉、曾鎮……等人，與郭錫瑠商量交換條件，同意郭氏可以在大坪林開鑿圳路，並以「獅山邊大潭」（今碧潭）、「設立陂地，付流防築」，五庄厝人士取得了青潭口陂地的使用權與開鑿大坪林圳的權利，從乾隆十八年（1753）起，改由他們接手開鑿。其中從青潭坑口至今光明街口的第一段工程，圳路所經，必須鑿石穿山，完成石堤、石腔（隧道）工程、還要提防原住民「埋伏截殺」，直到乾隆三十年（1765）全部完工，經多年努力，鑿成從青潭到新店的引水圳路，全面灌溉大坪林原野。

五庄居民隨即呈請官府清丈、定界、陞科，確保圳權和土地所有權。而且設置水圳沿岸保護區，兩岸左右 10 丈土地不許採樵、採砂石、或掘土。並且進一步將「金合興墾號」改為常設機構，建立「合興寮」（當時人稱大宅，日據時文山水利組合會，今瑠公紀念大樓前身）為辦公處所，管理水圳維修，和五庄的治安、公共事務。並且在合興寮前合葬因開圳而犧牲的庄民，每年七月十五中元普渡都要祭拜「被番損失難民」以為紀念。此外，五庄居民也建福德正神祠三座，一在七張庄、一在十二張庄、一在二十張與十四長交界處（今通往中和南勢角的店子街崁腳的渡船頭）。在開鑿第一段圳路時，於石腔口立一小祠祭祀盤古大帝以求庇佑，石腔完工後，石匠鐘阿傳等人又立碑圳傍以為紀念。這一圳路，潭深山高，從攔水壩、斗門頭，到分水閘的第一汴之間，都是砂岩、頁岩，不但要鑿明渠（圳路）也要鑿暗渠（石腔），前後花了 7 年才完成，而且莊丁被原住民所埋伏截殺的也不少，「日興血戰」，才完成這一段穿石為渠的艱鉅事業。這座小祠也

就是今天的「開天宮」前身,「開天闢地」果不其然。這幾座廟見了新店大坪林地區開拓的艱辛,只是如今新店人有幾人知道呢?

　　大坪林圳完成後,後代子孫已忘了保護區的約定,櫛比鱗次的屋舍依大坪林圳而建,逐漸形成一條街肆,也就是今天的新店路與新店後街,大坪林圳早已隱沒其中。走訪這一條新店老街,可曾有幾人注意到,在新店路、新店後街兩排屋的中間,宛如臭排水溝的那條圳溝正是當年的大坪林圳。老溝不常,老街何嘗不是,民國 81 年的「新店路闢建工程」,兩旁古老房屋隨著路面拓寬陸續拆毀,老街也走入了歷史,徒留一聲:唉!

太平宮盼望國泰民安

　　在景色優美、水色山光的新店碧潭大坪頂山坡上，矗立著一座廟宇，它就是太平宮。太平宮興建於嘉慶十二年（1807），至今也有二百年左右的歷史，說起這座廟的由來與廟名，可有一段故事了。

　　太平宮供奉的是漳州人的守護神──開漳聖王陳元光，漳人移民台灣，也將其傳入台灣，北自基隆，南到屏東，凡是漳州人聚落所在，都有開漳聖王廟。因此世居新店的老移民，在新店溪西岸的安坑，以漳州人居多；在東岸住民以泉州府安溪人為主，可謂壁壘分明，廟宇神明的信仰也是一樣劃分楚河漢界般地清楚。

　　安坑地名原是「暗坑」，意指森林蒼鬱陰暗，不見天日，後來覺得地名不好，才改成今天的「安坑」地名。安坑原來也是秀朗社的土地，在前述開發大坪林的同時，漳人通事林天成除了帶領漳人同鄉開拓今中和南勢角外，也沿著今天的安坑溪、五重溪進行拓墾。這地區以今安坑國小的公館崙一帶為中界，可以劃分

為兩塊地區，一是上游五重溪谷的車子路、頭城、二城、三城、四城的「內五張莊」，一是公館崙下游安坑溪流域的「外五張莊」。

　內五張在南北山區都有原住民住居，漳人來此入墾不得不以石牆土圍防禦阻擋，因此出現了許多以「城」為名的地名；同理，外五張莊的靠南山區也是如此，因此在赤壁崁、大坪頂一帶也有「頂城」、「下城」的地名，反映昔年開墾的艱辛。這一帶因缺少水利灌溉，十作九荒，即使墾成也是旱田。適巧乾隆十八年（1752）大坪林五莊居民把碧潭水源交換給郭錫瑠，同意開鑿大坪林圳，原來林成祖利用新店溪開鑿的永豐圳（灌溉南勢角、中和一帶）不得不將水源往上游移動，原來圳道廢棄，安坑居民張仲裔、林登選等人遂在乾隆六十年（1795）合夥，以原荒廢的永豐圳故道為基礎，疏濬開鑿了「安坑圳」，當時張仲裔負責渠道的開鑿工程，建成後的「修理保固」維修工作由賴發承辦。至嘉慶元年（1796），林登選又開了一條支圳，灌溉溪州、十四分、石頭厝一帶埔地。

　嘉慶六年，外五張莊地區的水利灌溉工程全部完工，眾人感念開漳聖王神明的庇佑，在嘉慶十二年於新店溪畔大坪頂興建今稱太平宮的開漳聖王廟。當時秀朗社原住民潘開鳳，和漳人游源昌、范清科等人還將附近頂城、下城、大湖底、大坪頂一帶的農田、茶園捐獻給廟方作廟產。不過這幾塊土地後來除部份依然留作廟產外，剩下的按八股分作四份，這是這一帶被稱為「八股四莊」的由來，太平宮也成為外五張莊居民的信仰中心。

　另一方面，內五張莊以二城的潤濟宮為信仰中心。這座廟的由來，始自道光十二年（1832），三城頭人廖世協、二城頭人游學海、頭城頭人邱神恩、車子路頭人林青露等發起募捐，建廟奉

祀三官大帝，直到道光十五年才順利集資興建潤濟宮。此外，三城居民還建了一座「日興宮」奉祀開漳聖王。

　　開墾之初，地廣人稀，移民們忙著墾荒、鑿圳、引水，大體相安無事，到了咸豐三年，卻爆發了漳泉械鬥，住在大坪林的泉人襲擊安坑的漳人，燒燬太平宮。咸豐九年，泉人又進攻安坑石頭厝的漳人，擾攘數年，攻伐不停，雙方隔著新店溪成對抗狀態，安坑漳州人要應付「番害」，又要防止械鬥，真是疲於奔命。事後在同治年間廟宇重建，並更名「太平宮」，太平太平，這個廟名透漏出漳人多少的希望與期待，台灣的族群問題到底何時才會終結，讓居住在這塊土地上的所有居民過著「太平歲月」呢？！

岐山巖與屈尺的開發

　　新店的屈尺盆地東有直潭山，西是插天山，南界大桶山，北臨獅頭山，在這一段南起溪口，北迄新店溪出山口的盆地，有屈尺、廣興、塗潭、直潭、灣潭和小粗坑等地名。在大坪林開發之後，自然屈尺盆地與青潭溪谷成為下一個開發目標，尤其青潭是盆地北端的青潭溪流入新店溪碧潭的谷口，這一帶因流水平靜，水色清澄而得名「青潭」，更吸引著移民入墾，不過，因週遭山區「地險番猛」，開墾危險，因此嘉慶中葉曾有黃朝陽墾戶設置隘寮，防範生番，同時招募佃耕，卻因經費用盡、隘丁瓦解，眾佃離去暫告失敗。眾墾戶離去後，黃朝陽等六戶不死心，重組佃眾，與馮金石、許聰宥、陳廖合、陳肇基等四結首代表合作，開墾直潭一帶土地。

　　六年期滿，墾成田園由墾戶和眾佃平分，眾人續向南推進，大約在道光初年，直潭、小粗坑、落鳳埔一帶已經開發。而青潭溪谷也在道光年間已經開發，甚至遠及新店與石碇交界處的土崎頭、火燒樟。由於地形限制，這一帶居民多半種植茶樹與柑桔為

主。從嘉慶到道光年間，在開發直潭莊期間，莊民興建了拜土地公的福德祠，和奉祀保生大帝醫神的大道公廟。屈尺一帶安溪人也在道光年間，向艋舺清水巖祖師廟分香，鳩資建造了岐山巖清水祖師廟，又於道光五年興建奉祀觀音菩薩的「養源堂」，這座原屬齋教龍華派佛堂，光復後一變為供奉玄天上帝與媽祖的廟宇，令人莫名所以。另外，廣興一帶安溪人，也在同治年間建小祠奉祀清水祖師，至光緒末期擴建成「長福巖清水祖師廟」。清水祖師在閩南稱「烏面祖師」，在台灣通稱「祖師公」，更有稱「落鼻祖師」的，是安溪人的守護神，凡安溪人聚集處皆可見到清水祖師廟，說明了鄉土神對開拓移民精神安定力量的影響性與重要性。

青潭地區在道光年間開闢完成，也成為名勝景地之一，到處山青水綠，艋舺小艇泛蕩其間，悠然自得，有如置身畫境。咸豐年間新竹名人林占梅到新店賞遊，留下許多詩篇，如咸豐八年的〈遊青潭山〉：「晝永巖酒靜，逍遙意適然；倚松觀舞鶴，枕石聽流泉。樹遠籠煙沒，雲歸讓鳥先；蒼茫秋色裡，獨自下層巔。」而之前咸豐七年的〈青潭晚泊〉詠碧潭風光：「晚泊澄潭上，遊蹤寄短篷；溪煙生落日，野燒極遙空。艇小閒漁父，牛高穩牧童；自然成習慣，所業在其中。」說明了青山如黛，溪水如藍，在一脈水碧山青，悠然其中，別有一番情趣。時至今日，又增加了諸如吊橋、燕子湖、濛濛谷、情人谷、梅花湖等景點，到此一遊，真有羽化入仙鄉之感受與情境。

一部新店早期開發史，三座老廟：開天宮、太平宮、岐山巖，分別見證了大坪林、安坑、屈尺的開拓歷史，和無盡的艱辛血淚，有機會到新店一遊，不要儘是徜徉在山光水色，別忘了順道到老

廟參觀。尤其是由台北經新店到烏來遊玩，順屈尺右轉即可到達岐山巖，或者遊罷歸來台北，不想塞車，也可在岐山巖停留一會兒，在月明如水靜無波的夜色裡，不知道你會不會想起四百年台灣開發史的慘烈與艱辛，每當想起漢人對原住民無情的侵奪，漢人之間先是化分閩客對峙，再接著是泉漳械鬥、頂下郊拼，我總是擔心如今的台灣政治局勢，族群問題、語言問題、土地問題不斷地被大大小小的選舉挑撥、刺激、深化，我不免觸景傷情感慨多！

百年前外人眼中的新店溪

咸豐十一年（1861）十一月十七日，英國副領事郇和（Robert Swinhoe）在淡水租到一座三合院，作為領事館館舍，淡水正式開港通商，開港之後，外國洋行紛紛來台營商，開啟了台灣歷史新頁。同治三年（1864）寶順洋行（Dodd Co.）的老板英人陶德（一譯杜特）（John Dodd）到淡水，認為茶葉外銷極有可為，於是提供資金與技術，協助茶農廣植茶樹。由於有利可圖，以深坑、坪林尾為中心的台北東南丘陵之廣大樹林被砍伐，改植茶樹及其他農作物，新店與鄰近丘陵區因此迅速開發。光緒七年（1881）吳福元引進包種茶製造法，一直到今天，帶著花香的文山包種茶，成為新店、木柵地區的特產。

在這種歷史背景下，外人、洋商也前來新店探覽，留下若干紀錄，描述了河岸的人文風采與自然地理。例如同治六年（1867）冬天，英國皇家地理學會會員柯伯希（Honry Kopsch）探訪淡水河，先後上溯新店與大漢溪。他曾經敘述這段旅行：那年冬天，他們搭乘上船，離開滬尾（今淡水鎮）抵達艋舺（今萬華），然

後順河往東南交流，上溯第一道分支溪流，到達龜崙蘭時（今永和竹林路附近），河面還算頗寬，但小急流淺灘愈來愈多，無數急流淙淙而下，龜崙蘭是個美麗的小村，位於左岸，濃密竹林圍繞著。附近田地密植甘蔗、蔬菜與苧麻，河面上有不少舟楫往來，捕魚者藉著一條繫著羽毛的繩子，吸引魚群（按指香魚），然後網捕牠們。

繼續上溯，經過一段短距離，朝右邊分流溯去，這條河叫「新店溪」，在新的分支河口，又碰見急流困擾，我們下船幫忙水手拖拉。航行約 1 里，穿過一迷人的風景區，抵達一個叫「拳頭姆」地方。它位於一處高 150 公尺的漂亮小山丘的山腳，我們在此渡夜。這一晚像仲夏之夜。白天非常熱，一些小飛蟲不斷地圍聚燈光，但沒有蚊子。河水清澈如冰晶。翌日清晨，因水位太淺，我們的船難以上溯。在一處小村，又僱到二艘較小的土船，繼續前行。這兒居民是非常優秀的農夫，婦人和小孩穿著漂亮衣服，男人擁有強壯健康的面貌。

再次穿過急流與淺灘，我們抵達梘尾（今景美），它因設置水梘越過河面而聞名，這是一位住在水汴頭的富人所築，藉以供應艋舺城飲用灌水，並用水灌溉田地。從水梘下航過，再經過無數急流，抵達了一處長而寬的清澈水域，沒有急流、淺灘。這段水域寬約 50 碼，兩岸竹林林立，前面有一座密佈樹林的小山。

這段愉悅的航行持續不久，經過一處正在染布的小村叫深坑，河道又出現無數的急流，多的無法計數，但景色非常漂亮，不愧為福爾摩沙之名。左岸有松林的高山，形成非常迷人的景色，我們私底下稱它為「仙山」。大圓石散佈河床、岸邊，其中一個被叫為風動石，我們也看到山上有裸露的煤碳。多數的人，

以為會認為這兒是河的最上游的頂端，無法再航行了。但有這些
輕巧簡便的土船，加上漢人不屈不撓精神，我們再朝溪上溯。由
於是不平常的乾季，只有一點水，某些地段的水道十分狹窄，似
乎無法再航行，然而我們還是奮力推上去。下午五點，抵達一處
小村，叫楓子林，它位於一座高山的山腳下，河道在山澗下結束，
所有航運到此為止。

　　柯伯希的新店溪之旅，到此告一段落。之後，他們欲轉到位
在八堵附近的一個小村落，叫嶺腳，卻不料迷途到了今汐止，這
一段後事，我們就不再敘述。在柯伯希敘述中，我們發現當年的
新店溪是如何清澈乾淨，兩岸風光景色的迷人，與當地網捕香魚
的技術，這一切的一切，恍如夢幻，如今只有透過文章的描述中，
去虛幻的想像了！

外人深入新店探險

　　淡水開港後，外人紛紛來台，或營商或傳教，也有前來觀光探險。其中有一個英國人叫畢麒麟，在同治年間先進入中國海關工作，以後調到打狗（今高雄）海關，後見有利益可圖，辭職留在台灣做生意，直到同治九年（1870）離開，在台灣待了7年之久，以後寫出一本「老台灣」（Pioneering in Formosa）紀錄他的所見所聞。畢麒麟是一個奇特冒險人物，為了解中國人，他學習漢語，也讀過四書五經；為了深入庶民生活，他學習福佬話；為了認識平埔族人，一再透過教會神父引見；甚至為了真確明白山地原住民是否「傳說長著尾巴」，一探究竟，翻山越嶺，到達玉山去會見今布農族、鄒族等原住民。在書中，他提到曾經到過新店，看到滿山遍野的茶園，和大坪林五莊圳的引水石腔，他在書中如此地敘述著：

　　艋舺人民剛完成一項艱鉅的工程。由於當地飲用水略帶鹹味，所以計畫引山上溪水下來，供應平原人民飲水。他們在距離艋舺約八哩的內地，發現一條合適的溪流，漢人攻擊那地方的「野

蠻人」（按指原住民）部落，將他們趕到深山裡頭。漢人鑿開一
個隧道，16 碼長、8 呎寬，深度達 14 呎，將溪水轉移到水道。
這項工程十分困難，工人們常遭受「野蠻人」報復性的襲擊，完
工之前，約有 60 名工人被殺死。這條溪水甘甜清洌，由一條 3、
4 呎深的水道，引到梘尾村。梘尾在艋舺之東，走路約需 2 小時，
有一個導水管從沿街面上通到對岸，長達 30 呎。導水管是三邊
的，用厚木板釘在一起，周圍另釘有木頭。水管裡塗著石灰泥，
所以不透水，深度有 5 呎，寬達 8 呢，還有 47 支拐杖般的支柱。

　　除了畢麒麟外，光緒 7 年（1881 年）淡水海關稅務司韓克
（William Hancook）也曾深入新店，到屈尺山區勘察，並且留下
一份報告和照片，在報告中他提到：

　　1881 年二月十日，我從淡水乘小輪船出發，溯流而上，直至
艋舺。我從艋舺朝南走去，穿過平原，走向新店的山中。新店的
環境非常美麗，在更高幾百公尺的地方，朝向新店的山中，河流
只是一條從山上降落的急流，它經過一個淺灘之後，便在村莊前
面，在和大教堂的半弓形支柱相似地一些突出的岩石底下，緩緩
地流著。而在它後面，彷彿是一個吊懸的天穹，這天穹為一些有
著竹林的小小山谷一再割斷。乘渡船過灘之後，穿過一片大水氾
濫時會被淹沒的多石地方，接著又是河流，隨後攀登一座完全種
著茶樹，海拔 160 公尺的小山，然後降到一個半環形的小山谷，
谷中是屈追村（即屈尺）。若干年前，這地方經過的河流，構成
中國人和「番人」領地的邊界，可是中國人的墾拓伸展到河的對
岸，「番人們」的攻擊並不常見。直到去年七月間才開始攻擊，
並依照習慣割去他們的首級。在一座出現於河邊的小山或高地的
頂端，有一個奇怪的小小村落，它成為一種城砦。幾年前，這地

方遭受「番人」攻擊，可是居民防禦很好，終於將「番人」擊退。

之後韓克攀過峭壁，涉過溪谷，到達一座茅屋，透過茅屋的中國人幫忙，請「番人」吃烤豬建立交情，再深入山中採訪山中「生番」，韓克在報告中紀錄他乘渡船，穿灣潭，再渡到直潭、屈尺的情形，對於頂城的防禦狀況與當時原住民的紋臉、服飾、生活習慣、屋宇形制，與漢番關係，都有生動詳實的描述，而對河岸、山中的植物、地形等風光景色都有著清晰如實的敘述，文末更表達了他對原住民憂慮的傷懷：「這民族有著外表可愛的性格，他們本質似乎不適合於文明國家有秩序的工作，其愚昧與淳樸竟到了這樣的程度，他們願意將他們高貴的森林交換酒精，並永遠受著一個大膽而又貪婪的鄰人欺騙。」韓克在指責漢人的同時，似乎也忘了他們英國人正是標準的帝國主義者，在十九世紀整整的一百年，四處吞噬、殖民亞非兩大洲的國家與民族！

老教堂可惜被沖毀

　　另一個在新店留下紀錄的是傳教士馬偕（MaCkay）。清同治十一年（1892）他抵達淡水之後，設立了一個教會，在五股設立了第一個教堂，之後分別在新港社（今苗栗附近）、和尚洲（今蘆洲市）、三重埔（今台北市南港附近，非三重市）、八里坌等地設教。兩年之後的七月廿六日，他創立了第七個教會，這就是新店教會。

　　新店是在淡水之南十八哩的內地，是一個人口稠密熱鬧的街市，不過馬偕倒不以為然，他曾說過「新店是一個鄉下市鎮，或不如說是村子。」

　　最初有個新店人，來到淡水做生意，聽了福音，便回去轉告親友，因此有好幾個新店人到淡水來聽馬偕講道，且跟他到各處旅行。馬偕也因此到新店去，剛好新店在舉行廟會，一片人山人海。當地人看到馬偕，都叫喊他為「洋番、洋鬼子」，並有人造謠說他打傷一個男孩，群眾於是湧向他，又有人高喊「打死他」，馬偕臨危不亂擠過人群，走向男孩，果然男孩是受傷了，馬偕就立刻為這小孩治療包紮，群眾才改變觀感，稱讚：「真好心！真好心！」以後又有幾次善行，因此新店民眾的態度也逐漸友善。後來有一位高霞嫂將她的三合院住屋借給馬偕作為聚會的佈道

所，從此新店教會正式誕生。不過當時新店教徒要到三重埔（今
台北市南港附近）、或淡水做禮拜，往返數十哩路，很不方便，
馬偕便決意要建教堂。

　　光緒九年（1823）建了一座土牆茅草屋頂的教堂，這個教堂
位在高地上，風景很美，教堂前有溪水在其門前數十碼的地方，
作大弧形的流過去，教堂的後面有一塊很高的危岩，上面全是蔥
翠的草木。不料次年發生中法戰爭，台灣民眾稱之為「西仔反」，
一些北台民眾衝動之下將好幾個教堂搗毀，事後賠償重建，光是
新店教堂就索賠了二千八百四十五銀元，教堂內物件也索賠了一
千四百四十九元七角，這在當時是一筆很大數字。利用這筆賠款
重建了一座巍峨的新教堂，成為有尖塔的歌德式教堂，台灣民謠
即有「新店、大龍峒、錫口、艋舺，四間有尖塔」的傳頌，它是
當時北台最美麗的建築物之一，其中石造尖塔最引人注目，從週
圍數里的遠處都可以望見它，我們在前篇文章中提到淡水海關稅
務司韓克的報告書中也有提到這座教堂，可見它的確是當時的地
標之一。可惜這座新教堂後來在日據時期的大正十三年（1924）
八月被大水完全沖毀，不復痕跡。現在這座新店教堂乃是三年
後，昭和元年（1927）遷址重建，昔日風采業已喪失，難見當年
號稱北台最美麗的建物，尤其教堂外被電線四處攀爬，真夠醜
的！

　　新店教堂歷史中還有一件教民欺負百姓的遺憾事，稱之為
「景新店教案」。原來在光緒元年（1975）十月十八日，有一位
叫高興昌者，在新店街頭開店舖賣藥膏，一位名叫劉乾者前往醫
治，醫畢，劉乾未帶金錢，高氏派人隨同取錢，走到鄉總林澄清
店時，劉乾欲向該店借錢支付醫藥費，教民林瓊出而阻止，說傳

教士施醫向來不取分文，不必給錢高氏，雙方互起口角，轉回高
家店鋪，雙方仍不服，爭毆不休，互有動手而受傷。以後英國駐
淡水副領事費里德（Frater）據新店教民報告誣稱：有匪徒將教民
所開店鋪貨物搶走，並毆打教民，燒焚新店教堂，現在街市聚眾，
聲言要打死教士，情勢危急。費里德轉知淡水同知陳星聚處理。
陳星聚早於先一日已知道，迅即趕往處理，不過當地安靜，並沒
有輿情洶洶之事情，訪察教堂的華人教士，也說教堂並無人滋
事，不必保護。以後查詢林瓊，知道實情，乃因醫療索款，教民
無端干涉，互毆受傷。陳星聚轉達費里德後，費里德竟然無理取
鬧，又說是七日普渡時向教民攤派拿錢不成，挾嫌而互起毆打。
陳星聚耐心秉公再查，發現確有一名叫林四全者，是普渡收銀頭
人，平日有辱罵教士，揚言要打死教士的言語，但究竟只是揚言，
並無實際行動。於是傳兩造到案，傳說被搶的林甘夫婦「搶不請
勘，毆不驗傷，空言無證」，而林瓊所言，與當初所控告之事，
根本是南轅北轍不同的兩回事，姑念林瓊並未狡辯，從寬不議。
僅諭令鄉總保長務須約束鄉民，以期民教相安，本案依此完結。

　　這件新店教案，單純是教民無端胡鬧干涉，引起紛爭毆打，
卻又無中生有，誇張案情，嫁禍他人，幸好淡水同知陳星聚秉公
查勘，嚴守權限，不任英國副領事方面插手干涉，迅將案情澄情
理結。不過這終究是教會史上不無遺憾的一件不愉快的往事吧！

劉銘傳對新店的貢獻

　　光緒十年（1884）中法戰爭爆發，閏五月劉銘傳被派來台灣督辦防務，十月補授福建巡撫，戰後留在台灣全力推動「辦防、練兵、清賦、撫番」。劉銘傳的理「番」，先是設隘勇營制，在台灣中、北部和宜蘭設置隘勇，沿番界設防。當時北路隘勇五營直屬「大嵙崁撫墾事務總辦」管轄，其中的三角湧右營防守自屈尺、雙溪口至合坪（今三峽境內）一帶。劉銘傳又在各番界設撫墾局處理撫番開墾事宜，北台的撫墾局則設在大嵙崁，由板橋林維源擔任撫墾總局的總辦，大嵙崁撫墾局下設五個分局，其中雙溪分局設在新店屈尺，三角湧分局設在今天的三峽。

　　開山撫番展開之後，漢人大量進入山區番界，自然造成山中原住民的緊張與憤怒，也全力抵禦，漢人與原住民爆發激烈衝突，新店山區也無法避免。當時在今天宜蘭、台北、桃園三縣交界的山區泰雅族人有大豹、加九岸、馬來（今烏來）八社等，相當強悍。早在光緒八年福建巡撫岑毓英巡視北台時，就有意招撫馬來八社的總頭目「巴克志」，但未成功。到了光緒十一年，屈尺莊莊民被殺害了男女十四人之多，劉銘傳得知，命令他的侄子劉朝祜帶領親兵，張李成土勇一營，會同艋舺紳士李秉鈞、大坪林人訓導劉廷玉等人先往屈尺察看地勢番情。復令淡水知縣李嘉

棠會同劉朝祐招撫馬來八社番丁。最後雙方議定條件，每社頭目派為社丁，月給勇糧，總頭目月給口糧，按月親到淡水縣衙內領取，藉通聲氣、聯絡感情。八社頭目各選子弟一人到台北城內讀書，並且不許漢人軍民侵占番界。

　　馬來八社就撫後，劉朝祐帶領張李成土勇利用冬季造橋開路「徐圖入山、相機辦理，但求成效，不計近功」，果然前後用了三個月時光，在年底時「開山關石碇路百餘里，自馬來通至宜蘭」。不過，雖然馬來八社就撫合作，但住居在插天山寨（熊空、白雞、加九嶺）等地的大豹社與加九岸社卻未解決。光緒十二年四月，三峽的紫微坑、屈尺的馬來境內都有漢人被殺害，調查結果是「竹家山生番」與「加九岸生番」所為，劉銘傳命令提督康仁元率領張李成土勇進兵，紳士陳玖英領導民夫開道，剿撫並施，曉以利害，大豹社和加九岸社若干頭目同意歸順。但到了同年八月，未歸順的他社「生番」又連殺防番隘勇二十餘人。這下劉銘傳震怒，十月，親率吳宏洛、朱煥明、萬國本、劉朝祐等大將，及陸陳謙的土勇分頭進擊。十月底團團包圍住諸社，諸社頭目率妻子出降。當時劉銘傳演了一場戲，先是當面斥責罪行，做勢要殺頭目，再由歸順他社頭目求情開恩，劉銘傳先囚禁他們一段日子，才在他社頭目作保，本人詛咒發誓不再殺人的情形下，赦免了諸頭目。這顯然是採取當年諸葛孔明七擒七放孟獲的手段，可殺而不殺，借以收籠人心。

　　劉銘傳不但不殺頭目，又派人教導大豹、加九岸各社耕種技術。光緒十六年招募屈尺、大豹各社頭目子弟二十人入台北城內「番學堂」就讀，教以官話、土語、普通教育。施以同化，讓他們了解漢人社會，增進族群和諧。

　　劉銘傳對新店地區的貢獻，簡單地說有兩項：

　　(1)開闢拓寬了由台北府大南門，經景尾街，自坪林尾越山，通宜蘭頭圍的山路。完工之後，命令淡水縣在坪林尾、樟谷坑、磨壁潭、倒吊子、四堵等五個地方設置關卡，修葺草屋，並派兵駐守，保護行旅安全。其中經新店、小格頭、坪林到宜蘭的小路變成官路，即是後來北宜公路前身，這是貢獻之一。

　　(2)劉銘傳理番策略成功，使得新店附近山區，漢番關係獲得安寧平靜，新店才得以全力開發。根據日據初期人口調查，當時新店街居民有一千零五十人，景尾街九百五十一人，深坑街七百七十二人，文山區內三街肆，新店是最大市街、最多居民，何以如此？細細思考，這又是劉銘傳對新店的貢獻之二。不但如此，割台之役，我漢民全力抗日，當時大豹、加九岸各社更保護敗退到山區的抗日義軍，劉銘傳「理番」策略的成功及對新店的貢獻，可想而知了！

淡蘭古道經新店

　　咸豐十年的開港通商，帶動了台北採樟製腦、種茶培製的產業，也因此採樟、種茶改變了台北地區的產業型態、原住民之東移、人口壓力的緩和、創造就業機會、提高人民生活水平、增加官府稅收、北部新興城鎮崛起、社會階層加速流動、和台灣歷史重心北移等等都是。在這個大時代背景下，也改變了台北、宜蘭之間的交通路線，成為新店開發的一項契機。

　　十八世紀末，嘉慶初年，當時漢人開發宜蘭，起初走的路線是基隆河河谷，從淡水的艋舺出發，沿著基隆河東北，經水返腳（汐止）、八堵，過獅球嶺，進入基隆到社寮島，再循海邊到深澳，攀登三貂大嶺，續越窿窿嶺到達宜蘭。以後由海道轉向陸路，改由八堵入山，經暖暖、四腳亭、瑞芳、苧仔潭，越三貂嶺，過牡丹坑，頂雙溪、下雙溪。由此入蘭之道，偏向東行，經今北迴鐵路草嶺隧道北端出口沿山溪上山，越窿窿嶺，到隧道南端下山。不過這條路線迂遠陡峭，漸為人廢，遂改由下雙溪魚桁仔、檳仔寮，到淡水廳與噶瑪蘭廳交界的遠望坑（今貢寮鄉穗玉村草嶺頂），越草嶺至大里、北關而入頭城，這條路線即今日大眾所熟知的健行古道——草嶺古道。依當時腳程計算，從艋舺到宜蘭約二百里，得走上三天，可說得是相當不方便。另一條古道，在

文山堡入山之後，分成兩路線，東支經過北勢溪上游山區，進入三貂地區。西支路線係循南勢溪而上，進入「過番」地界，古書記載「又一路艋舺之大坪林進山，從內山行走，經大湖隘，可抵東勢之溪洲」，文中的「大坪林」即文山堡十四莊中的「大坪林莊」，鄰近秀朗、暗坑仔、青潭等莊，即今新店市區。因此這條古道路線大約是：從艋舺→公館→梘尾（景美）→新店，再由新店街沿新店溪進入屈尺番界。續在上游的匯流處，轉溯南勢溪，進入烏來番地，轉桶后溪，抵達桶后。復由玉山與紅柴山之間，越過分水嶺抵達蘭界，取道宜蘭員山鄉的舊大湖庄、隘界等地，到達溪洲。這條古道幾乎只要一天就可通達，可稱得上極其便利，但是因沿途所經過的道路均屬蠶叢險涉之境，行走時須結隊前進，以防生「番」肆殺，野獸搏噬，「其地未經除治，不過背負往來，輿馬亦礙難行走」，往來的官民並不多。

道光以後，因新店。石碇一帶採樟種茶事業日盛，咸豐十年淡水開港後，更是一日千里，加速開發，漢人腳步逐漸深入山區。同治十年（1872）的《淡水廳志》對今天南、北勢溪、景美溪的源頭、紀錄愈清楚，正反映此區不斷的在開發中。而且同光年間，沈葆楨、劉銘傳展開「開山撫番」的政策，在軍隊的前導下，漢人更大量進入山區，也造成漢人與原住民之間緊張衝突的關係，發生一連串襲擊出草漢人事件，幸虧劉銘傳剿撫併施，才得以平靜。

這一條走文山線的古道，終於在劉銘傳開山撫番時，因台北至宜蘭間的舊道迂遠，遂計畫改由台北府城大南門經景尾街，自坪林尾越山通宜蘭頭圍的便路，予以拓寬鋪設，前後歷經三個月而成。新拓寬的路線，在日據時期日人續加以拓寬，成了今日北台人士眾所週知的——北宜公路，劉銘傳正是有功於北宜公路！

新店地名的由來

　　新店開發頗早,也許因為不是什麼行政中心或商業中心,志書中有關新店的紀錄不是含糊不清,便是沒有紀錄。例如康熙五十六年（1717）出版的《諸羅縣志》,僅在卷首的〈山川總圖〉註明有「秀朗社」。乾隆七年（1742）出刊的《重修台灣府志》雖提到「淡水十八莊」,卻無新店,到了乾隆二十九年（1764）的《台灣府志》才出現「大坪林莊」一名。在乾隆中期的一幅地圖中,曾標示出「大坪林」地名,並在盆地中央的山前註明「拳頭山:內湖、秀朗、大坪、萬盛、興福等庄,共八百餘口」。「新店」地名今所知最早出現在乾隆末期的一幅台灣郵傳圖上,該圖在中央新莊縣丞署和海山口汛之間,出現了「新店塘」標示,可惜位置有誤,近新莊遠新店。一直到同治十年（1871）《淡水廳志》才有較詳細紀錄,卷首地圖中出現拳山堡、大坪林、萬盛莊標示,也列出拳山堡公館一街和十三莊,其中出現的大坪林莊、暗坑仔莊、青潭莊,表示新店地區三村莊已形成。光緒五年（1879）淡水設縣後的地圖,終於正式出現「新店」地名,可知「新店」

地名是相當晚起的。

「新店」地名的出現，背後是有一段漢人艱辛開拓的血汗史的。

話說乾隆五年（1740）台北地區有名的墾首郭錫瑠組成「金順興號」，為尋找灌溉水源，原先選擇青潭坑口（今新店青潭斗門頭）為入水口，鑿陂開圳，不料屢次興工，因「地險番猛」而失敗，損失慘重。到了乾隆十八年（1753），大坪林五庄（十四張、二十張、十二張、七張仔、寶斗厝）庄民在蕭妙興、朱舉、曾鎮等人組成「金合興號」，與郭錫瑠商量，取得青潭口陂地的使用權，與開鑿大坪林圳的權利。

這次開圳工程，從乾隆十八年至二十五年，花了近 8 年歲月才完成自青潭坑口至今新店光明街口的首段工程。由於首段圳路潭深山高，必須鑿石穿山，既要鑿明渠（圳路），暗渠（石腔、隧道），也要面臨「生番」埋伏截殺、日日血戰的危險，不得不派五庄庄民丁壯輪流巡察護衛。經過漫長 8 年，不知犧牲多少性命、錢財，才艱鉅完成。因鑿圳而犧牲的莊民則合葬在五莊辦公管理處所──合興寮（後改稱合興館，今瑠公紀念大樓前）以為紀念。

以後繼續開鑿水圳，於乾隆三十年（1765）全部完工，並呈請官府清丈定界，賦稅陞科：當時署理淡水同知李俊親自到青潭口勘察，劃地分管定案，眾人並在乾隆三十八年三月簽「大坪林五莊仝立公訂水路車路合約」，彼此同意將金合興墾號改為常設管理機構，建立合興寮，管理水圳維修、五莊的治安等公共事務。此機構在日據時代成為文山水利組合會，台灣光復後，在民國 45 年又併入瑠公水利會，稱「台灣省瑠公農田水利會」，57 年又改

稱「台北市瑠公農田水利會」，已異原貌。

五莊中的「七張」約今張南、廣明、張北等里，「二十張」為今江陵、信義、忠孝、大鵬等里，「十四張、十二張」約今中山、中正、百忍、仁愛等里，「寶斗厝」為今寶安、寶興等里。水圳既成，帶動地方繁榮，在二十張與十四張交界處，即今通往中和南勢角的渡船頭形成「店子街」，街的崁腳處即「店子腳」。嘉慶末年在青潭、直潭一帶也移入不少漢民和番人交易，當時在新店溪出山口一帶河階地上開店，與「店仔街」比較而言，這是「新的店鋪」，所以稱為「新店」，這是新店地名的正確由來。

台北市儒學教育的遺跡

一、官辦儒學俱不存

明永曆十九年（1665），鄭經採納參軍陳永華之建議，首建聖廟、設學校，以崇祀孔子，並教育漢番子弟，這是儒學教育首播台灣之始。清代一仍其舊，除重建文廟外，也在台灣各地設有儒學、書院、鄉學，以傳播儒學教育、培育地方人才。台灣的社會與文化遂融入中國本部之中，同時又具有本地之特色，成為「內地化」與「土著化」的雙向交流，交織成燦爛的文化體系。

清代教育體系，在中央有國子監，屬於禮部，是國家最高教育行政機構。在地方，府、州、縣各設府學、州學、縣學等，通稱「儒學」，設有教授、教諭，輔以訓導，通稱「教官」。地方教育本由府縣兼管，可惜日久變質，只管科考、祭孔、儒生出入學等，成了只辦行政，不管教育的行政單位。地方最高教育首長稱「提督學政」，清末改稱「提學使」，士子尊稱「宗師」，一般通稱「學台」。提督學政除在各省設有一「學台衙門」外，其餘在府縣均無定處，僅以駐節的行轅為提督學院。只不過台灣偏處海外，學政之事先後由「分巡台廈兵備道」、「台灣巡撫」兼之。以下的諸教官則駐府縣儒學中，負責實際學政工作。

清代台灣儒學的設置，或晚於府廳縣治後，或根本未設，台

北市亦是如此。直到光緒元年（1875），台北設府，設府治於艋舺，附郭淡水縣，才有台北府儒學及淡水縣儒學之設置。光緒 5 年，新設淡水縣儒學於台北艋舺之學海書院內；翌年，復在台北城大南門內，新建台北府儒學，隔年竣工。今所知台北府儒學教授先後有：(1)沈紹九，字仲經，號桐士、同皋，福建閩縣人。(2)劉大受，號紹庭，福建侯官人。(3)馮夢辛，福建福州府人。(4)王藍玉，字潤田，台灣安平人。(5)黃煥奎，台灣彰化人。(6) 王 元墀，號少樵，福建閩縣人。設府後之淡水縣儒學教諭則有：(1)林學宋，福建興化府人。(2)蔣學瀛，福建泉州府人。(3)翁百年，號煌南，台灣嘉義人。(4)王鳴鏘，字叔珊，籍貫不詳。

　　府縣儒學是地方政府官辦的學校，經常辦理事項有管理經費、奉祀孔子、辦理科考、管理學生。因此建立學宮以祀先師，使生員知儒學之淵源；設置明倫堂，指導生員，兼施月課，以為科考之準備。此所以當台北府城於光緒八年（1882）動工後，隨即在城內南門內建造文武兩廟，文廟在左，武廟在右，皆座北朝南，至光緒十年告竣，是為官建孔廟（文廟）之始。乙未割台，日軍進佔台北府城，軍隊駐紮孔廟內，眾多聖賢牌位、祭器等，悉被毀壞，慘遭劫難。明治 40 年（1907），日人拆毀文、武廟，並在原址興建國語（日語）學校（後改為台北第一師範學校，今台北市立師範學院前身）、台北第一高等女子學校（今北一女）、及台北地方法院（今高等法院）等機構，孔子牌位則被供奉在國語學校內僅有五坪的小堂之中。

　　大正 14 年（1925），崇聖會及地方士紳以台北沒有孔廟為憾，遂在辜顯榮、陳培根、黃贊鈞、吳昌才、洪以南、謝汝銓、黃純青、陳天來、李聲元等九位士紳號召倡捐之下，獻地建廟，

廷聘泉州名匠王益順負責設計建造。至昭和 14 年（1939）全部完工，占地五千多坪，建物一千四百坪，總工程費二十六萬餘日元，即今日位於台北市大同區大龍峒之台北孔廟。台北孔廟座北朝南，其配置順序為：萬仞宮牆、泮池、櫺星門、儀門、大成殿與崇聖祠。左右出入山門依次為：黌門、泮宮、禮門、義路。明倫堂在左側，遲至民國 44 年（1955）才建。其中大成殿與儀門、東西兩廡共同圍成四合院，是孔廟核心區域；大成殿面寬五開間，進深六間，採用重檐歇山式屋頂，四週設走馬廊，形制宏偉、結構嚴謹，在建造風格上頗像廟宇建築，也充分表達出日據時代台北士紳對儒學教育的重視與認同。

二、學海書院碩果僅存

官辦儒學既成虛文，而鄉學又未免所授過於簡單，故介於其間的書院，遂成為清代台灣地方文運中心，兼具發展文教、培育才俊、傳播儒學之功能。

書院發端於唐，至五代規制漸備，宋元時臻於極盛，迄於明清，前後互連千餘年。滿清入關之初，賡續書院制度，於順治九年（1652）下諭禁設。後禁令漸弛，雍正十一年（1733）正式明令各省建書院，各省獲此鼓勵，此後書院漸興，台灣的書院也隨之大盛。台灣之有書院，始自康熙二十二年（1863）靖海侯施琅所創西定坊書院，嗣後雍正、乾隆以後，書院成長迅速，就其創建之年代次序考察，得知：乾隆以前大都集中台南；乾隆以後，陸續分布到嘉義、雲林、彰化、新竹、新莊，甚至澎湖。嘉慶時更到達宜蘭。此一趨勢，充份反映台灣文教發展路線，符合土地開拓方向，跟隨在土地開發後面行進。至清末，全台書院高達六

十所，遍於各地。以設立年代言，康熙、乾隆、道光、光緒諸朝
為盛。就地域分佈言，台南獨多。但就其發展情形看，早期雖以
南部獨多，晚期則以中、北部較盛。這與政治、經濟中心的北移
有極大關連。

　　台北市之有書院，始於道光十七年（1837）淡水廳同知婁雲
籌劃，二十三年同知曹謹所建成之文甲書院。光緒六年（1880），
台北府知府陳星聚創設登瀛書院，初置於府後街（今青島西路以
北一帶）考棚內，聘陳孝芳為院長。十六年（1890）知府雷其達
於府治寶成門內（今桃源街、長沙街口一帶）新建院舍，計三進
三廂，大中房舍二十八間，另典藏圖書四千餘部，供生員閱讀。
惜割台後圖書散失，院舍改作他用，日後且拆除無存。明道書院，
光緒十九年（1893），布政使沈應奎建，位在府後街考棚右側方
（今青島西路、中山南路口一帶）。此書院原為官宦行台，建於
光緒五年（1879），嗣又作為淡水縣署，縣署遷移北門街（今博
愛路），遂又改置明道書院，後日人據台時拆毀。另，咸豐年間
陳維英等籌建樹人書院，後移至大龍峒文昌祠，亦廢無存。台北
市四書院中，今僅存一書院。

　　文甲書院在大加蚋堡艋舺街南（今環河南路二段 93 號），
籌辦之初原名「艋舺」，以其有欠雅馴，代之以閩南語諧音「文
甲」。道光二十七年（1847）閩浙總督劉韻珂巡台，至艋舺，徇
地方文士之請，更名為「學海」，並題匾懸掛，自是改稱學海書
院。時淡水同知曹士桂親兼院長，加意作育，一時北台文風蔚起。
後同治六年（1867）同知嚴金清創建的艋舺義塾，及光緒五年
（1879）新成立之台北府儒學，曾附設在學海書院中。日據之初，
曾作國語學校創立事務所，又改為陸軍宿舍。至明治 41 年（1908）

公開標售，由艋舺人吳永富得標，再轉售高姓族人，改為高氏宗
祠至今。民國 63 年（1974）因環河南路拓寬，山門及前殿拆除
改建，頗失原貌。學海書院座東朝西偏北，建築平面以講堂為中
心，原有空間配置為大門、講堂、朱子祠、學舍、過廊。馬路拓
寬改建後，第一進為山門，第二進講堂目前作為高姓族人祖祠，
第三進為朱子祠，左右兩側護龍為學舍；外觀上，除左右護龍為
馬背式外，其餘建築俱為燕尾脊，相當樸實。

三、民學遺跡存其二

　　書院之外，尚有義學、民學。義學俗稱義塾，台北市之有義
學，始於同治六年（1867）在大加蚋堡艋舺街所創建之艋舺義塾，
時淡水同知嚴金清指撥廳下義倉捐款，充作轄下經費，並前後設
立義塾十八所之多。義學教師乃從生員（秀才）中考試任用，並
定期舉行月課。官辦義學，易有人亡政廢之弊，故行之不久，多
趨廢弛，遂由民學取而代之。

　　民學通稱私塾，或名書房、書館，為科第人物、府縣生員就
私宅、祠廟所設置。所授教材，並無一定。初入學者，大抵先讀
《三字經》，順次教以《論語》、《大學》、《中庸》及《孟子》，
旁及《千家詩》、《唐詩合解》、《聲律啟蒙》。然後接讀《詩
經》、《書經》、《易經》、《左傳》，及《禮記》，同時起講
闈墨、試帖，以應付科舉準備。台北市民學之設，可考者以大龍
峒陳遜言所設家塾名聲矯矯。至其公子陳維英，美譽聲華，青出
於藍。不僅從遊最眾，出門其下者有舉人張書紳、陳樹藍、陳霞
林、潘成清、蔡丕基、連日春、鄭步蟾等，餘如生員茂才更難臚
列。陳氏祖宅至今猶存，名列古蹟，都是清代儒學教育見證之一。

陳悅記祖宅，俗稱「老師府」，位於延平北路四段 231 號，由陳遜言創建於嘉慶十二年（1801）。「悅」是陳家公業統號，下依各房分記。陳維英，字實之，號迂谷，是陳遜言第四子。咸豐元年（1851）舉考廉，九年為恩科舉人。曾掌教宜蘭仰山書院及艋舺學海書院，晚年在劍潭圓山仔頂構築「太古巢」書齋，隱居著作，有《偷閒錄》等。「老師府」之由來正因陳維英作育英才，獎掖後進無數，地方人士，皆尊稱他為「老師」，故其宅弟也稱為「老師府」。

老師府基本是由兩座四合院公媽廳與公館廳雙併而成，以後又續建「餘慶堂」。老師府座東朝西面向淡水河，由於今延平北路通貫前埕，前埕面積大減，另公媽廳中軸線上建有對稱聳立的木、石旗杆，代表科舉功名與家族榮耀，原有三對，已佚失一對。公媽廳前後配置有前廳、前庭院、正廳、軒亭、庭院、後廳，形成高低起伏，尊卑次序的內外空間。公館廳為四進單邊護龍格局，其右側護龍前端延伸至前埕，形成單身手之前室，係後來增建的。今貌是民國 60 年（1971）重修後情況，外貌破壞嚴重，內部格局幸無甚變動。老師府整個宅院配置在台灣傳統建築中極具特色，也是目前少數留存此類格局之大型建築群，而前埕的旗杆更是台灣少數僅存的石旗杆。

陳氏父子外，咸豐而後，關渡人黃敬、艋舺人顏宅三、士林港仔墘人曹敬、加仔人（雙園區）楊克彰、大稻埕人林宜涵等，曾先後開塾台北，各擁其徒，各稱其盛。而民學之遺址，今猶存其一，即芝山岩惠濟宮是也。

在士林區至誠路一段芝山岩山頂偏西處，有座惠濟宮，廟中供奉漳州人鄉土守護神開漳聖王陳元光。清康熙年間，漳州人移

墾台北盆地北邊唭哩岸一帶（今石牌），為感念神明庇佑，乃建廟於山頂西側。道光二十年（1840）八芝蘭街士紳潘定民，於宮後增建文昌祠，俾學子讀書其中，時人傅人偉撰有〈芝山文昌祠記〉紀其事，略謂：「己亥東渡，越歲安硯芝蘭堡，地盡漳人……六月，潘子定民謀建文昌祠於上，俾諸生肄業其中，邀予至焉。……潘子是舉，詩有志也。居是邦者，其亦覿石笏而念書思對命乎！見林木而思百年樹人乎！覿流水而知盈科後進乎！昔為侏儷之龐雜，今為學士之謳吟；昔以禦侮而扼此山，今以志學而履其地。鍾毓所在，必有傳人，是烏可不記之？」諄諄師訓，情見乎詞。迄日據初期，日人設學務部於惠濟宮內，同時首設台灣第一所國語（日語）傳習所於後殿之文昌祠義塾，並以之為上課地點。明志 29 年（1896）元旦，我抗日義民襲擊學堂，殺日籍教師六人，及工友一名，史稱「芝山岩事件」。同年，台灣總督府重設並直轄此被毀的傳習所，且改稱為台灣總督府國語學校。

四、繼往開來再造新局

以上簡單介紹了清代台北市儒學教育機構，計有台北府儒學、淡水縣儒學、學海書院、登瀛書院、明道書院、樹人書院、老師府、惠濟宮等等。如今僅存學海書院、老師府、惠濟宮等，軀殼雖存，精神已失。際此世紀，人欲沉淪，拜金崇物，唯物是圖，不免令有道之士，感慨殊深。雖有若干諤諤之言，但徒託空言，理想孤懸，日久必喪失熱情與希望。如何透過制度面、資金面予以運作修正，持續地給予儒學文化的認識與陶冶，恢復傳統文化理念與作用，讓傳統融入現代社會、日常生活，是可以考慮

的一個面向。在此，不妨以北一女為，例如其校址原為清代城內
文廟，後拆建改設州立台北第一高等女學校，光復後改制為台北
一女中。文廟舊物雖不存，但舊學商量轉新知，九十年來的北一
女教育英才無數，成為台灣有名的女子中學。新與舊，有和無，
似乎點出了傳統與現代的轉折點與契合處。

艋舺清代史蹟的田調

一、清代台北地區的開墾

　　清康熙二十三年（一六八三年），派施琅攻台，鄭氏不敵而降，清遂領有台灣。但以台灣孤懸海外，權臣多有棄置之議，經施琅力主保留，翌年始將台灣收入版圖。初置台灣府，分台灣、鳳山、諸羅三縣，而北部台灣則隸屬諸羅，但未設官治理。

　　由於清廷本就有棄置台灣之意，因此對台灣並未重視，採消極政策，不願聚民開墾，且限制大陸沿海人民來台，並對在台灣移民百般拘束，所以北部地區到康熙三十六年仍是草萊蠻荒，「蕃族」盤據。康熙四十八年有泉人墾號陳賴章請得官方墾照，在台北地區開墾，於是台北平野才日漸開闢。雖然如此，台北地區仍然荒穢未治，偏野曠土。雍正年間，移民漸多，在淡水河東岸的紗帽廚蕃社聚居，形成一小部落，即是昔年的艋舺，今日的萬華，也是台北市區的發祥地。

　　台北市及其附近的開拓始自康熙年間，其進展是由新莊、艋舺、八芝蘭（今士林）而來。雍正三年有漳人林秀俊（公號林成祖）入墾擺接（今板橋），不久又有粵人廖簡岳聚眾開墾秀朗（今永和）、內湖、峰仔峙（今汐止）。至乾隆以後，泉人先後開拓了錫口（今松山）、深坑、萬順寮、大安庄、埤頭，和尚洲（今

蘆洲）、社仔、大龍峒、新店等地，並從粵人手中取得了秀朗。
此時漳人亦從事拓墾安坑、五堵、七堵、八堵、暖暖等地，並驅
逐粵人，大批遷入內湖定居，於是台北市及其附近的平野盡被開
拓，土著平埔族各社也紛紛遷徙。

　　清代開拓時期，台北地區的都市中心曾經幾次變動。最先是
淡水河西岸的新莊，蓋以當時港口著稱，從福建、廣東各口岸駛
入的大船巨舶停泊在新莊，然後深入淡水河上游各地，最遠可到
達大溪一帶，是故雍乾間之新莊，盛極一時。不久因淡水河土砂
堆積，水運漸漸趨衰微，新莊港口隨之沒落，艋舺遂取而代之。

　　艋舺位於新店溪和淡水河的會流處，乃是交通樞紐，郊商雲
集，成為繁華港市，地位遂與日俱增。如乾隆二十四年，八里坌
都司移駐艋舺，旋於嘉慶四年駐水師於艋舺。到嘉慶十三年置台
協右營游擊於艋舺，改稱艋舺水師游擊。翌年又移新莊縣丞於艋
舺，艋舺遂興。

　　同治十三年。沈葆楨奏請建台北府，略謂：「……查艋舺，
當雞籠、龜崙兩大山之間，沃壤平野，兩溪環抱，村落衢市，蔚
成大觀。西至海口三十里，直達八里坌，滬尾兩口，並有觀音山、
大屯山以為屏障，且與省城五虎門遙對，非特淡蘭扼要之區，實
為全台北之管，擬於該處，創建府治，名之曰台北府……」，短
短數語，描繪出艋舺之重要。早年「艋舺」一詞代表了整個台北，
更是今日台北市的發祥地，一部台北市志，非從艋舺講起不可。

二、艋舺興衰的滄桑一頁

　　艋舺是台北市最古老市街的一部，於日據時期大正九年（一
九二〇年）改成今名萬華。其原始市街在紗帽廚蕃社的故址──大

溪口，也就是今日貴陽街二段與環河南路二段的交接處，包括了今天的龍山區、雙園區、城中區的一部份。

艋舺亦稱「蟒甲」、「蚊甲」、「莽葛」、「文甲」，是從蕃語 Moungar 音譯過來，意指獨木舟聚集的地方，起因於當初蕃人居此，平日喜以土產用獨木舟載到淡水河上游大嵙溪與新店溪和漢人交易，遂有艋舺之名。

乾隆初年，入墾台北地區的移民漸多，位於台北盆地中心，瀕臨淡水河、新店溪交流的艋舺，憑著地理位置的優越，水運的便利，逐漸發展成北部重要港口。當年淡水河水深河廣，船舶出入便利，於是艋舺與福建、廣東之間的貿易興盛，於道光五年成為台灣北部政治和軍事中心，到咸豐年間，艋舺更達到了全盛時期，不僅水上商船湊泊，陸地人煙稠密，甚且與台南、鹿港並稱為「一府、二鹿、三艋舺」。

艋舺最早開拓者為泉州的晉江、惠安、南安的三邑人士，通稱「頂郊人」，最具勢力者為黃、吳、林三姓。以後漳、泉人為水源與地盤互爭互拼，使艋舺走向了衰落之途。

原來自道光年間起，新莊、土城、板橋等地的粵人與閩南人互爭雄長，發生械鬥，粵人敗，被迫遷徙到中壢一帶。粵人一走，閩南人自身又復起內鬨，漳、泉人互相械鬥。漳人既走，泉州人自己又打起來，彼此尋事生故，常常械鬥，官府無力阻止，持續了數十年。其中尤以咸豐三年（1853）一次最為嚴重，此次分類械鬥，俗稱「頂下郊拼」，雙方損失慘重。艋舺經此次械鬥，元氣大傷，不幸再加上淡水河日漸淤積，船舶靠岸困難，失去了昔日優越地利，商業一落千丈。另一方面大稻埕的興起，取代了艋舺地位，艋舺從此一蹶不振，不復當年的繁榮興盛。

　　在漳泉人鬥爭時，寺廟常被用來作城寨。如漳人利用芝山岩惠濟宮，而泉人則利用龍山寺。這些廟宇，當初都是移民離開福建、廣東的家鄉時，從平日所信仰的鄉里寺廟，帶來香火和分身像（或稱分靈、分香），飄洋過海到台灣，臨時搭建草寮供奉，祈求祂們的福佑保安。但移民們知識水準不高，往往分不清道教或佛教，反正只要是神，攘災求福者便祭拜，甚且毫無關聯的許多神明供奉在一起，今日視之令人發噱，但思及我先民遠渡重洋到台，篳路襤褸，斬棘披荊以啟山林，在那種極不安定情形下，求神呵護之熱心，可想見了。

　　移民們所傳來的各種宗教神明，隨著人數的增多，生活的改善而逐漸發展壯大，成為今日展現在我們面前壯麗巍峨的廟宇。供奉在廟裡的神明各有其職司，如王爺、媽祖保佑航海平安，土地公保護鄉土，從這些寺廟供奉的神，我們可了解當年艋舺的宗教與社會活動的情形。雖然台北市已發展成一現代化的都市，古蹟處處遭受破壞，但我們尚可發現昔年的陳跡，縱然儘是「蛛絲馬跡」，但我們可從中想見當年移民的風貌，在今日台灣最進步最現代化的台北市而言，在文化上、宗教上、觀光上仍扮演著一環重要角色，這是不可抹煞諱言的。

三、艋舺古蹟的沿革

　　龍山寺——位於廣州街 211 號，創建於乾隆三年（1738）五月十八日，於乾隆五年二月八日完工。嘉慶二十年六月遭大地震毀，同年十月修復；到同治六年八月受暴風雨侵襲，同年十月加修建，日據時期遭受盟機轟炸，中殿全毀，獨觀音佛像無恙，傳為奇談，一直到數年前重建完成。龍山寺佔地一千七百餘坪，殿

堂建築便佔了六百餘坪。就是今日對街的龍山臨時市場，還是昔年的蓮池，現在無復往昔的「雄據一方」了。

正殿供奉觀音菩薩、側祀普賢、文殊菩薩，左右兩壁尚有十八羅漢與四海龍王。後殿則供天上聖母、水仙尊王、註生娘娘、池頭夫人、城隍爺、文昌帝君、三官大帝、關聖帝君等等，再加上他們身邊陪侍的從祀神，大大小小數十尊之多，據地方父老言：本寺後殿是因當時泉郊人眾，單獨添建的。當時艋舺有泉郊五十餘戶以戀遷關係，為求航海安全而祭祀媽祖，乃對貿易商船課以五分的抽分稅，以其收益興建，惟是否與龍山寺同時建立則不得而知。左廂尚有鐘樓一座，右廂則是鼓樓，樓下奉祀如來佛與福智禪師。

龍山寺自興建以來屢遭破壞，古蹟所存已不多，如後殿的天上聖母殿，懸有清嘉慶間所獻立古匾一面「水德揚靈」，上、下款均已磨滅，但查嘉慶二十二年，媽祖曾顯靈救助泉郊等海難，他們曾獻一面匾額以答神庥，或許即此，此外尚有清咸豐間所獻「情殷桑梓」「泛舟利濟」等匾額多面。後殿廊上有一古匾，文曰「慧眼慈心」，上款「大清同治拾壹年歲次壬申荔月吉日」，下款「欽賞○○加部○○銜艋舺營陸路中軍守備陳○○敬立」。該殿之文昌帝君殿，所懸一匾「天下文明」，也是嘉慶年間獻立。關聖帝君殿，懸有嘉慶間立「萬古精忠」匾。光緒年間立「忠賢聖表」匾，以及清咸豐間奉獻的對聯，該殿神前長棹，亦是道光時的古物。在前殿者，尚有新艋泉郊獻立的「佛法皈依」，北郊金萬利的「柔順利貞」等等。

龍山寺在台灣有許多「分號」，都是泉屬移民從福建泉州安海鄉龍山寺分靈而來，除了作宗教信仰外，還是移民自衛的地

方。因開發初期，泉、漳、客家人為爭地盤常生糾紛，屢有械鬥，於是艋舺龍山寺成為泉州人自衛之處。而且當年艋舺泉籍商人的同業公會，即以龍山寺作為會所，這些頂郊人創設了北郊、泉郊，執商業的牛耳，當時龍山寺對進入艋舺港口的船隻貨物要徵收百分之五的從價稅，利用這筆錢來作公益事業，解決地方困難，總之昔日艋舺龍山寺是具有多種功能的。

龍山寺與大多數的寺廟相同，乃道教、佛教相混合的寺廟，所以可看到形形色色的神像，林師衡道特稱之為「道教化的通俗佛寺」，以前一直是廟祝管理，近年來請了幾位和尚唸唸經。

歷盡了二百餘年滄桑的龍山寺，屢遭損壞，每次重建便式樣翻新，添添補補，今日看來雖「金碧輝煌」、「雕樑畫棟」，但在行家看來，已失民俗藝術之風格，色彩更是庸俗，與台南古廟一比，不免相形見絀，不過這是台灣目前新建廟宇的一般趨勢，不能獨責龍山寺。

地藏王廟——創建於道光戊子年（1828），位於西昌街 245號，供奉地藏王菩薩，從祀有謝將軍、范將軍（即俗稱之七爺、八爺），左壁底下供著守廟的虎爺，地藏王廟不大，造形古樸，廟貌蒼老，殿宇殘破，尚有清道光年間所立的古匾一面及對聯兩幅。

地藏王在台灣民間信仰中，以為是閻羅王的化身，管轄冥界，故又稱幽冥教主。其信仰深入民間，廟宇多並祀東嶽大帝或大眾爺，我們從陪祀的七爺、八爺可知兩位在民間傳說中是陰間的鈎魂使者，即白無常、黑無常。

據林師衡道言，當年龍山寺的建築，是和現在這間地藏王廟一樣的風格。

昭顯廟——位於西昌街 245 號，即在地藏王廟的左邊，俗稱
大眾廟。供奉主神為大眾爺，有五、六尊之多，即昔年大械鬥中
艋舺泉籍陣亡居民，創建年代不詳，但必在道光、咸豐年間，因
此時械鬥最多最烈。

台灣北部，往往各地有大眾廟，可想見昔年械鬥之多之烈，
而各地供奉本籍陣歿的居民，我們可從中知曉這地方是誰的「地
盤」，如板橋供奉漳籍居民，艋舺供奉泉籍居民等等。總之，大
眾廟的性質有如民間的忠烈祠。

本廟也有虎爺，虎爺在福建、台灣是一種守廟神明，供祀福
德正神的古廟必從祀此神，但衍變至今日則各種廟宇都可見到。
林師衡道言，過去移民剛來台灣，因不會製作花燈，每年元宵節
便抬虎爺遊街以充數，久之成俗。

隘門——清代的台灣街道大多是丁字形，而且彎彎曲曲延伸
成梯形，並不同於今日現代化的「十字路」，一方面是取「出丁」
的吉語，但主要在防盜匪的攻擊。即使有盜匪侵入，以梯形街道，
隨時可從前後堵住，宛如甕中捉鱉，設想頗為高明。這種梯形街
道在淡水、鹿港、安平猶可見到，在艋舺龍山寺附近的廣州街二
十五巷便是典型的例子，巷口有一隘門，有北市文獻會撰立的「艋
舺隘門沿革記略」，全文如下：「隘門為我國固有建築，以泥土
或磚石砌成。隘門有單門雙門，中加木門或設頂樓之分，其作用
乃在入暮後或急變時管制出入，並供瞭望示警之用。艋舺隘門遺
址已廢，其頂樓亦經改奉福德正神。但舊市區存此古蹟，信足證
明台灣為我漢族開發而無疑矣。」此隘門頂樓於民國五十五年改
建為鋼骨水泥，一般隘門頂樓供奉著魁星爺或福德正神，其頂樓
以前不知供奉何神，今日改奉福德正神。

又台灣各街巷的兩端或轉角處，往往有小廟或小塔，一方面固是習俗，另一方面乃因光緒十年中法戰後，瘟疫橫行台灣，各地遭受慘重打擊，人民相繼死亡，其中尤以台北地方最是嚴重。於是地方人士，築壇致祭，各街造塔，延僧誦經以攘災驅疫，所以遺留至今，如昆明街二八九巷中的平安寶塔。

金安宮——位華西街 30 巷 12 號，供奉金王爺，王爺又稱千歲，俗呼某府千歲，有關王爺的傳說很多，如說唐朝有三十六進士被囚地窖誤殺，死後陰魂不散，作鬼為厲，或說明初有三百六十進士參朝歸途，船覆溺斃，朝廷憐之命地方官祭祀；或云明末三百六十進士不願帝清，自盡而亡，死後受封於玉皇上帝，稽察人間善惡，故居處號稱「代天府」，神輿出巡稱「代天巡狩」王爺有三百六十姓，可考的不過百餘姓，為瘟神，極受閩南人的尊崇。

金安宮大門有對聯「金皷搖廷驅厄劫，安民固境錫禎祥」，乃光復後修建，但神像猶是原物，旁陪祀夫人、部屬。聽說艋舺本有不少的王爺廟，已多被折除。目前台灣最受尊崇的王爺廟是台南縣南鯤鯓的五府王爺。

育嬰堂——同治九年淡水同知陳培桂為收容棄嬰、孤兒及貧窮人家子女，並矯正溺女惡習，聯同艋舺的紳商富豪募捐創建艋舺育嬰堂，結果得銀二千餘元，僅足以建屋，無餘款可以育嬰，遂又積極鼓勵人民捐助，並對輸入的阿片煙膏每盒附捐二角，以及出入帆船每艘徵收二角，全數充作基金，才得發展起來。育嬰堂一直由府縣廳管理，至光緒二十一年日人據台，官吏回國，此慈善事業才結束。

艋舺棄嬰之多，固與傳統習俗重男輕女有關，也有可能與凹

胐仔有關，凹胐仔即今日的寶斗里。往昔凹胐仔一帶因艋舺的繁榮，於是妓樓、娼寮、酒家次第開業，到後來凹胐仔娼妓之名，不但名噪台灣，且遠播福州及漳泉各地。日據時代凹胐仔日見蕭條，直到光復後，地名改稱「寶斗里」，再度繁榮起來，名聞全省。

育嬰堂原址在廣州街仁濟醫院對面的仁濟宿舍及隣接梭子廠，據同治九年所刻的「艋舺新建育嬰堂碑記」云當年的建築為：「為堂三楹，中奉神座，前覆拜亭，再前為門，頭門亦三楹，左右夾室，右邊築室七間為小門，使有屏蔽，乳婦居焉。前復增置餘地一大片，堂左亦有餘地。」可想見昔日之壯盛，今天則渺無痕跡可尋，尤其該石碑被棄置在仁濟醫院庭園一隅，任憑風吹雨打，聽說該石碑還是故意的挖掘出丟棄一旁的。

高氏大宗祠——即昔日的學海書院，位在環河南街二段 59號，本書院是本市碩果僅存的書院，今日只有後院及兩廂尚保持原狀，聽說不久也要拆除。

學海書院創建於道光二十三年，淡水同知曹謹主其事，原稱艋舺書院，嫌其不雅改名文甲書院，當時書院兼作大員巡台北時的行台，道光二十七年，閩浙總督劉韻珂巡視台灣，途抵艋舺，應士紳之請題「學海書院」匾額，便又改稱學海書院。同治年間，陳維英任職山長，一時名噪淡北。

宣統二年（1910），日人將之拍賣，本為吳氏標得，高姓族人以其地風水好，商請讓售，改充祖祠，即今日的高氏大宗祠。

走進高氏祖祠，可看到存有許多對聯、匾額等古物，其大堂即昔日的書院講堂，再走進後院，即昔日的朱文公祠，今日則改奉高氏先祖。左右兩廂為學舍，舉目環視，荒廢不堪，憶當年附

近街道為「書院街」，今天則成了「環河南街」，撫今追昔，不
勝感慨萬分。

黃氏家廟——黃氏家廟在艋舺不少，因後裔乃艋舺大族之
一，前台北市長黃啟瑞便是黃氏子孫。位於廣州街 265 巷 4 號的
家廟為燕山祖祠，建於日據時期，倒是莊嚴華麗，門前本已闢為
小花園，供附近居民休憩散步，但近年已關閉。

位於廣州街 265 巷 3 號的黃氏家廟又稱種德堂，創建於道光
年間，迄今也有一百五十年歷史左右。當時是黃祿私人所建的大
廈，並非是黃姓宗親募款建築的，後來黃祿將大廈的中央前後進
房屋及土地捐出，以充作江夏種德堂黃姓大宗祠，並豎匾二方，
題曰「種德堂」「黃氏家廟」，供奉江夏黃姓始祖暨忠孝廉節以
次的神主牌位，對於黃祿直系以上三代的神主三尊，也特別允許
附祀祖廟中，以酬黃祿獻納之誠。

種德堂本佔地頗廣，日據時期一再被人侵佔，發生很多糾
紛，後來才把一部分房地收回來，但兩旁護龍則未贖回。民國二
十年因廟貌與內部都破舊不堪，於是興工修建，翌年告竣，也就
是今天展現在我們面前的種德堂，現在已作私立種德幼稚園。

兩所黃氏家廟內部擺設都差不多，正堂供奉祖先牌位，詳細
寫著世代支系，不過雖同為黃氏家廟，但一來自燕山，一來自江
夏，同宗而不同支，在艋舺黃姓族人中是分得很清楚的。

啓天宮——又稱料館媽祖廟，位於廣州街 253 巷 27 號，正在
黃氏家廟不遠的左後方，本為黃氏私人祭祀的私廟，後來成為公
祀之廟，這其中有一段故事，容後再說。至於料館媽祖廟之名稱
乃是由於昔年該地是料館街而來。

據說距今一百五十多年前的清道光年間，本地有黃祿者，經

營木材行。當時由大陸紅船載運木材來台交易,每批紅船多有隨船供祀的媽祖,安全到台成交後,往往逗留數日演戲酬神答謝媽祖。某年有一紅船在木材成交後,將回航,豈知船盤旋江心不進,經卜神意,得知欲留本地享祀,於是將隨船奉祀的媽祖與池府王爺留下而去。這時黃祿也樂意捐充料館以奉祀之,後來由李根生倡首,由艋舺地方募捐,向黃祿買斷房地,興建廟宇,迄今成為閭里信仰中心。

艋舺地區本有一建於乾隆十一年的新興宮,供奉天上聖母,在祖師廟對街,今日貴陽街二段與西園街一段的交接處(昔日艋舺渡頭),可惜於日據時期日人為拓寬防空地區拆毀,媽祖神像移奉龍山寺媽祖廳,於是啟天宮成為艋舺唯一供奉媽祖的寺廟,頗受信徒重視。新興宮在光復後,移遷於成都路弘法寺的舊址,改稱台灣省天后宮,民國 37 年遭回祿,原殿宇付之一炬,再重建。今廟雖新建,但媽祖神像仍是原物,並有乾隆壬子年(1792)所製的大鐘及光緒皇帝頒贈的「與天同功」匾額還保存下來。

土地祠——供奉福德正神,位在西昌街 119 號,俗稱西昌街土地廟。據林師衡道言,此廟為台北僅存最古老的土地廟,歷史可遠溯自乾隆,由泉郊金晉順所建,佔地十坪,原是木造,廟貌古色蒼然,不過近年改修,雖有一番新氣象,已無法窺出原來形狀了。廟內擺設與習見的土地廟並無不同,不過一進內,便看見一架電視機,台灣今日較新的廟宇往往很「現代化」,破壞廟宇應有的肅穆氣氛。

廟內對聯是「福澤覃敷在人共沾其德,正襟默佑闔艋咸尊為神」,上款「光緒辛巳年冬置」,下款「泉郊金晉順敬獻」。殿內另有對聯「福澤被十方正位中央居艋舺,德音冠三寶神功恭濯

庇閭閻」，上款「光緒壬午仲春穀旦」，下款「北郊金萬利仝等敬獻」。

光緒辛巳年是光緒七年（1881），壬午年是八年，則此廟最晚建於光緒七年，至今也有九十五年了。在《淡水廳志》、卷六〈典禮志・祠廟〉中曾談到艋舺街有一土地祠，或即指此西昌街土地祠，則創建年代當更早。

這裡不妨一談北郊金萬利的興衰。艋舺最先有泉郊，再有北郊，金萬利是艋舺北郊船頭行的公號，創始於道咸年間，性質頗似現在的同業公會。目的在使同業間和睦相處，解決彼此間糾紛，由幾家大行郊主持，並沒有成文的規定。除奉祀關帝爺外，仍以龍山寺的觀音佛祖為主神，因為他們都是三邑人士。

北郊在船頭行界有很大勢力，它的貿易對象是天津、上海、溫州、鎮海、寧波，泉郊的生意遠不及它。地方上如有發生糾紛，有時也由北郊出面排解，所以地方上對北郊也頗敬重。它置有一份公業（田租），一切開支都由它支付，採爐主制。

日人據台後，海運暢通，船頭行被淘汰，金萬利一落千丈，公號成了名存實亡，幸有一份公業，每年關帝爺誕辰時，仍繼續推舉爐主管理，到民國 30 年（日昭和 15 年）為管理上的便利改為理事制，推選李朝北為理事長。光復後實施耕者有其田，原有的公業被征收，金萬利至此才結束。

艋舺的古早住宅——華西街 26 巷 1 號的周宅，坐北朝南，為台北市內碩果僅有的古先住宅之一，創建時期已失傳，但從其構造形式而判斷，現有房屋可能是清嘉慶以後建築。所用的材料，紅磚、木材佔多，由大陸閩南運來。其牆壁內層塞有圓石、泥土，外敷紅磚為斗子砌作法極結實耐久，歷二百年之久而不潰。全屋

用福杉，僅以木榫結合，不用一釘，至今二百年木柱猶未腐蝕，可見木料之堅固。一進門便是天井，並非農村習見的大埕，以唐山石奠基，猶未圮毀，不過兩旁護龍已拆。

位於西園路一段 34 巷 46 號的林宅（林德興）也是古宅之一，坐南朝北，創建於清咸豐初，屢經補修迄今。建築材料，外部使用紅磚，內部多用木材，屬清代後期住宅之一典型，今日已被拆得只剩下一部份，後面的天井已改建成花園。

艋舺的華西街、桂林路、西園路、廣州街、西昌街一帶，是昔日的艋舺街市舊址，本來附近頗多古早住宅，隨著時代的進步，往往被改建成新屋，如今還剩下一二遺跡可尋，如貴陽街二段 232 巷尚保存完整的「亭仔腳」，凹字型的走廊柱，圓型的磚柱，還可以看出昔日的古早店舖，令人懷念往昔艋舺市的繁華。

清水巖祖師廟——位於長沙街二段 160 號，主供清水祖師。清水祖師為泉屬安溪移民的守護神，有關祖師的來源傳說很多，就是祖師的稱呼也有十種之多。安溪移民從本邑湖內鄉清水巖分靈到台（按《彰化縣志》〈祀典志〉云：「閩人呼山寺曰巖」，則清水巖即清水寺。），建廟供奉，當時神像共有七尊，以蓬萊祖師（俗呼落鼻祖師）最稱靈異。光緒十年清法之戰，法軍攻打淡水，仗著落鼻祖師的神威，清軍拒退法軍，大獲全勝。於是淡水與艋舺人士互爭落鼻祖師，這場官司打了五十餘年，才決定半年供奉在淡水，半年供奉在艋舺，不過最近又改成農曆正月供奉在艋舺，二月供奉在淡水，依月輪迴不已，才得解決。但是今日艋舺祖師廟中供奉著大大小小十數尊祖師，每尊的鼻翼都塗有黃泥，表示都曾落過鼻，已分不清到底何尊才是真正的落鼻祖師。

祖師廟創建於乾隆五十二年，由泉州安溪人組成之下郊捐資

三萬元，推舉翁有來為董事，負責籌建廟宇，至乾隆五十五年才告落成。嘉慶二十二年因暴風雨所襲，曾修葺過。至咸豐以降，分類械鬥頻起，殿宇屢遭焚毀。現今殿宇乃是同治六年整修的。

因為清水巖屢遭池魚之殃，許多舊有的古物匾額在械鬥中被焚毀，現存最古的是廟門石聯，文曰「為清水為蓬萊此地並分法界，是金身是鐵面入門便見真容」，上款「嘉慶廿二年總理翁有來翁有麟敬立」，下款「本邑軍功職員翁瑞玉再敬獻」。其他的便是同治年間的匾額了，在門廳、走廊、正殿懸掛極多，不勝一一列舉，其中以光緒皇帝頒賜「功資拯濟」一匾最引人注目，匾上御璽，刻有「光緒皇帝之寶」六字。

祖師廟一直由艋舺安溪籍白姓人士輪流當爐主，掌理一切。往昔興盛時，曾與龍山寺、大龍峒的保安宮，鼎足而三，號稱大廟門，今日遜色多了。

艋舺教會——位於貴陽街二段 94 號的艋舺教會屬於基督長老教會。

光緒三年（1877）十二月，馬偕博士到艋舺傳教，貸屋設「耶穌聖堂」，開始布教。當時附近有一兵營，該營武官率領士兵將之斥逐，馬偕逃往大龍峒，次日夜晚又回來，再立教堂。結果軍民聯合起來，把教堂圍住，在外詬罵侮辱，更進而以武力對付，拆屋撤房，馬偕再度躲避他處。不久，馬偕又回來，並在原地重建教堂，不屈不撓。最後馬偕博士憑著他的毅力與信心，感召了艋舺士民，贏得了大家的敬仰。後人稱此地為馬偕博士法難之地，建立教堂以紀念，也就是艋舺教會。

光緒十年的中法戰爭，艋舺教會被激動的土民所焚燬，因為當時居民分不清法人、加拿大人或是英人，只知是洋人，因而才

有這種盲動。事後獲得賠償，由當時巡撫劉銘傳撥銀一萬兩，於光緒十二年重建。原是紅磚建造，歷經數十年的修改，面目已掩。

　　集義宮──位在康定路 249 號，也是王爺廟之一，俗稱三王府，奉祀朱、池、李三府王爺，為昔時下崁居民所信奉（即今萬華車站附近）。

　　在台灣眾多王爺廟中，以三府王爺祭祀最盛，三府王爺再加上其他二王爺便成五府王爺，一般說，五府王爺不是朱、池、李、蘇、蕭，便是朱、池、李、刑、金。

　　集義宮乃是自泉州斗美宮分靈而來，光緒二十六年，由黃怡四、陶金父等二十多名組織神明會，鳩資建造，前殿曾於民國五十年修改。

　　在前殿有「代天巡狩」、「迴避」、「肅靜」等習見的木牌，後殿的王爺神像由黑幔遮住，幽暗肅穆頗有陰森之感，最重要的是後殿仍保持當年形狀，並未修改頗資參考。另外集義宮從祀的七爺、八爺為硬身塑造，坦胸露臂，手執刑具，與一般習見軟身的七爺、八爺並不相同。

　　金門館──即蘇府千歲，供奉蘇王爺，也是王爺廟之一，位於廣州街 81 巷 4 弄 3 號。

　　金門館的蘇王爺神像，據林師衡道說是一百八十年前由淡水河漂來，但附近人士則說是由金門請來，略云：距今約一百四十年前，艋舺萬安街王姓祖先，由泉州府同安縣金門官一堂，奉戴蘇王爺神像來台，初奉祀於民眾，其後王爺顯靈，於是在民國前九年（日明治 36 年）由民眾捐輸，始建廟宇奉祀。查館內神像有三尊，或許都對。

　　此廟為金門人的會館，故稱金門館。清代時在台灣有很多會

館，以供大陸來台同鄉商旅的住宿。在中國血緣社會的團結表現是祠堂的建立，地緣社會的團結表現則是會館的成立，由台灣會館的眾多（在彰化、台南、鹿港、淡水等地都有），可見本省同胞互愛互助精神。

青山宮——俗呼青山王廟，位於貴陽街二段 218 號，主神為靈安尊王，俗呼青山王，青山王為福建泉州惠安人的守護神，為陰間的司法監察，頗似城隍爺。相傳青山王是咸豐四年由惠安縣漁民奉神像到艋舺，建寺廟於舊街（今西園路）奉祀。碰巧此時瘟疫流行，患者到廟祈佑皆告痊癒，一時香火大盛，善男信女大增，廟小不能容，於是在咸豐六年遷建今址。其間經過幾次的修建，如曾於民國 23 年改建，於 27 年竣工。今日的大門乃是光復後改建的。

青山宮佔地一八〇坪，建築基地有一五〇坪。而且中殿高，前後殿低，為福建傳統廟宇的格式，尤其建築裝飾，彫刻工藝的精美超過龍山寺，系出自福建某名匠之手。整個後殿為台北市碩果僅存的舊式神殿，柱、樑、門、窗均用木材，廟貌雖舊，卻無丹青剝落之顏，破舊衰頹，仍富古色古香。

正殿供奉靈安尊王，靈安尊王的由來，廟前有一石碑說明，可惜日久字跡模糊。兩旁列有六部司官，左列為陰陽司、獎善司、長壽司、監察司與文判、七爺、枷將、左列為武判罰惡司、福德司、增祿司、速報司與八爺、鎖將，「陣容」與城隍爺一模一樣。後殿供奉靈安夫人，中國神明往往有妻有子，中國百姓替神明設想之週到與神明生活習俗與凡人相同，是我國民間信仰的特色。

該宮每年元宵都有花燈大會與燈謎猜射；盛況不下於龍山寺。而且農曆十月二十二日的青山王聖誕，熱鬧的情況，不次於

大稻埕的城隍祭，素有「艋舺大拜拜」之稱。自太平洋戰爭爆發後，日人以其太奢費，下令禁止，遂衰，今日無復當年的盛況了。

真武殿——供奉玄天上帝，地址在西昌街 40 號。玄天上帝乃是先民對北極星的崇拜而人格化，在福建南部極受信仰，昔年鄭成功復台時，把福建南安武當山上的玄天上帝香火帶到台灣，並以其為守護神，所以台灣供奉玄天上帝者很多，中南部尤盛。清據台灣，甚為嫉惡，又不便公然禁止，於是提倡崇拜武聖關帝以取代之，消弭台灣移民的民族思想，並且宣稱玄天上帝乃屠宰業守護之神，以混淆人心，所以後來玄天上帝一度變屠宰業者所供奉。

真武殿在以前僅是淡水河岸邊的一座小廟，民國 43 年乃由蔡清雲創建今址。殿內純為道教裝飾，藻井彫飾為八卦，正堂供奉玄天上帝，有三尊，大小不一，最大者腳下踩著龜蛇，此龜蛇本危害民間之妖，後被玄天上帝所收伏。兩側則有康元師、趙元師，兩壁則雕飾十八星宿，稱玄天星座。據住持說民國 53 年玄天上帝曾顯靈過，並有照片為證，真假莫詳，姑且聽之。

慈雲寺——位於漢口街二段 121 號，為台灣北部有名之齋堂，昔年稱慈雲巖，在艋舺街竹巷尾。同治四年由林春峰等捐建，當時前後有蔬園作為香火資，並以義塾附之，現殿宇則是日據時代大正年間改建，規模甚小。慈雲寺樓上為佛堂，主供觀音佛祖，樓下為住家並奉祀「公媽」。

齋教為佛教之一種，為禪宗之蛻變，屬臨濟派之一支，以蓮花為幟，教義與一般佛教無異，不過兼含了儒道兩者的教義。齋教的教徒與僧侶不同，不出家，平時不穿法服、不剃髮，與一般俗人同營市井生業。不過持身嚴謹，極守戒律，不食葷、不飲酒、

不抽鴉片，不嗜檳榔、不賭博。

齋教在台人佛教信仰中獨盛，供奉諸神以觀音佛祖、釋迦佛、三寶佛、阿彌陀佛為主，經典則以金剛經、阿彌陀經為宗。齋教教徒平時茹素，故俗稱「吃菜人」，教徒互稱齋友，稱男眾為齋公，女眾為齋姑。

齋教分先天派、龍華派、金幢派三派，據說都是禪宗六祖慧能禪師所傳。慈雲寺即屬龍華派，其派開祖姓羅名因，俗稱羅祖師，創於明代嘉靖年間，於明清之際傳入台灣。在三派中，龍華派人間世俗色彩最濃，持律緩和，齋友最多，並分有空空、大空、清熙、四偈、大引、小引、三乘、大乘、小乘等九品。

清初以為齋教邪言惑眾，曾加以彈壓，等嘉慶以後禁制弛鬆，乃盛傳於台灣，齋堂也普遍分佈，今日所謂「寺」「院」的，其實多是齋堂。

晉德宮——俗稱將軍廟，位於康定路 11 號，供奉泉屬移民所信仰的助順將軍。正殿除祀助順將軍外，從祀神尚有福德正神（座下有虎爺）、七爺、八爺。寄祀田都元帥。殿內右旁有五營兵馬司的神位，乃是一群有頭無身的兵卒，本應為城隍爺的部屬，現在居然在將軍廟也祭祀了，實是錯誤，台人往往「亂拜」，這又是一例。

助順將軍又稱黃府三將軍，但並非是三位將軍，本省民間傳說的三位將軍是鄭成功的部將：提督劉國軒，左武衛何祐，智武鎮李茂（另說劉國軒、甘輝、萬禮，或說鄭太子、甘輝、萬禮），這是錯誤的，甚至有指為封神榜中的黃飛虎更是荒謬。助順將軍另有老石將軍之稱，原祀福建泉州府，為民眾公祀明神，本是黃姓裔孫祀念黃石齋公（道周）的忠烈而祀，陽稱助順將軍，以避

滿人耳目。

　　晉德宮本在艋舺的竹巷尾，為紅船出入港埠，屬交通要津，因而建廟必較早。據說乾隆年間，三邑黃姓者自泉州惠安瑠石，奉戴神像來台（或許「瑠石」即老石將軍之稱呼由來）。最初蓋土墼造廟宇奉祀，至同治元年壬戌，李奇巧首倡募款重修。現今殿宇係民國 10 年，由洪振祿等為首，募款修建的。今殿內尚有同治元年的古匾及古聯一對，或可佐證此說。

台灣寺廟對地方的貢獻

前言

　　台灣與我國大陸僅一水之隔，地接我國閩粵邊緣，早為我國南海屏障，初期梗於交通，少有來往，直至隋代（西元 605 年）正式列入史籍。在一千餘年的歷史變遷中，卻未聞有開拓台灣的史實，隋有征服，元有招撫，明初則撫而不治，但事實上我華夏裔胄即已不斷地渡海東來，篳路藍縷，開闢此一海外新土，由於明初的此種政策，使台灣淪於荷人之手。迄至永曆十五年（1661）延平郡王鄭成功逐走荷人，光復台灣，至此方做有計劃的拓展經營台灣。清繼鄭氏之後，統治台灣兩百一十二年，台灣的開拓在此期間內大體完成。

　　在綿延兩百年的開拓過程中，除鄭成功曾有計劃的大規模移民，把他的部下及眷屬安置開發台灣，作為反清復明基地外，其他都是民間不顧禁令，冒險渡海而至。這些冒險渡海而來的移民中十之八九來自閩、粵，閩粵兩省瀕海，山多地瘠，開墾不易，居民迫於生活所需，以臨海之便，遂向海外求發展，於是紛紛離鄉背井，在台灣建立起「家鄉模式」的新天地。

　　在這新天地裡，移民們各帶來了他們家鄉的生活風習，宗教信仰，形成台灣各地多采多姿，各具特色的地方色彩。其中最足

以代表地方色彩的便是寺廟，這些寺廟不僅消極的是移民精神的寄託，更轉而為移民斬荊棘、闢草萊、團結互助的所在。舉凡治安、產業、交通、教育、聯誼、娛樂……等，莫不透過寺廟以推行。本文擬就先民如何運用寺廟，推進地方發展，興辦地方慈善公益事業，進而教化百姓，平定變亂為主題，以說明本省寺廟對地方的貢獻。

一

　　我國素為農業社會，農業社會向來是安土重遷，非迫不得已，不願遠向海外徙居。明末閩粵一帶居民，迫於局勢的不安，社會的動亂，生活的困苦，不得已遠涉重洋，歷經風濤之險來到台灣。為求一路平安，使開墾事業順利，往往由本籍帶著故鄉寺廟的香火或分身像以為護身符。俟其抵台就地開墾時，便將之掛於田寮、居屋……等，朝夕膜拜，祈求平安。

　　拓荒是一種艱辛危險的生活，從大陸閩粵沿海結伴渡海移殖來台的拓荒者，多係年青力壯的單身漢（本省俗稱羅漢腳）。他們抵台後，三五成群聚集一起，櫛風沐雨，胼手胝足的辛勤勞動，共同創造他們理想的新天地。然而他們遠離了故鄉，失去了家庭的溫暖，每當白日辛勤的勞動後，在夜晚休息時，不免有「舉頭望明月、低頭思故鄉」的感懷，尤在大雨淒風，疾苦病痛時，愈是寂寞空虛，愁思滿懷，思鄉之情油然而生。正因思鄉情切，在他們開創的新天地中，不免事事模仿家鄉故土的一切風習。加之拓荒時又必須克服種種困難，除了抵抗天災地變外，對於時出劫殺的生蕃與農作的收成更為注意，這些除了彼此互助團結以盡人事外，其他的只好聽天由命了，因此在單調的生活中增添了精神

寄託的信仰。及至經濟力量許可，他們便醵資建立寺廟，一則答報並祈求神明的庇佑，二則略以慰藉思鄉之苦。故在開拓初期，寺廟對地方的貢獻，多僅限於宗教方面，使移民們能夠安心工作，從事開墾。

初期開拓告一段落，事業繼續進展，社會漸趨繁榮，各地庄社便發展成街肆，繼而擴大為村鎮，自是商業鼎盛，人文薈萃。擁有財富的新興士紳巨商，更多鳩資建設壯麗宏偉的寺廟，答謝神庥。寺廟多為聚落的地理中心，每逢廟會信徒蜂湧前來，民間交易自然也結集寺廟周圍，寺廟附近遂為店舖門市，攤販雲集之處。[1]社會的繁榮，促成各行各業的興起，各行各業又組成了各類團體，如神明會、祖公會、父母會、共祭會等。例如神明會多由同行業組成，表面上以奉祀某神明為目的，實則藉此約束各會員遵守同業規約，互助敦睦，進而增產置業，以求發展。其辦事處往往設在寺廟，在經營有盈利後，便用來解決地方困難，如造橋鋪路，捐獻書田等等，從事地方公益事業。[2]因此寺廟對於促進地方貿易，社會經濟繁榮，確有其特別貢獻。

早期來台拓荒的成功者，有感於昔年所受艱苦，對於續來者多盡其力相助。為安頓這些後來的鄉親，多建立奉祀鄉土神的寺廟以為同鄉會館，作為暫時安頓之所，並可利用為同鄉間的聯繫

---

[1]　例如艋舺龍山寺於乾隆五年建立後，不久在番薯市至龍山寺之間，又新建了舊街、新店街、龍山寺街，促進了行郊的發達。

[2]　如艋舺龍山寺即為頂郊的會所，當時徵收進入艋舺港口船隻貨物的從價稅百分之五，利用這筆收入以為公益事業，解決地方困難。

中心。[3]寺廟的這種功能,使後抵的移民暫得棲身之所,俟其出路謀定,再行遷出,無形中穩定了社會的治安,使地方能夠平穩的發展,這是寺廟對地方的又一貢獻。

　　總之,台灣寺廟與地方開發關係密切,先是基於宗教需要,建立寺廟以為信仰中心,一方面祈求神的庇佑,保護闔境平安,農作豐收,一方面作為克服種種外來困難的信心依憑所在,寺廟成了移民渡海拓荒初期精神上的寄託依賴。等開拓事業有所進展,社會日趨繁榮,寺廟又成為地方政治、商業、交通的中樞,透過寺廟推行各種公益事業,維持社會治安,使地方的開墾工作得以順利推展,其貢獻可謂至大且鉅。

二

　　台灣最早移民多為福建的漳泉及廣東的潮惠等州人民,當時台島遍地荊棘,蟲毒為害,又有生蕃時出劫殺,移民之間必須團結互助,加強宗親的聯絡。漢人鄉土觀念本濃,況且移民的本籍的風俗、習慣、語言不盡相同,故聚落的形成易以同鄉為主,所謂「團結」倒成了同鄉同宗之間的團結,於是造成彼此間的界線,甚至演變成嚴重的隔閡。偶因細故,雙方發生糾紛,便牽扯上同宗同鄉,於是兩方械鬥,造成社會的不安。而且台灣僻處海外,山深林茂,地廣人稀,正是不良分子活動淵藪,日久集眾;出為民害;加之鄭氏曾努力把台灣經營成反清復明的基地,居民皆含

----

[3]　如台南市中區銀同祖廟為同安會館,彰化縣鹿港鎮浯江館蘇府大王爺廟為金門會館,北市艋舺廣州街蘇府千歲廟也為金門會館,北縣淡水鎮鄞山寺為汀州會館,但並非本省的每座廟宇皆有會館功能,僅開發較早的港口、都市的寺廟才有。

有濃厚的民族意識，清廷以異族君臨台灣，台胞不免有反抗之心；倘若地方守牧，強取豪奪，苛擾百姓，更易激起民變，台灣種種政治社會的特殊現象，使清廷素有「難治」之感[4]，清廷於治民政策上真是煞費苦心。

其治民，先是訂定宣講鄉約之制，主要教化百姓循規蹈矩。而鄉約宣講地點，多在寺廟人眾之處，內容在勸人敦孝弟、篤宗族、和鄉黨、重農桑、尚節儉、隆學校、黜異端、講法律、明禮讓、務本業、訓子弟、息紛爭、誡窩逃、完錢糧、聯保甲、解仇忿等[5]。並且力行保甲法，責成地方鄉長耆宿，維持地方治安[6]，而推行地方自治的中樞，又非借助寺廟不成，於是造成本地民間實際上的自治，此實為台灣光復後，能迅速推行三民主義，實施地方自治的遠因與淵源。

然而鄉約、保甲制度的施行又需人、事的配合才能收其效果，因此清廷又藉神道以伸教化，以補人事制度的不足。台灣民間敬神畏鬼之心本盛，於是清廷加強運用城隍的威靈以治理民事，監察民隱，所以地方官甫抵任所，必先齋宿，祭告城隍廟而後履任。每年中元祭屬典禮，守令必迎城隍出巡為主祭[7]。本地信徒最眾、影響力最鉅的神明首推媽祖，於是媽祖又被清廷利用

---

[4]　姚瑩、藍鼎元等人論台灣治事，均有此言。

[5]　詳《重修台灣府志》：卷首，上諭十六條。

[6]　詳《台北市志》卷三《政制志》保安篇、自治篇。

[7]　詳《台灣府志》卷六，典秩志；《鳳山縣志》卷五，典禮志。

來平叛亂、收人心，且得到相當的效果[8]。另外清廷又大力提倡
奉祀關帝，以取代玄天上帝，轉移本地同胞對明室的眷戀[9]，所
以乾隆以後，本地的變亂即少以民族大義號召。以上都是清廷利
用宗教，以伸教化、收人心、平叛亂，在政策上運用的非常成功。

三

　　一個社會的安定進步，並非僅靠官府力量維持治安就夠，除
了能夠利用厚生，加強建設，使人民安居樂業，解決民生問題外，
尚要注意到育樂問題，台灣的寺廟恰含有教育、宗教、娛樂三大
功能，解決了這項問題。

　　我國舊式教育，雖歷代都有官辦學府，但其數量不足敷用，
多半由民間普設私塾，延請西席教讀子弟。台灣多為同鄉村落，
子弟的教育便交付給街坊飽學的同宗長輩董理，在學校不足的情
形下，寺廟便充為學堂使用，如同治九年，新竹縣增設義塾，即
以南城外竹蓮寺、中港堡天后宮充作學堂[10]。由於寺廟提供了一
教育人才的場所，使百年樹人的事業能庚續不絕，而且子弟在寺

....

[8] 如康熙二十二年施琅攻台謂有媽祖顯靈相助，康熙六十年藍廷珍平朱一貴
　　亂亦施此計，其他如乾隆五十一年林爽文之亂，同治元年戴潮春之亂均是
　　如法泡製而平定。

[9] 玄天上帝歷受明帝褒封，為明廷崇祀的主神，無異即明廷的守護神，鄭氏
　　入台多建真武廟奉祀玄天上帝，一則安定軍民之心，一則可招徠明室遺
　　臣，表明其忠貞的心跡。清室據台，自是不願居民再奉祀，但也不能公然
　　毀去以喪民心，只好一面提倡關帝的崇祀，以為漢人委身事主的典範，一
　　面混淆視聽，製造謠言，謂玄天上帝生前為屠夫，乃是屠宰業的守護神。
　　清廷此種作法，無非在轉移漢人對明室懷念之心，繼而為其效忠而已。

[10] 詳《新竹縣志初稿》，卷三，學校志。

廟課讀，旁有神明的監視，自是更加儆惕用功，這是本省寺廟對教育的貢獻。

寺廟對於社會更具有啟發作用。台灣民間宗教信仰極其複雜，所奉祀的神佛極其繁多，不論其為何神，其生前必有功於邦國鄉梓，或救人救世，造福地方，或除奸懲惡，伸張正義，故使人信之拜之，其忠孝節義的言行自是為後人崇敬，以為楷模。即使等而下之，以種種鬼怪嚇人之談或六道輪迴之說恫嚇百姓，亦無非希望人民能規過遷善，阻止其為非作歹的念頭。尤其寺廟常印行的善書，無不鼓勵人民行善事戒惡行，其勸戒內容無不針對當時社會弊病而發，於勵風俗、正人心產生了極大效果。至於寺廟建築中的浮雕、繪畫等，皆為忠孝節義的歷史故事，使善男信女欣賞之餘，無形中明白了四維八德的意義，這正是我國固有文化精神通俗化的表現，也是寺廟對社會教育的鉅大無形貢獻。

此外寺廟又為村落人民休閒的好去處。每逢閒暇，三五好友一起到廟裡坐坐，或喝茶聯天或吟唱相和。尤其廟慶時更為熱鬧，此時四方攤販雲集，走江湖賣手藝的亦趕來湊和，形成熱鬧繁華的「廟會」，這時亦必演外台戲以酬神，所演之戲又都是忠孝節義的故事。寓教育於娛樂，寺廟不僅為居民提供了一個遊樂場所，更在遊樂中施以無形的教育，正是所謂的「寓教於樂」。而且本省有各種救濟團體推行慈善工作，如書院之書田收入補助清寒士子，義塾使貧困子弟有機會就學，善養所救濟外來旅客貧病者，養濟院收容癩瘋病人，義塚則使外鄉病故者或窮人有葬身之處，厲壇則為客旅暫借停棺之所，其他如義渡、茶亭等等的設施，無不間接直接透過寺廟推行，這種仁民愛物的義舉，使得本省社會風氣更趨於淳厚，真正發揮了寺廟的功用。

四

雖然寺廟對本省的開發有其貢獻，但也有其流弊，如械鬥、迷信、濫拜……等，對社會產生莫大遺害。

清朝統治台灣二百一十二年中，不時發生分類械鬥，往往釀成大亂，得經過官兵大舉鎮壓才能漸平。械鬥發生的主要原因為清廷的分化政策與移民為經濟利益的爭奪。清廷施用分化政策，主要是防阻台胞合力抗清，利用本省已有的地方派系，再施以挑撥離間，分其力量，各個擊破，朱一貴、林爽文、戴潮春之亂的平定即用分化手段。而移民間為經濟利益的爭奪更是重要原因，先是福建泉州人渡海來台，佔據了較佳地區拓墾，其後漳州人接著而來，漳泉兩府的人便佔了土膏水沃的西部平原。迨粵之惠潮二州人民渡台時，台灣可以開墾的地區只剩下了山坡及丘陵地帶，山坡丘陵當然比不上平原的肥沃，而且最先來的泉州人更掌握了出海港口與貿易港口，所以表面上看來，分類械鬥是起於一些小故，事實上是種因於經濟利害的衝突，積怨難解，遂借機而發，以致一動干戈，蔓延各地至於不可收拾之局面。在械鬥過程中，寺廟是脫不了關係的，舉凡和、戰、攻、守諸事莫不以寺廟為中心。攻前占卜求神明指示吉凶，敗則退守寺廟以自固，和戰之事也在廟中商議，因此寺廟又成了各地方派系的象徵代表，如三山國王廟代表粵人的勢力範圍，開漳聖王廟代表漳人的地盤，龍山寺為泉人的大本營等等。械鬥的結果，只有使兩敗俱傷，削弱彼此力量，造成社會的動盪不安，所幸械鬥已成過去的歷史，今日不復見到。

台灣民間的宗教信仰極其虔誠，正由於極其虔誠，流變結果

成為過份迷信，使得一些神棍乘機藉神斂財騙色，愚弄鄉民。如台灣各地都設有道教的神祇壇，此類道壇均由職業性的道士主持，專司消災驅邪，法事齋醮等，少數不學無術，靠著一些騙人咒語來主持喪葬祭禮、超渡醫卜，事後收取費用維持生活。更可恨的是一批寄生於寺廟的巫覡（如法師、符師、童乩、鸞乩、尪姨等，其法術不外乎畫符施咒，召神役鬼而已）、術士（如地理師、看日師、算命師、相命師、卜卦師等，專以陰陽五行，生剋制化來胡說一通），憑其不爛口舌，耍其伎倆來詐財騙色，愚弄鄉民。可嘆今日猶有愚夫愚婦信之，受其擺佈玩弄。

又本省民間的信仰祭拜活動極其繁多，平均每三日即有一次祭典活動，屆時殺豬宰羊，演外台戲，迎神遊行，競尚奢靡為事。尤其濫拜神明，只要「見佛便拜，遇神即祭」，不擇其祭拜對象，更不知其祭拜因由，只知因眾隨俗，吃喝鋪張，因此拜拜之舉，此落彼起，民間邀宴終年不絕，這種濫拜的活動已違背了原來祭典敬神的原義，而其遺患如耗費大量人力、物力，增加環境髒亂，斲敗社會風氣等，更是影響嚴重[11]

結語

　　台灣的民間信仰是來台拓殖的先民所建立起來的，其中有的

---

[11] 光復後，政府力倡節約，此一浪費陋習已逐漸減少。又據九月二十日《新生報》載：省政府為輔導寺廟健全發展，獎勵其興辦公益慈善事業以造福地方，協助國家整體建設，已擬訂了一項「實施方法」送請省議會討論，同時民政廳也擬定了「台灣地區神壇登記要點」，嚴格加強管理。這都是興利防弊兼顧的構想，不僅可以健全寺廟組織與財產處理，更可消極地除去上述寺廟諸流弊，積極地改善民俗，發揚宗教精神，造福地方。

襲自家鄉古老的傳統，有的則是為適應生活環境需要而創立的，因此無不與中土大同小異，有著密切不可分的關係。這些信仰，有人斥之為迷信，殊不知這種「迷信」的習俗信仰，正是我中華民族數千年的文化力量，這力量是偉大無儔的，是異族政權文化所不能侵略同化的，這種信仰是引導社會善良風氣的動力，是我民族固有文化通俗化的表現，蓄含著教育社會人群的重大意義。尤其台灣在近四百年的開發歷史中，淪於外人之手幾達於五十年之久，若非傳統的民間信仰活動所維繫，我民族文化必早已在台島上蕩然無存，而保存民間信仰的所在正是——寺廟。

我國寺廟非僅為人民信仰中心，且與民俗生活融為一體，舉凡民間的節慶、禮俗、教化，往往藉寺廟以推進。且寺廟在本省同胞自力開發過程中，始終居於重要地位，在建設方面，士紳鄉耆運用它以協助政府維持地方秩序，發展公共建設，為救濟貧困的機構；在教化方面，清廷運用宗教以佐理教化，寺廟亦常印行善書，宣講善道；雖然在破壞方面，寺廟因具有鄉土區域的特質，移民各以寺廟為中心形成山頭，屢屢發生械鬥以及一些迷信、浪費的風俗習慣，抵消了移民辛勤建設成果，但綜其功過，仍是功大於過。

總之，在台灣四百年的開發歷史中，明、清政府一直未對台灣的移民事業加以輔助，清政府甚且一再阻撓，在此十分困難的環境下，地方的開拓事業，都靠民間自力推動經營，而寺廟居其間，在街耆鄉長的運用下，為移民間互助自治的機構，用來推進地方建設，維持社會治安，使本地的開發事業進行得更順利更完善，其後雖有流弊產生，瑕不掩瑜，其對本地的貢獻是不容忽視的。

參考資料

甲、期刊部分

A.台北文獻：

1.〈台北地區之開拓與寺廟〉，李添春（一期）。

2.〈台北市的寺廟〉，林衡道（二期）。

3.〈清代台灣之寺廟〉，劉枝萬（四、五、六期）。

4.〈閩人移殖台灣史略〉，陳忠華（直字一、二、三、四期合刊）。

5.〈清代初期台灣土地開發導言〉，莊金德（直字十五、十六期合刊）。

6.〈台灣民間信仰概述〉，王國璠（七期）。

B.台灣文獻

1.〈台北附近的古蹟〉，林衡道（一卷四期）。

2.〈媽祖史事與台灣的信奉〉（八卷二期），莊德。

3.〈清代以前台灣土地之開墾〉，郭海鳴（九卷二期）。

4.〈台灣東部宗教調查〉，林衡道（十一卷四期）。

5.〈台南市寺廟調查〉，林衡道（十三卷三期）。

6.〈台灣農村寺廟分佈情形之調查〉，林衡道（同右）。

7.〈獅頭山附近各鄉民間信仰調查〉，林衡道（十三卷四期）。

8.〈台灣的古剎名山〉，林衡道（十五卷四期）。

9.〈清代關聖帝廟對台灣政治社會之影響〉，林衡道（十六卷二期）。

10.〈台灣北部的史蹟與風物〉，林衡道（十八卷三期）。

11.〈台南南部的古蹟古物〉，林衡道（十九卷二期）。

12.〈台灣開拓史話〉，林衡道（二十二卷四期）。

13.〈清代台灣民間械鬥歷史之研究〉，樊信源（二十五卷四期）。

乙、書目部分

1.《台北市志》：卷一〈沿革志〉、卷三〈政制志〉、卷四〈社會志〉、卷七〈教育志〉、卷八〈文化志〉、卷十〈雜錄〉。

2.台灣省通誌：卷二〈人民志氏族篇〉。

卷二〈政事志社會篇〉。

卷五〈教育志制度沿革篇〉。

3.《台灣寺廟與地方發展的關係》，蔡相煇，65年6月文化學院史學研究所碩士論文。

4.《台灣的歷史與民俗》，林衡道，青文出版社。

5.《台灣寺廟大全》，林衡道，青文出版社。

6.《台灣公路史蹟名勝之導遊》，林衡道，青文出版社。

7.《蓬壺擷勝錄》，林藜，自立晚報出版。

8.《台灣歷史概要》，蔣君章，59年5月初版。

9.《台灣通史》，連橫，省文獻會出版，65年5月。

10.《台北市歲時記》，王國璠，台北市文獻會出版，57年9月。

11.《台灣民間信仰與復興中華文化之關係》，陳大東（缺出版地點、年月）。

12.《台灣文化源流》，毛一波，省新聞處出版，60年10月。

13.《台灣民俗源流》，婁子匡、許長樂（同右）。

14.《台灣歷史百講》，馮作民，青文出版社。

15.《台灣史話》，合編，省文獻會，63 年 6 月。

台灣寺廟古蹟的認識與參觀

一、什麼是古蹟？

（一）古蹟之旅兼具感性、知性及情趣

有過這樣的經驗吧！走在荒郊野外、街衢鬧市，突然被一方古碑、一座古厝、一件手藝⋯⋯所吸引住，而佇足留連，陷入了蒼涼浪漫的情緒，那古老的氣息，使得整個人沈靜下來，但是因了解不夠，除了讚歎一聲，望著周遭亮麗耀眼的高樓大廈，搖搖頭，難能作進一步欣賞，只好快快地走出蒼涼幽渺的懷古之情，走入喧囂吵鬧的現代。

更有這樣的經驗，跟著一位古蹟解說員或導遊，一大群人穿梭在老朽屋簷，踩著窄小巷弄，急行軍似地，聽他職業性地敘述著一磚一瓦、一石一木的古老故事，走馬看花地遛過一遍，以為參加了這一趟古蹟之旅，就可以撫慰枯竭空虛的心靈，換來的卻是一股無以宣洩通暢的煩躁。

可惜吧！（或者乾脆說）可憐吧！為什麼不設法一個人或和少數幾位朋友，抽個空閒，撿個人少的日子，去探訪古蹟，悠哉悠哉，不急不徐地慢慢看、慢慢欣賞。哦？你說很想，卻辦不到。為什麼？哦！因為不懂。沒關係，讓我從現在為各位細細介紹古

蹟觀賞的一些必須的入門知識。

欣賞古蹟是踏尋歷史足跡之旅，不但富有感性的情趣，更因而了解一國或該地的歷史、風俗、民情，因此也是一趟知性之旅。那麼開宗明義，首先我們要明瞭的是，什麼是古蹟呢？

（二）應就歷史文化價值來認定古蹟

顧名思義，「古」指過去的意思，「蹟」指行跡、遺跡，連著說就是古人所留下的痕跡。照這麼解釋，那可就太可怕了，因為時間不斷地飛逝過去，前一秒鐘的我們也成了「古人」，我們眼中所見的盡是古蹟，盈天地之間都是古蹟，所以「古蹟」要下一個較嚴謹的定義。比較合理、嚴謹的標準，應是以有歷史價值、文化價值來決定。因為我們之所以認定古人所留下的某些痕跡有意義，必然是因為這痕跡代表了某種歷史的重要性，這種重要性我們可從下列四種標準來說明：

1.奇特新異的標準：也就是說一個古蹟在時間上、空間上罕見少見，即是重要的。

2.實用影響的標準：古蹟所直接牽連或間接影響於眾人愈大，則愈重要。

3.現狀淵源的標準：古蹟能說明現狀某些風俗、制度、文物等由來的，愈是重要。

4.藝術文化的標準：真與美的價值愈高的古蹟，愈重要。

所以「蹟」並不僅僅因為其「古」而有價值，舊貨不等於古董，古物更不必然是古蹟，只不過因為時代愈古遠，留存的愈少，選擇的機會愈少，愈見其重要性。簡單地說，古蹟固然以年代久

遠為珍貴，但其歷史、文化的價值尤為重要。當然，其價值的認定，需要由考古學家、史學家、藝術家、建築史家、科學家等的專家學者，以其專門學識來決定，而非一般社會大眾所認定。

（三）古蹟等級的區分

　　明白了古蹟是什麼，我們進一步討論古蹟的等級之分。在日本與韓國，古蹟與古物一樣，依其歷史與藝術的重要性，分為「國寶」、「重要文化財」、「文化財」三級。凡是「重要文化財」以上的古蹟，在一定的範圍內絕對禁止抽煙。但在我國則非常含糊籠統，民國十七年內政部公佈的「名勝古蹟古物保存條例」，區分為三類：(1)湖山類（如名山名湖之屬）；(2)建築類（如古代名城、橋樑、園囿等之屬）；(3)遺跡類（如古代陵墓、井泉、岩洞之屬）。而民國七十一年公佈的「文化資產保存法」更含糊地說明「古蹟指古建築物、遺址，及其他文化遺蹟」，並依歷史文化價值，區分為三級：(1)凡是一個古蹟的歷史、文化意義是有全國重要性時，就列為一級；(2)屬於歷史上的重要紀念物時，就列為二級；(3)屬於地方性質者，就列為三級。近年文資法修訂後，除「古蹟」外，又分出「歷史建築」一類，而「古蹟」依權責管理，又分成「國定」、「縣定」二級。

　　因此台灣出現了許多一級、二級、三級的古蹟，只是其中有些分法見仁見智，有時令人覺得莫名其妙，我個人常戲稱，若台灣某些古蹟也可列入一級，那大陸上的許多古蹟皆可列入「超級古蹟」了。但不管如何，古蹟雖因其歷史文化的重要性分為不同等級，卻不表示我們在維護上、態度上而有所輕重、有所分別，凡被指定為古蹟、歷史建築的，都應該為我們所珍惜、所愛護。

二、古蹟的點、線、面

　　古蹟既是古人留下的陳蹟，包含的種類極多，凡是固著在一定地點的古人遺物都包括在內。因此，時間上愈久的古蹟，我們僅能看到的是「點」；時間愈近，保存的「線」或「面」愈多。

　　古蹟的種類有那些呢？依據 2004 年新修正的「文化資產保存法」規定，古蹟主要包括古建築物、遺址及其他文化遺跡。其他保存客體尚有：歷史建築、聚落、文化景觀、傳統藝術、民俗及有關文物、古物、自然地景等，含括了有形與無形文化財。

（一）古建築物、遺址及遺跡

　　古建築物指的是年代久遠的構築物，其全部或重要部分仍完整者，包括了城廓、關塞、市街、宮殿、衙署、書院、宅第、寺塔、祠廟、牌坊、堤閘、橋樑，及其他建築物。

　　至於遺址及其他文化遺跡，可就多了，包含了：(1)古住居遺跡；(2)古都城跡、宮殿、官署廳跡、古砲台、古戰場及其他有關政治的遺跡；(3)寺廟 舊跡及其他有關宗教祭祀信仰的遺跡；(4)文廟、府學、縣學、鄉學、私塾及其他有關教育、學藝的遺殿；(5)慈善設施，及其他有關社會事業的遺跡；(6)堤防、窯跡、市場遺址及其他有關產業、交通、土木的遺跡；(7)舊宅、園池、井泉、碑塚、古墳等等。可謂洋洋大觀，包羅萬象。

　　簡單地說，舉凡人類活動的遺址都是古蹟，因此凡大部分或重要部分具體存在的，我們可稱之為「古建築物」；凡部分殘存，或淹沒消失，或埋藏地下的，我們可歸類於「遺址及其他文化遺跡」。不過，進一步的說，我們在某些層面上，也可以將若干民俗活動視為「活的古蹟」，這是我們在認知古蹟種類時，不可忽

略的。

（二）古蹟的點、線、面

所以我們以後提到古蹟時，不要老是只想到古老的建築。當
然，我們的確不得不承認，建築與建築的廢墟確實是占了古蹟中
最多的部分，但却不以此為限。古蹟既然是古人留下的陳蹟，包
含的種類極多，凡是固著在一定地點的古人遺物都含包括在內。

因此時間愈久的古蹟，我們僅能看到的是「點」──建築物、
紀念碑；時代愈近，保存的「線」──市街、街廓，或「面」
──城市、聚落愈多，而且較偏重於人的活動與藝術價值的保存。
這種「古蹟」也最具親切感──看得到，走得到，玩得到，摸得
到，吃得到，一趟參觀下來收穫最豐富，最有價值，使得參觀的
人不是僅僅抒發一種空洞蒼茫、無從捉摸、無從說起的「思古幽
情」，而是實實在在參與其中，活動其中，與現代的我們有密切
關係的親切感與臨場感。

遺憾的是，這種「線」、「面」的古蹟，在台灣却不受當地
政府機關及居民所重視，拼命地只想要拓寬馬路，大事翻修。說
穿了──「金錢重要」、「經濟掛帥」，於是乎台灣的古蹟只剩
下了「點」，愈來愈多的「點」，也愈來愈少的「點」，串不成
「線」，更甭提連成「面」了。

三、參觀古蹟前的準備功夫

當你決定要探訪古蹟之前，一定要蒐集、詳讀相關資料。一
份完整而詳細的資料是必須的，它可以幫助你作事前的規劃與認
識，在旅行中為你作註解、對照，並作為日後回憶、研究的憑據。

（一）應以歷史背景作思考依據

參觀古蹟是踏尋歷史足跡的旅行，不但富有感性的情趣，更可以因而了解一國或一地的歷史與風俗民情，因此也是屬於知性深度之旅。問題是許多人在面對繁複眾多的古蹟，最大的困擾是不知從何下手，也就是不知去觀察什麼？去記錄什麼？往往跟著大眾去湊熱鬧，一趟下來，獲得什麼？了解什麼？竟說不出所以然來！更甭提一個人去參觀古蹟了。

古蹟本身包含建築、美術、宗教、民俗、歷史、考古等等，其內涵多采多姿，不像風景那樣單純，所以有位朋友感受到，也曾向我說到：「沒有歷史背景作思考的依據，古蹟不過是斷瓦殘垣」，在過往的百十年經驗裡，感覺台灣幾乎是個全無歷史感的地方。大家虛空地、片斷地、平面地生活在現代的時空裡，最遠只能追溯到自己的童年。就連對出生、成長的「家」的概念也很模糊……現在身邊的朋友（尤其是都會區）沒有一人是住在自己當年出生的地方，成長的地方，「家」所代表的，往往只是一間公寓、一個門牌號碼而已。」

所以當你決定，要去探訪古蹟之前，一定要蒐集、詳讀相關資料。簡單地說，無論是在行前、行後或是在探訪途中，一份完整而詳細的資料是必須的，它可以幫助你做事前的規劃與認識，在旅行中為作你註解、對照，並作為日後回憶、研究的憑據。

（二）蒐集什麼資料？去那裡蒐集？

但是緊接著問題又來了，要蒐集些什麼資料，這些資料又要去那裡蒐集？

資料的種類當然以文字圖片為主，目前台灣有幾家出版社

（如自立報系、聯經報系、台原、稻鄉、遠足、遠流、眾文、前
衛、知書房、玉山、常民文化、稻田、雄獅、藝術……等），出
版相當多的台灣史書，可以在各大書店的史地類書櫃輕易地找
到。較學術性的資料，也可以在公家機關如中央研究院台史所、
民族所、故宮博物院、中央圖書館台灣分館、台灣大學、成功大
學、台中圖書館、各縣市文化局、文獻會找到，至於一般民間機
構如私立鹿港民俗文物館、台中的台灣民俗文物館，台南的台灣
教會歷史資料館，及各地寺廟或各姓宗族收藏的文物、古契、畫
畫、族譜……更是不勝枚舉。

　　不過，這裡要特別指出一般大眾容易犯的刻板印象，以為參
觀古蹟只要看些介紹古蹟的資料就夠，事實上任何一門學問不是
單一知識就建立得起來，需要和其他相關學科參合、印證，其中
最重要的當然是歷史背景，否則看了老半天，即使深入了解古蹟
建築、裝飾、雕刻，還是感到很突兀、很孤立，一趟參訪下來，
事後只有「無來也無去，本來無一事」的蒼茫感。所以資料蒐集
多多益善，只要與參觀的古蹟有關係，自然都不能輕易地放過。

（三）多看多聽，愈來愈有趣味

　　古蹟包含層面既多且廣，非三言兩語即可道盡，若是能多向
地方耆老、學者專家們詢問請教，或是參訪中多聽當地人士、嚮
導、古蹟解說員、地方文史工作者的解釋，如此多看多聽之後，
再親自接觸，用心體會，用眼細看，則會覺得愈來愈有心得，愈
來愈有興趣了。而且如果時間緊湊，寧願在一個地點瞧上老半
天，細細的品味，不要爭多尚博，為了多跑些地方，浮光掠影地
走過，那將有如走馬看花，毫無所得。

因此事先行程的安排、食宿、交通的預訂極為重要，所以初次作古蹟之旅，應該先從住家附近開始，或是古蹟較多較集中的古老城鎮，如台南、鹿港、艋舺（萬華）、淡水、三峽等等起步。等看多了、有了心得，想做比較專門深入的研究，可按自己的喜好選擇安排，在地圖上畫出自己所要去的地方，就交通次序一一列在表上,然後估計每一據點所需花費的時間，再做增減取捨。有些古蹟在偏僻地點，沒有住宿場所，可以找附近較大城鎮的寺廟、民宅住宿，吃吃當地的小吃，和當地居民交談，往往有意想不到的收獲。

（四）攜帶配備妙用多

季節氣候對參觀也有影響，不過只要行程安排得當，無論寒冬酷暑，刮風下雨都無所謂，但是若要拍照攝影，自然要挑個晴朗好天氣。此外，原子筆、筆記本、照相機（含閃光燈）、數位相機、簡單藥包、旅行包、錄音機（錄音筆）、地圖、手電筒、雨傘、雨衣等小東西，妙用多多，是參觀前必備的配備。總之，一句老話——事前準備愈充分，事後成果愈豐盛。

四、參觀寺廟之一

以下我們就以佔古蹟數量最重要也最多的寺廟為例，作一說明。參觀寺廟時一般人較易犯的毛病，大半是從邊門或後門進入寺廟，然後走馬看花地對廟宇內的陳設作一番瀏覽，其實這是不夠，也是不對的參觀方式。

（一）先觀察廟宇外貌與本身的風水

　　看廟宇的古蹟，首先應當站在廟宇門外廣場，將整個廟宇外貌端詳一遍，四周走走，細心觀察它與附近屋宇、聚落、市集、道路……等有何關聯，尤其是廟宇本身的風水穴位。經過這麼一番觀察、體認，才能了解其全貌。有了初步的認識後，接著才從山川門進入廟內。進入廟宇，我們要看的重點有兩大類，一是歷史文物，一是建築裝飾。

（二）碑文是最確實的歷史史料

　　先從歷史文物說起。進到廟宇中，應先看看有沒有古碑，有的話，要把碑文詳細看一遍，以便對廟宇的歷史沿革有所了解。台灣廟宇的古碑內容大概可分成三種：

　　1.記載廟宇歷史沿革的碑：讀了自然可以了解這座廟的歷史，並且對這座廟所在地方的沿革也有所了解。尤其可以順便對照一般介紹該廟宇古蹟書籍、簡介的對錯詳略，因為坊間介紹古蹟的書籍及簡介錯誤實在太多了。

　　2.公告周知的碑：這種碑往往有「奉憲」兩字，是清代官府的公告。由於廟宇是一般大眾常出入的地方，就把公告刻碑嵌在廟宇大門牆壁上，讓進出的民眾可以看到。我們由碑文內容，可以窺見當時社會現象，是最好的社會史料。

　　3.捐款名單的碑：當廟宇新建重修時，都會將捐款的官宦士紳、團體行會名字刻上，一方面作為感恩圖謝，一方面等於公告收支，以昭公信。透過這種碑文，我們除了可以了解廟的修建過程外，進一步可知當時有那些官吏、士紳、望族、大姓、莊民、行會的存在，又由捐款數目可以了解

　　當時經濟狀態、物價水準。

　　碑文是最確實的歷史史料，可嘆一些廟宇管理人不重視，在過去往往棄置一旁，任憑風吹雨打的侵蝕，以致字跡漫漶模糊看不清楚，甚至自作聰明的毀棄，另刻新碑說明，內容參差有誤。現在則描金塗朱，錯誤猶然。

（三）匾聯富歷史價值及文學之美

　　看完古碑之後，接著抬頭觀看「匾」、「聯」。「匾」是地方官吏士紳敬獻，看了匾，一則可以知道有那些人在當地作過官或是當年當地有那些名流士紳，再則欣賞他們的筆跡，甚至可以知道某些神靈故事。至於楹聯可看的內涵更多了，有的是說明供奉神明的由來、性格或是使命，有的描述附近風光景色，有的追述先民渡台來此地開拓建廟的開發經過，這些都非常重要，除了有歷史價值外，也有文學及書法之美感。

（四）香爐可知廟宇的創建年代

　　除了匾、聯外，一般人容易忽略的香爐也是要參觀的。根據台灣習俗，廟宇創立時，都有木香爐或是石香爐，這些香爐很少更換，只要找到石香爐，就可以知道這座廟的創建年代，比起方志史書的記載，更為正確可靠。至於某些寺廟的神桌桌腳也有捐獻人士、團體的紀錄，也是我們要注意的地方。碑、匾、聯、爐都看過後，下一步要看神明了。

（五）供奉的神明可以了解當地居民祖籍

　　看供奉的神像，除可以了解這裡的民間信仰外，也可以了解這裡居民的祖籍。當年我們先民「唐山過海來台灣」來開墾土地

時，為求取平安，或供奉小神像，或隨身佩戴香火，渡海來台，由於各地居民供奉不同的鄉土神，因此從神明種類自然可以分辨出原鄉籍貫。所以台灣居民不但有祖籍，連神明也有，譬如同樣的媽祖神像，就有不同分別，銀同媽是從泉州府同安縣來的，溫陵媽是從泉州晉江縣來的，湄州媽則是從興化府的湄州嶼來的。

　　一般說來，廟宇正殿的主神是最重要的，不過正廟兩旁的功德堂及後殿所供奉的神像、牌位也有特殊價值。因為後殿或廂房往往供奉對當地或該座廟興修有功的人的塑像、牌位或長生祿位，也有節婦、義士、善人的牌位、塑像，從鄉土史角度來看，這些遠比正殿神像價值還要高。

　　對於這些古碑、古匾、古聯、古爐、古像的保存維護，常因廟宇管理人缺乏知識而慘遭破壞。比如傾斜了，以鋼筋水泥重建，字跡模糊或燻黑了，予以重新粉刷描摹，甚至等而下之偽造古碑、匾、聯，以抬高廟宇古老價值，混淆視聽。種種五光十色，離奇荒唐之舉都有，令人痛心不已。

　　歐美、日本的先進國家則有一套維修作法，他們先聘請專家將古蹟古物拍照存檔，並且繪圖紀錄，包括不同角度的立體、平面、透視、景觀等各種圖形，並請學者考證其沿革變遷，以後如再整修時，盡量依原來形狀重建，留供後代子孫紀念，或外地人士觀光。台灣古蹟的修護保存及再利用，在二十年來的摸索學習之下，目前已有長足的進步，只是仍有很大的改善空間。

五、參觀寺廟之二

　　觀看完了寺廟的石碑、匾額、楹聯、香爐、神像，了解了該廟的傳說、沿革，及神話故事、祭祀團體、祀神祭儀後，我們進

一步要參觀它的建築裝飾。

我們參觀一座廟宇建築時，如果已經具備了一些基本知識，自然可以提高興趣。就建築而言，寺廟建築表現最為繁複，舉凡一磚、一柱、一瓦均有其獨特之處，開始觀看時，必須有先後步驟。首先要注意建築物的平面格局，除了前面介紹過的空間配置外，還要注意到山門、拜亭、正殿、後殿、庭園等，集中在一條中軸線上（又稱分金線），四週用磚牆、廂房或長廊圍繞起來，形成一進又一進的殿堂，由殿堂的多少、面積、大小，及三川門的門數來顯示這座廟宇及主神地位的尊卑。

其次再看這座寺廟的立面形式——基座、屋身、屋頂三大部分。基座可看的有石砛、柱珠、磉石、御魁、石鼓、石獅、門箱等。屋身又可分成牆身、棟架來看，牆身可看的有石垛、水車垛、龍柱、四個點金柱、副點金柱、封柱、平柱；棟架可以看到瓜柱、瓜筒、獅座、員光、托木、吊筒、斗栱、藻井、刀卦籤、樑木、壽樑、彎枋、連栱、疊斗等部分。屋頂可看的有簷板、筒瓦、瓦當、滴水、屋脊、鵝頭、剪黏、交趾燒、鳥踏、規帶、餓頭等。這三大部分都有其一定的比例與做法，在一連串的殿堂、廂房建築物中，其整體立面形式，由低變高再漸低，呈現出一種抑揚頓挫的節奏，形成一種有機體的韻律效果。在細部結構線條上用曲線，除圓弧、橢圓、反曲等線外，還有拋物線，尤其是屋頂坡度的曲線，這種曲線除了增加外形活潑的美感外，其微揚上翹的姿態，更顯示了一種雄偉典麗氣勢。而木結構的建築，以支柱承托屋頂重量，開間大小可隨意變化，門窗式樣可以靈活運用，裝飾方面也較磚石方便。錯綜複雜的榫鉚結合技巧，更是獨到之處。而且結構部分充分外露，使建築力學明白顯示，讓居住的人，能

一目瞭然，有安全感，並不是僅做裝飾好看的。

最後才去欣賞建築裝飾的藝術，這方面主要有石刻、木作：石刻方面有石獅、龍柱、石鼓、石珠；木作多為表現斗栱、托木、門牆、隔扇、籤筒上；此外又有剪黏、交趾陶、壁畫、彩繪，磁磚圖案等等。綜觀這些廟宇雕刻，早期乾嘉年代注重厚實簡樸的表現，道光後中期較注重細部與裝飾性，晚近則轉向形式主義而不重精神。剪黏藝術早期則以彩色陶片、碗片、白灰塑造人物、動物與風景，近代則改成庸俗發亮的玻璃片。以低溫燒成，集燒陶與雕塑技法於一體的交趾陶也沒落了。壁畫、彩繪受損最大，過去以礦物性色料作畫的技法今已不見，現在幾乎是塑膠漆與油漆的天下了。再加上台灣海洋型潮溼悶熱氣候影響，約五十年週期廟宇總要整修一番，這一整修，「除舊佈新」，往往破壞原味，已難得見到傳統精美藝術的保留。

不過，話又說回來，建築藝術是表現其時代背景與當時社會環境。像廟宇這種古蹟的建築價值，不在其規模是否宏美，型式是否典麗，而在於反映當時社會與心理狀況。建築藝術的發展，不論在那個時代，都是隨社會的演化而前進，表現出一個地方的藝術與文化傳統。因此廟宇的興建整修，匠師們已將地方藝術與文化傳統儘其所能的雕鏤繪寫於其中，歷經長期增修演變，事實上也累積了地方文化和民俗藝術的時代特色。

總之，台灣的寺廟，在先民敬神祈福心態下，往往捐獻財力，儘其所能為神明建造一座盡善盡美的廟宇。因此不惜任何代價，僱請高明匠師，務求將人間美好藝術裝飾在神明身邊。這些藝術，沒有冷峻嚴肅的說教味道，它單純的、直接的、天真的表露一般人民的感情。以象徵手法，把自然形象、心中願望表現出來，

而這些世代相傳的匠師技工，也許沒有受過多少教育，終其一生默默為某一種傳統形式而製作，也許大膽的加上一些創意一些新樣，但不強調自我，不突顯個性，由於世代相沿，把共通性顯示出來，也會無意間自然地流露出他們對美的觀點，充分呈現出民間的、世俗的、地方的特色。也因此台灣寺廟建築是民間藝術的總匯，它匯集了彩畫、書法、木彫、石彫、泥塑、陶瓷、剪黏、服飾、器物、手藝，甚至詩詞文學，戲劇表演也都是，有人稱它是民俗的花，藝術的果，是當之無愧的。

只是不知你有沒有具備中國藝術的素養，否則對一位門外漢而言，乍看之下，所有廟宇，千篇一律，無啥看頭，味同嚼蠟。「外行的看熱鬧，內行的看門道」，在此，衷心希望親愛的各位讀者能耐下心，仔細地，一次再一次去實地體驗，去欣賞這豐富深層的文化內涵。

六、參觀寺廟之三

在台灣，宗教信仰是日常生活的一部分，日常生活的活動常藉助廟宇進行。廟宇空間除了最主要的祭祀空間外，生活空間亦很重要，故廟宇的空間設計，務使當地居民能夠直接參與。

台灣古蹟以寺廟、民宅居多，參觀寺廟先要認知它的空間模式。

寺廟的活動包括宗教活動、遊憩活動、服務活動。宗教活動又含括了宗教儀式、遊客進香與傳教活動等。遊憩活動可分為靜態觀光與動態遊樂，靜態觀光則包括觀賞風景、文物古蹟、廟宇建築、神佛塑像及庭園佈置等：動態遊樂有野餐露營及登山踏青等；服務活動有攤販、餐飲、住宿、買賣、解籤等。由上述種種

活動及其營建造成的空間及設施構成整體景觀,再由此活動關係
設計成空間模式,換句話說,廟宇空間設計必須達到以上所述種
種活動機能。因此台灣寺廟的空間基本上有下列五個層次:(1)引
進空間(埕、山川門);(2)主要空間(或稱儀式空間、神聖空間,
指正殿);(3)過渡空間(或稱引導空間,指廊道、中庭);(4)次
要空間(廂房、後殿);(5)其他空間(辦公室、休閒處、販賣部)。
以下我們依其性質敘述如後:

(一)祭祀空間

祭祀儀式是廟宇活動重心所在,在平面佈置上,主要祭祀空
間位在平面中心或偏後,讓信徒經過引進空間的引導,而達到崇
拜的心理高潮。在剖面設計上,將台基逐步提高,屋頂高度亦誇
張升高,使得信徒崇敬心理逐漸提昇,每走上一步台階,心理更
加肅穆,依次而進到達最高潮的主要祭祀空間——正殿。

正殿是各種儀式的進行場所,故有學者稱之為神聖空間,信
徒的上香祭拜、求籤卜卦、和尚道士的誦經法會均在此進行,是
廟宇重心所在,故其台基、屋脊,理論上應最高(神格高者,以
9~11 階為准,官府也不過 7 階),藉以突顯重要性。層層的棟架
及幽深的神龕,表現了空間的悠遠神秘,再加上光線、香煙的控
制。幽幽暗暗、縹縹渺渺,產生壓迫崇敬之感,達到威嚇鎮懾的
目的。

反之,後殿為次要祭祀空間,它的剖面高度較正殿空間低
矮,光線也比較明朗,僅供作進行上香祭拜的簡單儀式。此後再
轉入側殿作附屬的祭祀活動。然後再離開廟宇祭祀空間。所以正
殿→後殿→側殿的參拜動線很重要,側殿的祭祀空間也常和廊道

的動線重疊。

（二）生活空間

在台灣，宗教信仰成為日常生活一部份，日常生活活動常藉助廟宇進行，所以廟宇空間除了最主要的祭祀空間外，生活空間也成為重要所在，故廟宇的生活空間設計，必須使居民能直接參與，因此，廟宇最前面的廟埕，設計成主要生活空間。廟埕本身除了廟宇宗教活動外，尚具備該地區公共活動空間，例如廟宇可以供老人閒聊、乘涼、小孩玩耍遊戲、居民辦桌宴飲、農民曬穀、漁民補網、戲台表演、攤販叫賣等，構成一幅熱鬧活潑的氣氛，所以廟埕空間的設計，需要有一個界定的空間，或採開放式的無圍牆，或採封閉式的圍牆，都須注意其流通性，並考慮廟埕大小與廟宇規模的比例，看起來才顯得舒暢恰當。

至於山川門、前亭，則是廟埕生活空間的延伸，供老人聊天、午睡、飲茶、下棋等靜態生活空間，所以面積不必太大，但必須高敞、明亮，與廟埕相連，增進空間的使用。而後院、庭園是廟宇空間最後收頭部分，屬於清靜、休閒及養心的地方，為剩餘部分，可有可無。

（三）連接空間

從活動空間進入祭祀空間，從動態到靜態，從嬉戲到肅穆，其間的連續、轉換過程極具關鍵，所以山川門、廊道的聯繫設計倍加重要。

山川門除具有靜態活動空間外，同時具備緩衝空間的作用，信徒在此，一眼就可瞧見正殿的神像及祭祀活動，在裊裊香煙中

升起肅靜的心理。再透過中庭與正殿視覺的高度比例，看到了高
崇的正殿屋脊，也看到高踞神龕的主神，加上在旁環伺的部將神
明，更升起尊貴、神秘的崇敬膜拜之心。因此，從廟埕熱鬧的活
動，轉入山川門的清淨，使信徒心理有所準備，有所轉換，是第
一個極其重要的緩衝空間與連接空間。

從山川門環視後，經過廊道前進，情緒逐漸虔誠，加上身旁
壁堵的圖案、文字、雕像及出巡道具、執事牌的擺列，更加深壓
迫感和肅靜感。因此，廊道具有穿越連接及心理提昇的空間形
態。此外，廟宇的中庭，不似住宅的中庭，是住戶的活動地點；
一個香爐、幾張供桌，也許在視覺、心理上有所轉變緩衝，成為
性質模糊的空間，當然也是一個信徒很少活動的空間。

（四）服務空間

在平面佈置上，多半散落在動線不明顯之處，在側殿及廊道
附近設有辦公室、香客休息處、餐廳和住宿處等。另外，在廟宇
四周，依附著廟宇產生了許多服務空間，如市場、攤販、商店及
算命風水等行業，使得廟宇活動藉著服務空間增加，大大地促進
人民生活信仰活動。另外，隨著現代化的進展，停車場也成了必
要的空間，所以應考慮車輛和行人的行動動線。台灣有不少廟宇
或因地小，或因缺乏考慮，以至車輛佔用廟埕空間，使廟埕活動
大受影響，今後應如何分開，成了服務空間管理設計的一大課
題。至於附屬的圖書館、醫院、幼稚園等，則有賴週全的空間設
計規範了。

七、參觀寺廟之四

　　房屋是構成聚落的基本單位與要素，不同的時代背景，不同的國家、區域、文化內涵，有著不同的居住方式，因此世界各地的房屋型態形形色色，形成各地區域特性的主要指標。寺廟是神的房屋，因此，從另一角度來觀察寺廟，可以反映當地聚落的關係。

　　台灣民間普設廟宇，供奉天神、地祇、物魅、人鬼，這些廟宇通常可分為官設壇廟與民設寺廟，民設寺廟又可分為四種：一、為私人所有者，二、屬於同業公有者，三、為同籍公有者，四、屬於村落居民共有者，即公廟。我們可從寺廟的屬性、所拜的神明種類來了解當地聚落發展的社會、經濟、文化背景。

　　關於寺廟與其社會背景的對應關係，研究台灣宗教的學者大體已建立了一個發展模式理論，為大家所接受。台灣寺廟的興建可分為四期來說明：

　　第一期稱為渡台期，大約清初以迄乾隆初葉。此期中閩粵移民因生活困苦，相率渡海來台，歷經風濤，上岸登陸後，還要面對瘴癘之氣，水土不服，而瘟疫、旱澇、山崩、地震等天災地變，歲時有之，加上居民五方雜處，常有械鬥、「番」害之憂，在如此極不安定環境下，求神庇佑之念特別強烈。因此常隨身由故鄉帶來守護神，抵台安定後，或將小神像、香火供在田寮、民房，甚至掛在樹梢，以供膜拜。待經濟能力許可，才改建小祠小廟供奉，以為答報。此期或可稱為「有神無廟」期。

　　第二期為農業期，時為乾嘉年間。此期開墾稍有成就，村庄漸多，為祈求五穀豐收，六畜興旺，於是農業神明上場，各村莊

普設土地公廟，有的建在市街交叉路口，有的建在街頭巷尾，所謂「田頭田尾土地公」正是其寫照。靠海邊的村莊，則多供奉保佑航海平安的王爺廟與媽祖廟、上帝公廟。換一句話說，此期與五穀、瘟疫、土地、漁業有關的寺廟逐漸出現增多。

　　第三期為商業期，乃道咸時代。此期承前期發展情勢，開拓大展，村庄眾多，形成市街，商號林立，貿易發達，經濟力、生產力大增之下，土地資本換成商業資本，行業日多之下，出現了許多同業或同鄉寺廟的擴建增修。

　　第四期為飽和期，為同光年間時期。此時期文治武備燦然而具，各地村庄由市街更發展成城鎮都市，於是寺廟益多，規模愈具。這時期有如下幾點特色：一、一些重要城市成為縣治府治行政中樞所在，社會組織趨於嚴密，官方控制力量強化，出現了文武廟、城隍廟、社稷壇、節孝祠等官方寺廟。二、文昌祠的出現，代表文化普及，讀書科舉風氣提升。三、職業行神更加隆盛。四、家廟宗祠興建。

　　所以，我們可以明白寺廟的興衰與社會發展息息相關，而隨著市鎮機能的轉變擴展，不同性質的寺廟也隨著有所興衰。觀察台灣寺廟的發展過程，無異說明了這個地方的開發過程，例如泉州人的鄉土神主要有廣澤尊王、王爺、保儀尊王、觀音佛祖（晉江、惠安、南安三邑人）、保生大帝（同安人）、清水祖師（安溪人）。漳州人供奉開漳聖王。粵東及客家人守護神為三山國王、三官大帝，汀州人供奉定光古佛，金門人供奉蘇府王爺。因此從這地方寺廟所供奉的神明，可以了解這地區當初是由那一籍貫的移民所開發的，閩人地區自然粵廟少或沒有，反之亦然。而泉人地區亦少有漳廟，反之亦然。

　　不過，要進一步補充的是，以上按時代區分寺廟發展過程，並不是固定的，一成不變的，還要考慮各方面因素。比如泉州臨海，泉人善於經商，故泉人來台聚居港口業商，港口多泉廟。漳州較偏內陸，漳人來台多深入內陸平原務農，故多漳廟。安溪人多居於山邊丘陵地，開墾山林種茶伐樟製腦，故多祖師廟。又如城市居民五方雜處混居，因官府控制力量厚實，彼此較能相安無事，所以各種寺廟都有。當然，有些城市也全非如此，北部的新莊，原是閩粵混居市街，後因道光、咸豐年間一連串的分類械鬥，粵人避禍，舉族遷往桃、竹、苗地區，留下的三山國王廟被閩人改為「三仙國王廟」，供奉劉、關、張桃園三結義，即是一例。此外，也不可忽略政治情勢的影響，如主政的大官是漳泉人，自會鼓勵倡建漳泉廟，而粵人一再受限移民台灣，故三山國王廟要遲至乾嘉之後才漸增，而眾多的義民廟或褒忠祠，也是在林爽文抗清事件之後才出現增多。

　　除了籍貫、政治因素外，地理條件也要注意，如港口多媽祖廟、水仙宮，土地貧瘠，瘟疫頻繁的嘉南靠海塩分地區，王爺廟眾多。又如經濟富庶，開發較早的地區，寺廟分布密集，如台北、台南、台中、新竹、彰化；反之，花蓮、台東寺廟最少。所以參觀寺廟不單只是看宗教信仰，它同時體現了這地區開發的諸多面貌，我們可以這麼說，台灣的寺廟記錄了豐富而詳細的社會歷史；一座寺廟史，宛如時間膠囊，濃縮紀錄了台灣四百年的漢人開拓史。

八、參觀寺廟之五

　　宗教具有生存、求知、整合三大功能，所以透過共同的宗教

活動，可以強化一個群體的社會凝聚力，而不論個人或群體，往往藉著各種不同宗教活動中的種種儀式與行為，表達其信仰理念與情感。

二千年來的一部中國史、四百年來的台灣開發史，政治與宗教相互間維持著一個很微妙很尷尬的關係，一方面民間扛著宗教旗子組織群眾，反對官府朝廷，一方面官府藉著宗教活動來安撫民心，維持社會秩序。宗教在中國、在台灣無論是官方或民間，始終難以脫離手段性、功利性、工具性的色彩。這麼一個很生活化，很入世的宗教，民間難免將人世間的一切反射到宗教裡。例如人間有皇帝與百官，神的世界也就有玉皇大帝與文武百官，各有職司、神格，人間有中央與地方等級，神明世界也有府、縣等級的城隍；人間有食衣住行、七情六慾之所需，神也有誕辰、娶妻、子女的情形。因此有了各地民間節慶和宗教祭儀。

各地的廟會活動和神誕祭儀，亦是源自該地社群對超自然的一種認知體系，透過一連串的儀式行為及象徵實體以表達其信仰理念與情感需求。同樣地，透過這些節慶的種種活動，使個人、家族和社群之間，能有所調整，並強化個人與群體的情感與認同，藉此達到和諧團結的作用。而民間戲曲技藝表演往往伴隨著歲時節令，宗教祭儀或婚喪喜慶而來，最常見的仍是在宗教祭儀活動中，每逢寺廟神誕慶典、神明出巡繞境或進香刈火及作醮建醮等盛大祭儀活動，往往可見到一連串陣頭遊藝表演，以及地方戲曲的演出。當然，環繞在周圍的是手工藝品、食品的展示擺售，與其他流動攤販的聚集，形成熱鬧滾滾的廟會活動。總之，整個宗教活動的內涵，基本上是以信仰及儀式為核心，逐漸向外緣形成一環又一環、一波又一波的活動，藉此滿足民眾的各種需求，

交融成一個綜合性、開放性、自由性的社群活動。更簡單地說，在整個宗教活動中，基本上同時含有神聖性、世俗性兩種象徵範疇的交替運作。

　　民間戲曲及陣頭遊藝團體，依其組織型態，可分為業餘性的「子弟團」，與職業性的團體。一般地方性宗教活動的戲曲表演，其劇團來源主要是聚落中的子弟團。往昔各村落都有「曲館」或「子弟館」，這些村庄裡的良家子弟，聚集館中向長輩學曲藝，遇有節慶廟會，有錢的出錢，有力的出力，參與表演以酬神謝恩，不同於職業戲班的伶人，故稱為子弟團。一般子弟團都與地方上的寺廟有極密切的關係，子弟團附近的廟成為他的「角頭廟」，子弟團也成為廟的特約子弟。早期子弟團的活動十分普遍，演唱北管、南管、高甲、歌仔、車鼓、皮黃、潮州戲等。其中最普遍，活動最多的北管子弟團，其名稱通常是軒、園、社、堂，也有用齋、閣、會、團者。其戲曲表演可分成「扮仙戲」與「作戲」，搬演戲文，兩階段演出。

　　扮仙戲在正式戲曲演出前上演，充份表現酬神與祈福的儀式行為的功能和象徵意涵。內容不外乎；一扮天官賜福、二扮八仙或醉仙、三扮三仙會。在扮仙戲之前，戲團需準備牲禮，朝向廟的方向上香祝禱。扮仙出場時，各仙有各仙的曲牌配樂，從上妝到出場，及手持代表象徵意義的吉祥物（八吉祥，又分佛教八寶：輪、螺、傘、蓋、花、罐、魚、長；道教八寶：葫蘆、扇子、竹簡或漁鼓、劍或拂塵、荷花、簫、花籃（或响板、笛、碗）、笏（或節杖、雲陽板）；儒學八寶：珍珠、玉磬、方勝紋、犀角、書畫寶卷、金銀錠或元寶、卍字紋、艾葉），一方面表達對神的慶賀，一方面藉由模擬的儀式性行為，分散到觀賞者與請戲者身

上，表演者本身已超越了世俗性的範疇，具備了神祇的靈力與意含，透過諸仙的聚合及其角色間的互動所呈現的情節和內涵，反映民間的價值理念，以及對人生的期望與追求，在扮仙戲的過程中，祭祀的主神，戲中的仙人，台下的群眾三者之間透過一連串象徵性的儀式行為，和一些象徵實體，達到交融狀態。簡單地說，由於扮仙戲的角色，多是擬人化的神祇，藉由對這些神祇行為的刻劃，信徒可滿足在現實人生中難以達成的願望，並可透過這些神祇表達信徒對主神的酬謝祝壽與祈福求願的動機。

　　扮仙戲之後，便進入世俗範疇，開始演出世俗性的戲曲。要之，在傳統的農業社會裡，生活、信仰、工作與娛樂是混為一體的，生活的節奏是與農業的耕作收成週期密切關連的。農事休閒的時間就是祭神舉行儀式的時候，而藉娛神酬謝的機會，才會有演戲唱曲的活動。所以台灣民間戲曲表演一向與寺廟社祭有不可分的關係，傳統舞台、民間劇場，一般多建築在寺廟之前，有的甚至就是寺廟建築的一部分。

　　前已說過，聚落中權力最具體的象徵在於寺廟，它是村莊裡的集會場所，也是居民團結的中心，兼具有經濟、娛樂、防禦、祭典、協調與教育的多元性功能。而這些功能以及儀式，都含有重要的社會意義，也即是說早期移民渡台開墾，有賴神明庇佑，所以在開發一個地方後，必先建廟來答報神明福佑，二則鞏固其勢力範圍，三則建立神聖體系以驅魔厭勝。因此居民受神保護，同樣也需要以最大熱誠來奉獻神，保護廟。由於對神對廟的虔敬，神的誕辰、飛昇與廟的慶典、慶成，便成為地方大事，因此地方上的祭祀活動，也就顯得特別頻繁與隆重。在各種祀典中，戲曲演出自是不可缺少的部分，伶人利用寺廟舉行祭典的機會，

來表演技藝糊口，而寺廟因戲曲的演出，來吸引更多的信徒與香火。久之，民間常因戲曲結社，來配合地方上的活動，並作為促進社群組織的基石，演變到最後，戲曲表演取代了某些古禮，成為民間婚喪喜慶活動的主要儀式，可知民間社火、寺廟和戲曲已熔為一爐，藉著熱烘烘的娛神娛人的祭祀與戲曲活動，成為傳統封閉的鄉民社會中最開放的主要活動。

如今，因社會變遷，戲曲活動已失去種種功能，淪落為最原始的功能，成為宗教儀式之一種，一些民眾也習慣以出錢演戲作為向神鬼還願的方式，演劇迎神遠近譁，迎神賽社且高歌，這種日子已走遠了，寺廟舞台也消失了！所幸它的功能還在，但往後呢？

九、參觀寺廟之六

台灣常見的迎神賽會，寺廟的神明出巡繞境，或進香團，遠遠望去，只見一排長長的隊伍，鑼鼓喧天，炮聲不絕，街道兩旁擠滿了人群，信徒店家擺起香案牲禮，恭迎神駕，好不熱鬧的迎神場面。只是，這一長長隊伍裏頭，有何看頭？又有何名堂呢？

通常迎神行列，都是以繡有寺廟及主神的頭旗，及寫著遊行路線的路關牌為前導，這兩種在迎神行列中常見的開路旗牌，是整支隊伍的代表，具有神聖性象徵，負責向行經的寺廟致敬，或向出迎的寺廟陣頭答禮，持頭旗者，必是訓練有素，德性良好者，其揮旗致禮有一定的步法。此外，近來也流行在旗牌前面有一小丑型的哨兵，俗稱「舖馬仔」（一作「報馬仔」），頭戴斗笠，背負雨傘，脖子掛著圈餅，腰繫豬腳和洋蔥，褲管一長一短，沿途又跑又跳地敲打小鑼，通知大家神明已來了。

　　頭旗之後，接著是舞獅隊打頭陣，其後是龍陣、鑼鼓陣隊、曲藝表演的藝陣。這些藝陣的各種表演，或打諢逗趣，或魚龍曼衍，精彩的活動，引導整個場面進入歡樂氣氛，使得龐大迎神隊伍顯得多采多姿。一到廟前廣場，或大戶人家門口，即圍成一圈，表演各種精彩內容供信徒居民觀賞，或使出混身解數以博得賞金押爐。由於陣頭表演，聲勢熱鬧，鑼鼓喧天，不僅提供豐富的娛樂表演，更因能招來吉祥，普受歡迎，所以自古以來，每逢迎神賽會，慶典節日，都會邀請陣頭助陣演出，形成現今遍及台灣，洋溢歡樂氣氛的各種民俗遊藝。

　　民俗遊藝的種類繁多，在台灣民間俗稱「藝陣」，藝指藝閣，陣指陣頭。陣頭名堂很多，分類不易，民俗專家黃文博先生曾將之分為六類：一、宗教陣頭：具有宗教功能或信仰意義的陣頭。二、小戲陣頭：帶有民間小戲味道和色彩的陣頭。三、趣味陣頭：純屬趣味和僅在增湊熱鬧的陣頭。四、香陣陣頭：附著或寄生於香陣行列中的陣頭。五、音樂陣頭：以演奏或歌唱為主要形態的陣頭。六、喪葬陣頭：出現於喪葬禮俗或行列中的陣頭。並分析指出陣頭的發展，不管是陣種、形態，南部都要比中北部來得蓬勃熱絡。而且「職業陣」多花俏，業餘性質的「庄頭陣」較傳統。不過，由於藝陣的種類變化很大，推陳出新，不是消失，便是改得面目全非，這種分類雖有利於資料整理與分析，個人以為治絲益棼，反而不如傳統分成「武陣」與「文陣」來得簡潔扼要。

　　武陣大體上包括獅陣、龍陣、宋江陣、八家將等等。這些陣頭，都是以武術為基礎的子弟團，皆有固定的組織，各有其崇拜的守護神，多以某一廟宇為會所，凡加入陣隊者，必經過入館儀式，拜師學藝，遵守戒律，平日在館中練武強身，一旦鄉里有事，

便負起保衛鄉梓的任務，地方上有廟會節慶活動，則組隊「出陣」表演。往年，每次地方的迎神賽會，各武陣陣頭，為贏取觀眾喝采，無不使出渾身解數，爭強鬥勝的結果，「輸人不輸陣」，往往有激烈的「拼陣」或「拼館」，造成流血事件。

文陣指的是曲管團體與遊藝表演團體，這些團體多是由村人自行組成的業餘表演的子弟團類型，俗稱文館或曲館。其表演內容多取材自農村生活，例如有牛犁陣、車（跳）鼓陣、布馬陣、鬥牛陣、高蹺陣、跑旱船，以及藝閣的化妝遊街等等，皆屬於民間歌舞小戲及雜技的表演，不需繁複的身段與高難度的技巧，舞蹈動作較為簡單，角色扮演也有限。

藝閣是「詩意藝閣」的簡稱，也叫「詩藝閣」，有「蜈蚣閣」和「裝台閣」兩種。蜈蚣閣是指大型串連在一起的藝閣，俗稱「蜈蚣坪」，目前已獨立於藝閣之外，自行成為一陣頭，即大家熟知的「蜈蚣陣」。裝台閣則指小型藝閣，在一方台上搭設富麗堂皇的樓閣佈景，內有小孩或模特兒扮演角色，其題材多出自民間傳說，戲曲故事，美侖美奐，使人看得目不暇給。早期藝閣都是由人力肩扛，以後演進到置於牛車、三輪車上，其後馬達三輪車及鐵牛車出現，成為推動的交通工具，至今更進步到採用貨車、卡車。除了藝閣外，近年「送王爺」的儀式中，平常供祀在廟中的王船也出現在行列中，稱為「王船閣」，也被認定是藝閣的一種了。

陣頭之後，便是由各團體信徒組成的神將會，即各種神偶遊行團體、家將團、莊儀團，包括了神格較低的神祇，主神的部將、護衛，然後才是主神。神偶團體，常見的有神童團、彌勒團、福德團等，這些大型神偶，是以竹材為骨架，再以紙、布糊製而成，

由「力士」在裡面撐持著，又搖又擺走各種舞步，顯得滑稽有趣，壯大主神聲勢。

家將團是由人扮成神兵神將的儀式性隊伍，演出時多為八人，俗稱八家將。家將團主要功能在於協助主神驅鬼伏妖，是神界的巡捕組織，也是主神的隨從、部將。因此家將團常見於王爺廟、城隍廟、青山王宮等，一方面保護主神，一方面維護地方安寧。各地的家將團，在武器、面譜和陣式均不相同，並有一套繁複的出巡儀式禁忌。如出巡前三天，須住進廟中，齋戒沐浴，禁絕酒色。出巡當日，由面譜師為各將畫面譜時，先行祭拜、寫符、燒符，在各將面前揮舞，以驅邪賜靈。從「開面」、「上馬」、「開步」、「出軍」、「領令」、「出巡」，皆有一連串象徵儀式及咒法。在出巡遊街時，進退有節，其陣法、舉步，口唸咒語，皆有其內涵意義。

最後，在主神之前必是護駕將軍，例如媽祖是千里眼、順風耳；城隍爺是七爺、八爺，通常是製成大型神偶，由莊儀團的成員撐持著遊行。總之，末尾的神將會具有宗教儀式濃厚色彩，並非以世俗性的娛樂為目的。

十、結語

重視同宗同鄉的關係，是中國傳統社會的一項特徵。而中國村落因構成成員的性質，可以分為血緣的村落與地緣的村落。前者係一村由同血緣者，即同姓者所構成，以宗祠為表徵，也是較有財富權勢的家族建立的。後者係雜姓人居住同一村落，以信仰同一鄉土神為表徵，而建立會館、公廟。

中國傳統原十分重視血統關係，聚落之形成亦多因於血緣，

因此常常同姓者形成一村，或佔絕對多數，此種現象，華南比華北多，直到清末，在福建與廣東仍是如此。但是台灣的開發，由於早年清廷的嚴厲禁止移民攜家帶眷來台灣，先天上便很難形成一村只有一姓的血緣村落。加以鄭氏的兵屯，及清領時期由大租戶、小租戶多方招徠同鄉的農民開墾，因此形成的村落大多是一村多姓的異姓村落，也就是地緣村落。而移民為確保墾荒成果與彼此相助的需要，於是形成鄉黨主義的村落。地緣聚落的形成，對都市發展影響甚大，因為血緣聚落基於血統上的隸屬關係，傳統家長式權威較大，易趨於保守、排外，形成內動性的閉塞社會型態，不利於都市的形成與發展。反之，地緣村落的組成，乃基於互相需要，排除家族權威的自限，為謀求共同的發展，必須不斷接納吸收更多成員以壯大，維護共同利益。

　　根據學者的調查與研究，台灣村落因形成的基礎條件，以及特徵的不同，大約以十九世紀中葉為一分水嶺。這之前，台灣初開發，具有強烈的移墾色彩，因此來台者單身多而成家者較少，更別談舉族或舉家同遷到台灣。且由於移墾者流動性大，男女比例落差大，故早期村落是以地緣關係為整合凝聚人群基礎。於是開發某一地區時，不論招募墾丁佃農，或興建水利圳溝，大都以祖籍相同者為對象，形成鄉黨主義的村落，於是泉州人組成泉州人的村落，漳州人組成漳州人的村落，客家人組成客家人的村落。這種村落較少建立有血緣意義的祠堂，通常是建立村莊公廟，供奉原鄉的鄉土神，作為村落的自治自衛中心。例如泉屬同安移民村落供奉保生大帝，泉屬三邑人供奉觀音菩薩，泉屬安溪人供奉清水祖師，漳州人供奉開漳聖王，潮惠移民奉祀三山國王均是。這種鄉土神的祭祀就是包含有地緣關係的意識。

　　台灣移民社會進入十九世紀中葉時，便產生極大變化。因定居日久，視台灣為家鄉，不再強調祖籍，而以現居地為認同對象，因而導致原來畛域分明的鄉土神祭祀產生融合，簡單地說，就是信仰圈的擴大，與尊奉神祇的漸趨統一。以往屬於某籍貫信仰祭祀的鄉土神，逐漸超越原有祖籍群體，變為不同祖籍而居住同一地區內的居民所共同膜拜，成為一新的「台灣神」，也說明了台灣已由移墾性的社會，轉變成一定居的土著性社會，也因此，地緣性村落乃逐漸失去其凝聚社會與整合社會的角色與功能。不過，這其間，寺廟的功能作用並沒有因而改變、消失。

　　台灣的寺廟可粗分為官設壇廟與民設寺廟兩類。民設寺廟又可分成四種：一、為私人所有者，二、屬於同業公有的，三、同籍公有者，四、屬於村落居民共有者，即公廟。在台灣，以公廟最多，也最能表現地緣村落的性格，成為觀察研究台灣早期基層社會的一個變相村際單位組織。

　　宗教為人類社會生活之不可或缺，宗教有其重要的功能意義。研究宗教行為的人類學家，認為宗教存在於人類社會有三大功能：即生存、整合與認知三功能。所謂生存功能是指宗教信仰可彌補安慰人類在與自然奮鬥以求生存的過程中所產生的挫折與憂慮。所謂整合功能即藉宗教信仰，整合不同人群，使人類社會生活更安祥。而認知功能是指宗教信仰維持人類認知過程的持續發展。

　　台灣的村落，一向以一村一公廟為原則，這些公廟最初為移民渡海及開拓初期精神之依賴，繼而以寺廟神明為認同中心，組成各種神明會次團體，透過各種宗教活動，如分火、割香、進香、出巡、繞境，廟與廟，村與村，人與人，由神、人、廟、地的互

訪交陪，建立彼此社會關係，使居民團結合作。換句話說，台灣寺廟不僅扮演宗教團體，具有宗教功能，尚具有其他世俗功能。故台灣廟宇不僅是民間信仰中心，同時也成為聚落自治及行會自治的中心，具有自衛、自治、涉外、社交、教化、文化、娛樂等多元化的社會功能，舉凡地方的治安、產業、交通、教育、聯誼、娛樂等等，無不透過寺廟以推行。譬如，寺廟對都市聚落的形成發展有相當大的影響性。當聚落成立之初，寺廟隨之建立。居民屋宅便以寺廟為中心向四周或呈帶狀發展，久之寺廟自然成為聚落的地理中心。此外由於寺廟具有地方自治中樞特性，民間交易自多集結於寺廟四周，久之寺廟附近多為店舖門面，廟前後廣場多為攤販聚集，故寺廟即具有聚落經濟中心的功能，也因此，寺廟附近形成周遭農村的地方市場中心，漸而形成城鎮都市。

是以台灣寺廟除宗教功能外，又具有其他多種世俗功能，且為配合當時社會發展，必須經常調整運轉其功能，否則即會香火衰滅，慘遭沒落。所以台灣的宗教，雖是社會生活所不可或缺，卻也經常淪為其他社會制度，特別是政治與經濟制度的附屬品，深具濃厚的功利主義色彩。

施琅在台今存史跡

施琅，原名「郎」，降清之後易名為「琅」，但某些史籍則記為「烺」。其字尊侯，號琢公。福建泉州晉江衙口人。生於 1621年（明天啟元年），卒於 1696 年（清康熙三十五年），享年七十有六歲。施琅逝世，康熙詔令追贈太子少傅，賜諡襄壯，給全葬，加諭祭三次。有司於福州、泉州、台灣立祀，配享文廟。1732年（雍正十年），雍正帝特旨於京師建賢良廟，列施琅位次，春秋崇祀。可見清廷對他的殊榮與肯定。

施琅一生最偉大功業在於率清軍統一台灣，但也是爭議最大之焦點，古今論者已多，茲不贅述。由於這樣一段不尋常的經歷，故至今在台灣留下了不少關於施琅的史跡。

1683 年（康熙二十二年）既入台，傳曾設台南西定坊書院，為清代在台灣設書院之始，雖為時不長，嗣後關閉，或對往後台灣文教事業或有若干助益。

施琅平台有功，封為靖海侯，世襲罔替，清廷贈給大片土地，永為勛業地。琅乃招漳泉移民開墾，徵收「施侯大租」，占地近三千甲，以永久業主靖海侯施之名義管理，稱為「施侯租地」。至今台灣仍保存有若干「施侯租」的契文，茲引一紙為例：

業主靖海侯施，為給批事。照得本侯府祖遺勛，地在嘉屬蕭壠保等處。查界內將軍莊有勛業一所，土名曆頭，東至車路，西至車路，南至吳超，北至胞弟，四至明白為界。內抽出四分二厘，付與莊佃吳謇前去耕種，年帶本侯府租谷四斗二升七。茲據吳謇前來認佃，合行給批。為此，批給該佃吳謇照約犁耕。自本年起應納之租，明約年年清款，到館交納，管事給單為據，不得拖欠租穀，亦不得私卸他人，亦不許額外侵漁；如有頂耕，應赴本侯府報明，另換佃批；倘有侵耕及抗租不法滋事，聽本侯府起耕呈官究追。各宜凜遵，給批為照。

業主靖海侯施

同治十年　月　日　給

施侯勛業地的設立，對施琅後裔、族人及鄉親到台灣的發展很有助益，故現在居住在台南、漳化、鹿港等地的施姓家族甚眾。

台澎地區原有二座紀念施琅之祠廟。一為台灣府台灣縣寧南坊羨子林之施將軍祠，原為勇衛黃安住宅。1686 年（康熙二十五年），時人以琅入台不戮一人，且奏請保台，遂建祠祀以報之。惜 1720 年（康熙五十九年）因地震祠圮，遂廢，未再重建。今台南市所存史跡，僅有二碑，一為〈平台紀略碑記〉（按原碑無題，乃今人黃典權所名），高 280 公分，寬 106 公分，材質為花崗岩，現置於台南市中區永福路大天后宮之拜殿左壁，碑文如下：

台灣遠在海表，昔皆土番，流民雜處，未有所屬。及明季時，紅彝始有，築城與內地私相貿易。後鄭成功攻占，襲踞四世。歲癸亥，余躬承天討。澎湖一戰，偽軍全沒，

勢迫請降。余仰體皇上好生之仁，以八月望日直進鹿耳門、赤嵌，泊艦整旅，登岸受降，市不易肆，雞犬不驚。乃下令曰：「今者，提師跨海，要在平定安集。納款而後，台人即吾人，有犯民間一絲一粟者，法無赦。」士無亂行，民不知兵。乃禮遣降王入京，散其難民盡歸故里，各偽官兵載入內地安插。公事勾當，遂以子月班師。奏請於朝，為置郡一、縣三；分水陸要地，設官兵以戍之；賦稅題減其半。

夫炎徼僻壤，職方不載；天威遐播，遂入版圖。推恩陶俗，銷兵氣以光文治，端有望於官斯土者。是不可以無記。

康熙二十四年正月，太子少保、內大臣、靖海將軍、靖海侯世襲罔替、解賜御衣龍袍、褒錫詩章、兼管福建水師提督事務施琅立。

一為〈靖海將軍侯施公功德碑記〉，亦在台南大天后宮拜殿右壁，298 公分，寬 86 公分，花崗岩，碑文如下：

古之勛立天壤，澤治人心，是皆勒燕，圖麟，流芳汗簡，千載為光者也。台灣自開闢鴻蒙以來，聖化未敷，鄭氏遘播於斯，凡歷三世；波濤弗靖，聖天子時廑南顧之憂。二十有二年，特簡靖海將軍侯施公招懷閭閻，閩之士民交慶曰：「維桑與梓，有長城矣！」

迨夫誓師銅陵，首戒妄殺。六月揚帆，風恬浪息；直搗澎島，克奏膚功。雖曰天命，詎非精誠所感哉？至若陣傷俘獲，悉為療藥，縱使還家。台人吾民，出自真摯，故

台人始齊心而納款焉。降幡既授，兵不血刃；元黃壺漿，歡呼動地。其視晉公之平淮西、武惠之下江南，又殆過之！

然台去內地千里，戶不啻十萬。或欲一朝議棄，無論萬家鳩鵠，買棹無資；即令囊空歸井，飢寒慘迫，輾轉不堪憐乎？況為南疆吭咽，鹿耳險於孟門，墟其地，保無逋逃淵藪、貽將來憂者？是以力請於朝，籍為郡縣。此有功於朝廷甚大，有德於斯民甚厚！

迨勾當事畢，奏凱旋師，題留總鎮吳諱英者暫駐彈壓。而又念弁目之新附未輯也，兆庶之棄業虧課也，則又委參將陳君諱遠致者加意鈐束之，殫心招徠之。是侯之心，無一息可舒台民於懷抱，而東海陬壤，無一人不頌覆幬於如天也。

今荊棘遐甸，遍藝桑麻；詩書陶淑，爭炎桃李，極之載發負齒之倫，莫不共沾教化，繄誰之功！台之人士，感於十年之後，久而愈深，群謀勒石以效衷思，歷疏所由，遠丐余言。余固□然□□矣，安能多□□，即以所詔余者代述以鐫刻之，俟夫異時太史之張大其事，而流芳奕世云。

侯諱琅，字琢公，籍泉之晉江縣。

康熙三十二年，歲次癸酉陽月穀旦，台灣縣四坊鄉耆、舖民等仝立。（姓名難以盡載，下略）

另一祠廟則是在澎湖縣馬公市之施公祠。施公祠原名施將軍廟，是紀念施琅平台所創建之生祠，可能創建於 1683 年（康熙二十三年），最遲不會晚於施琅逝世之年，即 1696 年（康熙三十五年）。1832 年（道光十二年）後，可能因入祀海壇武營殉職

官兵，不便專稱將軍廟，改名施公祠。今可確知者，1843 年（道光二十三年），一座古碑碑文中已稱之為施公祠，并在是年由廟方董事海壇人劉元成，及海壇右營戍澎兵丁共捐餉銀重修。

施公祠原在馬宮澳東街，即今澎湖省立醫院地址，與海壇館為鄰，在 1884 年（光緒十年）中法戰爭中一度受損。日據時期，在 1914 年（大正 3 年），因征用土地建立醫院，拆除館舍，施公祠與海壇館同遭浩劫，乃一同遷建於原屬於海壇標兵伙房中共祠，即今施公祠現址（馬公市中央里中央街一巷 10 號），由海壇人項秀明主持其事。海壇館派下弟子在日據時代仍有組織，定期聚會享祀，但光復後不久，因處分廟產事宜，引起紛爭，組織因之瓦解，留下一約十平方公尺的廟地，在澎湖天后宮與施公祠間，以租金勉為香資之助。由於自清中葉起，施公祠即與海壇戍兵建立相當密切關係，所以一直由海壇人後裔管理，目前仍由項家管理、居住，內部擺設、裝潢雜亂，亟待整修。而項家亦視之為私廟，不歡迎外人入內參觀禮拜。

今施公祠所存古物，率多原海壇館遺物，如「環海畢春」、「福曜海山」二古匾，及軟身媽祖、五帝爺、海山城隍、范謝二將軍神像及若干神主牌位。真正施公祠之原跡，僅有奉祀之紅臉施琅神像與道光二十三年之重修古碑，時人不察，往往混淆在一起，不可不作一說明。

此外，施公祠尚有一康熙年間古碑，不知何時移置馬市公所前庭，再遷立於西文澳孔子廟前院，而碑文竟遭全部磨平，完全無法辨讀，幸碑文磨平前已收錄於蔣鏞《澎湖續編》、林豪《澎湖廳志》與黃典權《台灣南部碑文集成》，該碑勒石年代，黃典權判為 1685 年（康熙二十四年）左右，而原碑無題，故有名〈施

琅將軍廟碑記〉或〈施將軍碑記〉，今人何培夫以為碑文乃施琅
自述平台澎事功，碑名與碑文旨趣不符，乃改〈施琅靖台碑記〉，
茲暫採其名，錄其碑文如下：

閩海汪洋之東，有島曰澎湖，明朝備倭，更番戍守。
及鄭氏據台灣，勢為咽喉，環島要害，皆設炮台，因以為
城。

康熙二十年辛酉八月間，余奉命專征至閩，群議咸以
浩渺之表，難以奏膚。余乃矢策，繕舟輯，訓甲兵，歷有
歲餘，以二十二年癸亥六月十四日乘南風由銅山進軍，直
抵八罩。偽帥劉國軒統眾拒敵。適風息潮退，難以進取，
余暫收軍八罩。再申軍令，以二十二日揚帆齊發，炮聲駭
浪，火焰沖天，將士用命奮戰，盡焚其舟，而破其壘。偽
軍全沒，死浮海中，以殷青波。時以為偽帥俱亡，不知其
僅以身免，乘小艇匿敗艘二十餘遁去也。所有在水中撈起
偽將士八百餘，帶傷負創、喘息猶存者，俱施以醫藥，浹
月痊癒，仍給糧食，撥船載歸，令其傳諭台灣，束身歸命。
其陸地偽將卒揚德等四千餘員名，倒戈乞降。余更奏請，
奉有旨，赦其前罪。是以台灣人心咸知有生，紛紛內潰。
偽藩及偽文武，自度勢窮難保，修降表至矣。余遂於八月
望日，躬臨赤嵌受降，海疆從是廓清。以數十年來未靖之
波，臨淵血戰始定，則斯島謂非巖區歟！是誌于□□□朝
□成之，故記之云。

太子少保、靖海將軍、靖海侯世襲罔替、水師提督事
務施琅立。

　　歲月滄桑，施琅在台澎之史跡，現所存者：一祠宇、一神像與四古碑。在這些倖存的文物中，或可依稀想見先人的艱辛與今人的懷古之情。

〈後記〉──文章背後多少往事

　　這三本小書的由來，從書寫到出版，背後頗有一番往事可談。

　　話說民國七十年代末，我已是小有知名度的古蹟史專家，當時因同窗好友尚世昌任職救國團的緣故（今已貴為致理技術學院校長，世昌與我大學、碩士班皆同窗，可謂緣份不淺。），義不容辭，利用寒暑假前往協助，導覽淡水的名勝古蹟及小吃，遂認識了一群任職高中、國中、國小的老師，結成莫逆之交，至今二十年仍不時聯絡往來。又由此間接輾轉認識了許多老師，時任教板橋高中的國文教師林繼生兄即是其中一位（今也貴為武陵高中校長），本來與我不識，透過友人的熱情推薦邀我在其主編的台北縣救國團刊物《青年世紀》寫篇文章，介紹台北縣的古蹟，我初試啼聲，蒙其青睞，連續寫來，居然寫出了一個專欄〈古蹟探源〉，連載了十餘年。

　　當時構想將台北縣的歷史古蹟，按著二十一個鄉鎮市別依次一一寫來，計劃最後結集出書，書名暫定為《細說台北縣古蹟史話》。不料 2000 年的意外中風，個人一時無法再寫作下去，專欄戛乎中斷，成為殘稿。

　　或許〈古蹟探源〉頗受台北縣青年學子的肯定與歡迎，繼生兄接著又囑我開闢另一個專欄〈風土民俗〉，一時之間我在救國

團刊物,同一本刊物中負責兩個專欄,頗以專欄作家自許,身子頓時輕飄飄起來,又因為同時擁有兩個專欄,為遮人耳目,我分別用了兩個筆名應對,一是「卓彥頁」一是「拙緣」,「彥頁」者顏也,是為紀念一位姓顏的無緣女子,「拙緣」者乃從我的別號「拙誠」而來,「緣」者,心中尚有所期待。〈風土民俗〉專欄一寫也寫了八、九年。從「歲時節慶」一路寫到「生命禮俗」時,原本構思由一個人的出生、成長、成家、立業(含食、衣、住、行、娛樂、職業等等)到終老、喪葬,也計畫寫成一本《台灣人的一生》,卻不料寫到〈居家篇〉中的飲食部份時,居然跑起野馬,脫韁而出,一路介紹台灣各地古今的飲食特產與典故,幾乎寫成了《台灣飲食文化典》,心想也好,就將錯就錯寫下去吧!而這個專欄同樣也因我個人 2000 年的意外中風而中斷,成為一部殘稿。

在寫作這兩個專欄時,在我心中筆下是有些想法,有些期許的:

其一、在今日台灣高度發達的現代化工商業文化下,過去的生活禮俗已遠逝,成為一種懷舊,懷舊是一種情調,一種文化,又帶點感喟,懷舊是需要歷史的碎片,重新拼圖組合,探尋過去的生活踪影。簡單地說,歷史記憶與歷史文化,需要從新包裝,從新詮釋、從新消費,使得歷史文化具有開放性、世俗性、享樂性、時尚性和消費性。從「消費」、「行銷」這核心觀念出發,歷史才能活用,才有新的價值觀,從而增加其深度與廣度,才會成為真正的「文化資產」。

其二、歷史文化的記憶,這種經驗性總是讓我們對過往懷舊,感到親切,於是乎我們常在這種懷舊感性的激盪下,對傳統

作了太多的讚美，不知不覺形成一種保守態度。我希望寫出來的
作品充份具有通俗性、學術性、趣味性、可讀性，並可以拓展社
會生活史的研究領域，寫成一本具有「本土知識體系」的書，但
我雖然強調「本土」，卻不忘華夏本源，更不忽略世界文化的視
野，這並非「台獨式」的本土主義，而是全方位的傳統文化系統，
只有把眼光放遠，格局拉開，去掉統獨迷障，尋找現實中台灣真
正的「本土價值」所在，才是我的終極關懷。過去台灣文化有長
期被忽視而失落的隱痛，近十年則是過度揄揚膨風的「險學」，
如何從嶄新的局面去追尋、挖掘、整理、研究，進而「利用」這
些行將消逝或散落在台灣民間各地的文化遺產，一直是我三十年
來念茲在茲的一個念頭與關懷。因此希望透過這些作品，多培一
坏土，以報答生我養我之台灣。

　　職是之故，我終極想法是要寫成一部供現代人、年輕人閱讀
的《台灣庶民文化史》。然而事與願違，2000 年的中風，斷了一
切計畫，這些作品剪貼稿我束之高閣，置之不顧。承蒙蘭臺出版
社盧瑞琴女士之雅意，願意出版，向我索稿，早在二年前便已打
字好，我卻反悔，逡巡再三、再四，不敢出版，因為它是殘缺的，
未完成的書稿，我一直不肯校對，拖拖拉拉，一拖二年。直到最
近盧女士一再催我，用話激我，「你不能生活在陰影下，因殘缺
而否定其他已寫出的」，這一殘而不「廢」的話，激勵了我，讓
我願意出版，示諸世人，讓世人品頭論足。幸好這些作品，合之
可以成篇章，分之亦可單獨成文，屬隨筆之類，於是利用今夏二
個月的暑假展開校對，並增補了些同類型的相關作品，原本以
為，分成〈歲時節慶篇〉、〈生命禮俗篇〉、〈飲食文化篇〉、
〈古蹟探源篇〉即可湊成一本書，卻不料字數高達三十萬字，若

再加上我發表在《民俗曲藝》的專欄稿〈傳統工藝篇〉，成了一龐然怪物，不得不斷然分成三本小書，分別訂名為《台灣舊慣生活與飲食文化》、《台北古蹟探源》、《台灣傳統工藝志略》，並增補了一些歷年來在其他刊物所寫的相關同類的文章，出書在即，隨手寫了篇〈後記〉，雖曰隨手，我心中實有下筆之難之痛，雖然出書在即，還是猶豫再三，希望愛護我的讀者不棄。若有識者謂我不是，亦謹受教。

卓克華　寫于三書樓

2007.10.13

國家圖書館出版品預行編目資料

台北古蹟探源／卓克華著. -- 初版. -- 臺北市：
　蘭臺, 2008[民 97]
　　面；　公分. -- （臺灣地域與社會叢書 01）
　參考書目：面

　ISBN 978-986-7626-68-4（精裝）

　1. 古蹟　2. 臺北縣　3. 臺北市

733.9/103.6　　　　　　　　　　　　97017855

臺灣地域與社會叢書 01

台北古蹟探源

作　　　者：卓克華
出　版　者：蘭臺出版社
地　　　址：台北市中正區開封街一段 20 號 4 樓
電　　　話：(02)2331-1675　傳真：(02)2382-6225
總　經　銷：蘭臺網路出版商務股份有限公司　劃撥帳號：18995335
網 路 書 店：http://www.5w.com.tw　E-Mail：lt5w.lu@msa.hinet.net
　　　　　　　　　　　　　　　　　　　　books5w@gmail.com
網 路 書 店：博客來網路書店　http://www.books.com.tw
香港總代理：香港聯合零售有限公司
地　　　址：香港新界大浦汀麗路 36 號中華商務印刷大樓
　　　　　　C&C　Building, 36, Ting　Lai　Road, Tai Po,New Territories
電　　　話：(852)2150-2100　　　傳真：(852)2356-0735
出 版 日 期：2008 年 9 月初版
定　　　價：新臺幣 380 元整

ISBN 978-986-7626-68-4